Philarète Chasles

Études Contemporaines

Théâtre, musique et voyages

Philarète Chasles

Études Contemporaines
Théâtre, musique et voyages

ISBN/EAN: 9783337085179

Printed in Europe, USA, Canada, Australia, Japan

Cover: Foto ©Thomas Meinert / pixelio.de

More available books at **www.hansebooks.com**

ÉTUDES
CONTEMPORAINES

Théâtre, Musique et Voyages

PAR

M. PHILARÈTE CHASLES

Professeur au Collége de France.

Vieillesse de Gœthe. — Jeunesse de Shakspeare.
Shakspeare et Molière. — Hamlet et Macbeth. — Charles Mathews
Histoire de l'Opéra. — Da Ponte.
Les Joueurs.
Venise en 1780.
Comment l'opéra de Don Juan fut créé. — Mozart, Weber, Grétry.
Un Compositeur tyrolien.
L'Épouse et la Maîtresse (George IV). — Voltaire.
Le Triomphe de l'Art.

PARIS
AMYOT, LIBRAIRE-ÉDITEUR
8, RUE DE LA PAIX, 8

—

1867

« *Je n'ai voulu, dans ma vie, que me*
« *rendre maître d'un peu de vérité, la con-*
« *trôler, la comprendre à fonds et la ré-*
« *pandre. C'est à ce but seul que j'ai tendu.*
« *Ce que j'ai reconnu comme bon et vrai,*
« *je l'ai dit et écrit sans vouloir séduire*
« *les masses, mais seulement m'améliorer*
« *moi-même. Modestement renfermé dans*
« *cette sphère d'action, je n'ai ni préten-*
« *du, ni désiré autre chose. Peut-être en*
« *est-il résulté quelque avantage ou quel-*
« *ques lumières lointaines, et j'en suis*
« *heureux.* »

On peut donner cette devise du grand Gœthe au dernier comme au premier volume

, ache-

... relatifs aux Beaux-Arts, au Théâtre et à l'esthétique des Arts, spécialement de la Musique; sujets que je n'avais touchés qu'en passant dans le cours de ces longues Études, consacrées à la Littérature, à la Philosophie et aux Mœurs des diverses nations civilisées.

Paris, le 1ᵉʳ janvier 1867.

TABLE DES MATIÈRES

Préface v
La vieillesse de Gœthe 1
La jeunesse de Shakspeare 29
Shakspeare et Molière 67
Sheridan 79
Hamlet et Macbeth 91
Charles Mathews 125
Origines du théâtre en France 149
Histoire de l'Opéra 167
Comment l'Opéra de don Juan fut créé 185
Mozart, Weber, Grétry et la musique en France 265
Un compositeur tyrolien 283
Mon éducation musicale 297
L'épouse et la maîtresse 313
Une représentation théâtrale sous Chilpéric 343
D'une comédie de Voltaire qui n'est pas de Voltaire . 355
Le triomphe de l'art 362
Table alphabétique 372

LA VIEILLESSE DE GŒTHE

LA VIEILLESSE DE GŒTHE

I

La belle et lumineuse vieillesse de Gœthe, représentant le mouvement libre de l'esprit, ne subissant aucune entrave et recevant les hommages de l'Europe au milieu des catastrophes des empires, mérite qu'on l'étudie. Le livre d'Eckermann la met en pleine clarté. Aussi la traduction, à peu près complète, en francais, de M. Delerot, qui n'omet rien d'important et de significatif et donne *in extenso* les comptes-rendus et les journaux de Falk, Viehoff, Eckermann, de tous les amis et religieux desservants du culte de Gœthe; cette traduction excellente, claire, faite sur les lieux, accompagnée de bonnes notes, est-elle un bénéfice et une acquisition précieuse pour ceux qui veulent approfondir l'histoire littéraire des temps nouveaux.

On voit tout au centre du temple, le grand Gœthe lui-même. Bien que lord Byron, Chateaubriand, Carlyle, Manzoni, Leopardi, Mme de Staël, les Schlegel, Tieck, de Maistre, de Bonald, Béranger, Coleridge, Walter Scott soient vivants en 1820 ou à peine disparus de la scène, toutes les pensées se portent vers Gœthe, Il est le Dieu. Il accepte sans immodestie et sans modestie, sans coquetterie et sans mauvaise honte, très-naturellement, cette adoration qui ne se borne pas, comme pour notre Chateaubriand, à une superstition de petite chapelle et de grand monde, mais qui s'étend de l'Europe à l'Amérique, et dont les cierges sont allumés à la fois par Washington Irving de New-York et Ugo Foscolo de Milan, par l'Anglais Wordsworth et l'Alsacien Nodier. Cette tête germanique de l'Apollon du Nord, aux tempes carrées, aux cheveux blanchissants, aux traits noblement taillés, pleins de décision et de grand calme, dépasse toutes les têtes. Les plus fiers s'abaissent devant elle ; les plus vaniteux lui sacrifient leurs prétentions. Napoléon, qui l'aperçoit un moment, s'écrie : *C'est un homme!* Kotzebue, le faible et l'espion, qui organise une conspiration de médiocrités, d'envies et d'intérêts, qui les ligue, les groupe et les lance contre l'auteur de *Faust*, ne réussit qu'à le harceler un peu ; voilà tout. La coquetterie métaphysique des deux Schlegel lui rend un hommage tremblant. L'originalité féminine de Richter se résigne en murmurant. Mme de Staël vient l'adorer ; Byron l'honore. C'est une complète royauté de l'esprit ; c'est comme l'héritage quadruple, accumulé, renouvelé de Voltaire, de Fontenelle, de Samuel Johnson et de Leibnitz ; à ces quatre sceptres, qui se réunissent dans la forte main de Gœthe et qui le rendent maître en Europe de l'Ironie, de la Philosophie, de la Critique, de l'Histoire naturelle, il joint le don céleste et la grandeur suprême, la Poésie souveraine.

D'où lui vient ce pouvoir ?

Est-ce son génie seul qui l'a créé ?

Ou sa vertu ?

Encore si ce nouveau maître donnait le ton à l'élégante cohue des salons parisiens comme Fontenelle ; ou s'il habitait Londres en 1760 comme Johnson, alors grand-maître des beaux esprits ; — ou s'il avait derrière lui l'armée plumitive et bruyante des Laharpe, des Morellet et des Marmontel ! — cette souveraineté s'expliquerait un peu. Mais la vie de Gœthe est la plus paisible, la plus inoffensive et la plus enfantine du monde. Il habite une petite ville assez timide, gracieuse, environnée de prairies aux beaux herbages et de jolies collines en pentes douces, non loin d'Iéna, vers le centre de l'Allemagne. Là se cache cette capitale d'un petit grand-duché, qui va devenir célèbre, grâce à lui et à Schiller. Le patriarche et sa famille donnent de petits thés assez modestes, où l'on aime à lire de petits vers. Il est beau surtout le soir, en habit noir, avec une grande étoile d'argent sur la poitrine. Sa maison honnête et un peu vide, comme sont toutes les maisons allemandes de cette région lointaine, a cependant un grand air qu'elle doit aux bustes, aux gravures, aux statues, aux plâtres d'après l'antique, dont le maître a entassé chez lui les trésors. Excellente âme d'ailleurs ; il fait l'aumône, tient ses charités secrètes, accueille les jeunes gens avec bonté, encourage les talents qui ont peine à se faire jour ; et son petit-fils, ainsi que cette jeune femme qui est sa fille, taquinent éternellement le père et le grand-père d'une charmante façon. Sur tous ces rayons il y a des cartons de gravures ; et quand Gœthe veut se donner une fête des yeux, une joie de l'esprit, il descend tel ou tel carton, s'associe à Rembrandt, se laisse guider par Ruysdaël, puis s'élève jusqu'à Raphaël et de Raphaël à Phidias ; et là il plane heureux dans les nuages de l'esthétique. Ensuite il se replie sur lui-même, se consulte et se commente ; revoit ses poëmes ; repasse sur les traces de sa jeunesse ; se rappelle ses amours : et Frédérique, et Lili ; toutes les autres ; car Gœthe, — M. Sainte-Beuve le dit avec raison, — « est balancé sur la limite du dix-huitième siècle et du dix-neuvième ; » — s'il est naturaliste comme nous autres, il est érotique et sentimental comme nos pères. Le Gœthe du dix-huitième siècle contemple avec une sensualité délicate et raffinée les toiles de Watteau ; il donne même aux visiteurs d'assez fringants détails sur ses jeunes maîtresses. Le Gœthe du dix-neuvième siècle arrive ensuite, qui brise des silex, expose sa *Théorie des couleurs*, et prélude par de sévères expériences aux découvertes les plus inattendues sur les métamorphoses des plantes et sur celles des animaux.

Vie pleine, simple, complexe, nouvelle, double, triple, un peu superficielle, vaste, ingénue surtout, ce qui est étrange ; et artificielle aussi. Il adore la peinture et n'a jamais pu peindre. Mendelsohn Bartholdi, et les plus grands musiciens du temps viennent jouer du piano chez lui, et il ne comprend pas grand'chose à la musique. Directeur de théâtre, il remplit tout à fait le rôle de Wilhelm Meister ; se préoccupe d'une robe jaune, d'un collet rouge ou d'un *portant* qui fera mauvais effet ; examine l'actrice qui veut débuter ; passe au crible la prononciation équivoque du jeune premier ; se démène avec amour dans le petit monde des coulisses ; se fâche si on l'applle M. de *Kœthe* au lieu de *Gœthe ;* note tout ; se rend un compte exact de la forme d'un bouclier et de l'agrafe d'une ceinture ; reconnaît et vérifie les modifications de nuance que produisent sur la scène les couleurs juxtaposées ou opposées ; gronde, tance, loue, prononce des amendes, pardonne, régit, réglemente ; et s'amuse excessivement, parce qu'il s'intéresse à tout

Voilà ce qui fait vivre. Il vit donc pleinement, juvénilement, avec charme, entre sa soixantième et sa quatre-vingtième année ; il vit avec d'autant plus d'intensité et de verdeur qu'il est toujours calme sur les grands objets, toujours passionné dans les petites choses. Une jeune fille n'est pas plus heureuse de ses jouets ; un sage n'est pas plus équilibré dans sa sagesse. Les gens qui l'entourent tiennent un peu de l'enfant, et lui-même reste enfant pour ne pas faire dissonance et se heurter contre eux. Il voit que ses belles pièces de théâtre (qui, *Faust* excepté, n'ont rien de très-dramatique), n'attirent pas grand monde ; il s'en console, et mieux que cela : « Ce public, dit-il, n'a pas son éducation faite. » Certain soir Madame de Gœthe, sa mère, étant toute seule dans la salle, dont elle constitue le public, entretient avec l'acteur sur ce sujet et tout haut une longue conversation critique. Gœthe n'explique pas moins philosophiquement que sa mère le vide de ses salles : « Il me manque, dit-il, des acteurs. Il me manque aussi un public. » O grand et noble esprit, il vous manque de plus un drame ; même votre *Iphigénie*, sublime bas-relief antique, n'a rien de très-vivant, toute admirable qu'elle soit. « L'émotion en est intérieure, réplique Gœthe. » — L'émotion que doit causer le drame, ne vous déplaise, ô grand homme ! doit être extérieure et contagieuse aussi. — Là-dessus Gœthe commence et poursuit une subtile et profonde explication, aussi instructive qu'elle est divertissante.

Et avec *Unzelmann* l'acteur, quelle jolie scène ! Et

le délicieux dialogue ! Gœthe, qui voit toujours sa salle assez mal garnie, va se tapir au fond de sa loge de directeur, en face du théâtre. On joue *Zénobie*. La toile se lève. Unzelmann, chargé du rôle principal, entre en scène, un papier à la main.

« — Monsieur (crie le directeur) ! je ne suis pas ac-
« coutumé à ce qu'on lise ses rôles !

« — Excellence (répond l'acteur tragique en s'avan-
« çant jusqu'au bord de la rampe) ! veuillez m'excuser.
« Voici huit jours que ma femme est malade. Je n'ai
« pas eu le temps.

« — Monsieur, réplique le directeur, toujours dans
« son sanctuaire, on a le temps. Le jour a vingt-quatre
« heures y compris la nuit, entendez-vous ?

« — Excellence, vous avez parfaitement raison. La
« nuit est de douze heures, et le jour aussi. Mais si
« l'homme d'État et le poëte ont besoin du repos de la
« nuit, le pauvre comédien n'en a pas moins besoin,
« lui qui est obligé de venir, même quand son cœur
« saigne, vous débiter des fariboles. Je remplis tou-
« jours mon devoir, Excellence ; vous le savez. Au-
« jourd'hui il faut m'excuser ! »

Ce petit public trouvait la réponse bien hardie. En Allemagne, dans le pays du respect, l'audace semblait inouïe, et chacun gardait le silence, attendant l'événement. La belle voix sonore et moelleuse du vieux Gœthe prononça gravement l'arrêt du fond de la loge :

« *Die Antwort passt ! Weiter !* »

« Passe pour la réponse ! Et marchons ! »

Voilà les mœurs, d'ailleurs charmantes, de ce joli centre microscopique de Weimar, au commencement du siècle. Là se trouvait, grâce à notre Gœthe, le pivot transposé de la civilisation littéraire ; il s'était déplacé, il était à Weymar, non à Paris ou Londres. On y voyait affluer tous les curieux : Thackeray, lord Holland ; notre compatriote et collègue, M. Ampère, en mission poétique ; et les princes, et les évêques, et les Russes, et les dames polonaises ; un pélerinage incessant et universel venait se fondre dans cette ingénuité délicate, lettrée, sentimentale, raffinée, unique. Pour se faire une idée de ce qui se passait à Weimar et de l'influence exercée par Gœthe, lisez le livre d'Eckermann.

Eckermann lui-même exprime bien dans sa personne germanique et résume avec une vérité très-agréable cette naïveté savante, cette curiosité ébahie, cette familiarité amoureuse d'un génie nouveau. C'était quelque chose comme un demi-paysan, devenu commis, poëte par aventure, et qui avait un besoin extrême de se rassasier de sympathie et d'admiration. Il alla voir Gœthe et resta près de lui, comme fixé par une puissance supérieure, *daïmonische*, hors de la nature vulgaire ; force irrésistible.

Une fois entré chez Gœthe, on le voit cloué sur place. Chaque objet matériel le captive. La porte, les dessins, les tapis, le poêle, les gravures, le piano, les chaises, le canapé *rouge*, le mot SALVE inscrit sur le seuil ; tout agit sur Eckermann subjugué.

C'est surtout le maître qui le subjugue. Noble figure !
« — C'est un vieux roi ! »
« Je ne pouvais me rassasier de regarder les traits
« puissants de ce visage bruni, riche en replis dont
« chacun avait son expression, et dans tous se lisaient
« la loyauté, la solidité, avec tant de calme et de gran-
« deur ! Il parlait avec lenteur, sans se presser, comme

« on se figure que doit parler *un vieux roi*. On voyait
« qu'il avait en lui-même son point d'appui et qu'il
« était au-dessus de l'éloge ou du blâme. Je ressentais
« près de lui un bien-être inexprimable, j'éprouvais
« ce calme que peut éprouver l'homme qui, après lon-
« gue fatigue et longue espérance, voit enfin exaucés
« ses vœux les plus chers. »

Vous comprenez notre Eckermann. Il est bon. Il n'est point sot. Il aime à aimer. Et il reste près du magicien, comme Boswell près de Johnson, comme Brossette près de Boileau ; ne quittant plus le vieillard, amoureux de ses discours, s'abreuvant de ses sourires, comptant ses gestes, jamais las de ses récits, lui donnant la réplique avec une douce sobriété, ménageant toute la famille ; — acolyte et « écouteur » fort agréable ; cher au poëte et au philosophe en cheveux blancs, bien entendu ; — content de l'écouter, de l'admirer, de boire ses paroles, de contempler son vieux front, de lire dans ses yeux affaiblis, enfin plus heureux de sa situation que Gœthe lui-même ne l'était de cette religion dévouée et infatigable, attentive à entretenir l'encens sur son autel. Dans tous les amours, le cœur qui donne davantage est le plus heureux.

Tel était au surplus l'effet que produisait Gœthe sur tout le monde. Ni M. Victor Cousin, ni M. Ampère, ni l'observateur anglais Thackeray, ni les plus spirituels européens du midi et du nord n'échappaient à cette magie.

Elle émanait surtout de la bonté intime du patriarche, jointe à cet exercice assidu de l'intelligence, et comme à cette gymnastique morale, toujours en éveil, toujours se perfectionnant elle-même. Personne plus que notre Gœthe n'a transformé la passion en calme, l'ardeur en force, ni agi avec plus de vigueur et de souveraine volonté sur son amélioration progressive. Le vieillard, ainsi discipliné, amélioré, calmé, assoupli, était devenu plus lumineux, plus fort et plus beau, même physiquement, que n'avait été le jeune homme.

« Gœthe (dit le pénétrant Thackeray, qui visita le
« patriarche en 1831), quoiqu'il n'allât plus dans le
« monde, faisait un accueil très-bienveillant aux étran-
« gers. Chez sa belle-fille le thé était toujours servi
« pour nous. Nous passions chez elle, de la façon la
« plus agréable, de longues heures, de longues soirées,
« consacrées, soit à la causerie, soit à la musique.
« Nous parlions de tous les romans et de tous les poë-
« mes français, anglais et allemands. Mon bonheur
« en ce temps était de faire des caricatures pour les
« enfants. Quand je repassai à Weimar, je fus tou-
« ché de voir qu'on se les rappelait encore, et que
« quelques-unes même avaient été conservées; mais
« vingt-deux ans auparavant, encore jeune homme,
« j'avais été rempli de fierté quand on m'avait dit
« que plusieurs de mes dessins avaient été regardés
« par le grand Gœthe.

« Il restait toujours dans les pièces particulières
« qu'il habitait, où un très-petit nombre de privilé-
« giés étaient seuls admis ; mais il aimait à savoir tout
« ce qui se passait et s'intéressait à tous les étrangers.
« Lorsqu'une personne, par sa physionomie, frappait
« son imagination, un artiste de Weimar faisait son
« portrait. Gœthe avait ainsi de ce peintre toute une
« galerie de portraits aux deux crayons. Sa maison

« d'ailleurs n'était que tableaux, dessins, moulages,
« statues et médailles.

« Je me rappelle toujours le trouble que je ressentis
« quand je fus averti, moi, jeune homme de dix-
« neuf ans, que M. le conseiller intime me recevrait
« telle matinée.

« Cette audience, si importante pour moi, eut lieu
« dans une petite antichambre de son appartement
« particulier, entièrement garnie de moulages et de
« bas-reliefs antiques.

« Il portait une longue redingote grise, une cravate
« blanche et un ruban rouge à la boutonnière. Il avait
« ses mains derrière son dos, exactement comme dans
« la statuette de Rauch. Son teint était très-brillant,
« clair et coloré, ses yeux extraordinairement noirs,
« perçants, éclatants. Je me sentis tout craintif devant
« eux, et ils me rappelèrent les yeux du héros d'un
« certain roman appelé *Melmoth le voyageur*, avec le-
« quel on effrayait les enfants il y a une trentaine
« d'années. Ce personnage avait fait un pacte avec
« *quelqu'un ;* et dans l'âge le plus avancé ses yeux
« conservaient leur imposante splendeur. Je crois que
« Gœthe a été encore plus beau comme vieillard que
« comme jeune homme. Sa voix était riche d'in-
« flexions nuancées et douces. Il me fit sur moi-même
« quelques questions auxquelles je répondis de mon
« mieux. Je me rappelle que je fus d'abord étonné et
« ensuite un peu rassuré en m'apercevant qu'il ne
« parlait pas le français avec un bon accent.

« *Vidi tantum*, trois fois. Une fois, se promenant
« dans le jardin de sa maison (*Frauenplan*) ; une fois,
« par une belle journée de soleil, dans sa voiture qui

« allait au pas. Il avait une casquette et était enveloppé
« dans un manteau à collet rouge. Il caressait sa petite-
« fille, belle enfant aux cheveux d'or, qui depuis long-
« temps repose sous la terre (Alma, sœur de Wolfang
« et de Walter).

« Ceux d'entre nous qui recevaient d'Angleterre des
« livres ou des revues les lui envoyaient, et il les exa-
« minait avec empressement. Le *Frazer's Magazine*
« était alors tout récent, et je me rappelle qu'il con-
« templait avec un grand intérêt ces admirables por-
« traits qui alors y étaient publiés. Mais un de ces por-
« traits, me raconta Madame Gœthe, fut par lui re-
« poussé avec colère; c'était une très-affreuse caricature
« de M. R... (*Rogers*).

« — Ils me donneront une mine dans ce genre-là »
dit-il.

« Je ne pourrais rien imaginer de plus serein, de
« plus majestueux, de plus sain que l'illustre vieillard.

« Le soleil de ce génie immense était à son couchant,
« mais son calme et vif éclat illuminait encore le petit
« Weimar. Dans tous les salons, la causerie roulait
« sur les lettres et sur les arts... Le respect témoigné
« par la cour à ce patriarche des lettres ennoblissait
« aussi bien le souverain que le sujet. Depuis ces heu-
« reux jours, j'ai acquis une expérience de vingt-cinq
« années, j'ai connu une immense variété d'hommes,
« et nulle part je ne me rappelle avoir vu une société
« plus simple, plus bienveillante, plus courtoise, plus
« distinguée que celle de cette chère et petite ville
« saxonne où le bon Schiller et où le grand Gœthe ont
« vécu et sont ensevelis. »

Là dans cette petite cité saxonne, créer en faveur

de l'Allemagne si divisée et profondément « décentralisée » un sanctuaire intellectuel, le faire reconnaître comme authentique et dominant par toute l'Europe, obtenir que les deux civilisations latine et teutonique vinssent en honorer le prêtre, — c'était chose difficile.

Le prodige de cette révolution, Gœthe a su l'accomplir.

Comment y est-il parvenu ?

Quelle est sa place dans la série des génies ?

Comment a-t-il agi sur la civilisation nouvelle ?

D'où vient en réalité son influence, et où s'arrêtera-t-elle ?

Avait-il l'esprit égal au génie ?

Le génie égal au caractère ?

Quelle est la valeur de sa doctrine ?

— Et celle de son *caractère* ?

— Et celle de son *esprit*, dans le sens que nous donnons à ce mot ?

Cette postérité, qui enlève beaucoup aux uns, qui donne beaucoup à d'autres, comment agira-t-elle envers le Patriarche panthéiste ?

Quelle est, dans sa gloire, la part du *caractère ?*

Et celle de l'accord entre son temps et son caractère ?

C'est ce que je vais examiner.

II

Pas de mensonge ; une parfaite sincérité dans l'étude ; une vérité absolue dans l'expression ; ce sont les dogmes fondamentaux que Gœthe proclame, recommande, respecte, et pratique.

C'est par là que l'auteur de *Faust* s'est rendu souverain maître de tout son génie ; et que (les circonstances aidant), il a établi pendant un demi-siècle ce empire littéraire dont j'ai parlé; empire que l'avenir affaiblira sans doute, mais qui n'aura été ni factice, ni peu efficace, ni simplement viager. Par sincérité, Gœthe n'entendait pas la constatation d'une date, l'examen rigoureux d'une variante ou la solution d'un petit problème ; mais une vraie sincérité, totale, absolue; celle qui regarde moins le public que nous-mêmes, et qui fait que nous voulons nous satisfaire, non plaire aux autres. Elle exige de la résolution, beaucoup de force morale, un courage réfléchi, le mépris du triomphe mal acquis et même l'indifférence pour le succès. — « Si chacun individuellement fait son devoir,
« et que dans la sphère d'action la plus rapprochée il
« agisse avec loyauté et énergie, l'ensemble de la so-
« ciété marchera bien. Dans ma carrière d'écrivain
» (ajoute Gœthe), je ne me suis jamais demandé :
« *Que veut la masse ? Comment servirai-je la société ?* »
« Non. Mais j'ai toujours travaillé à donner à mon
« esprit plus de pénétration et à être meilleur moi-
« même; à enrichir mon être propre; à ne dire que
« ce que j'avais reconnu, par l'étude, bon et vrai. Ce
« que j'ai dit ou écrit a rendu des services lointains,
« je le sais. Mais ce n'était pas là mon but; c'était une
« conséquence, qui ressortira toujours et nécessaire-
« ment de tout mouvement de forces naturelles. Si
« j'eusse cherché la satisfaction des masses, si j'avais
« voulu leur plaire, je leur eusse conté mille méchantes

« historiettes, je me serais moqué d'elles, comme
« l'a fait ce pauvre bienheureux, — feu *Kotzebue*. »
La sincérité, il la voulait dans son vrai fonds, dans le
for intérieur de poëte et de l'écrivain.

Que nous voilà loin de ces autres doctrines, d'après
lesquelles la recherche de la popularité, un souffle favorable, un bruit d'ovation, quelques écus gagnés, un parti
flatté, des passions servies et la faveur qui en résulte
suffiraient à la gloire et au talent! M. Sainte-Beuve, dans
un passage très-délicat, se demande si Gœthe comprenait « le héros »; oui, certes, mais d'une seule espèce ;
philosophique ; ni païen ni chrétien ; libre et respirant
librement dans la sphère des idées. L'héroïsme de
Gœthe, c'est la pensée indépendante. Il n'en a pas d'autre, il n'en veut pas d'autre. Soutenir ce difficile rôle,
moins pénible en Allemagne que partout ailleurs, expose
à mille dangers.

Telle est la première réponse aux questions que je me
suis posées. Ce n'est plus ici un pur Allemand, mais un
homme nouveau, un lutteur. A demi Français, né sur
les bords du Rhin, fils d'une cité libre et riante de cette
région germano-romaine ; illuminé des rayons que Voltaire à son déclin versait sur l'Europe ; Gœthe combat dès
ses premiers pas les mauvaises tendances et les maladies
particulières à son pays ; le brouillard des mots, la phra-
séologie empâtée et les circonlocutions nuageuses pla-
nant sur le désert des idées. Ce clairvoyant esprit, qui
voulait la lumière et faisait la lumière, ne pouvait souffrir le style nébuleux ; des périodes semblables à celles-
ci le révoltaient ; quoique tombée d'une plume alors es-
timée, il la signale à ses amis avec de grands rires, comme

le modèle le plus achevé du détestable dans le genre teuton. Voyez en effet :

« — Cette réalité (*la vie du peuple*) est, à cause de
« sa propre et vraie signification, la vraie réalité ; et,
« étant elle-même en même temps la vérité et la cer-
« titude, elle constitue pour cela la certitude intellec-
« tuelle générale, laquelle certitude est en même temps
« la certitude conciliatrice du chœur dramatique ; de
« telle sorte que c'est seulement dans cette certitude
« (qui se montre comme le résultat de tout le mouve-
« ment de l'action tragique) que le chœur pour la
« première fois se montre proportionné à la conscience
« générale du peuple; et, comme tel, il ne présente
« plus seulement le peuple, mais, pour sa certitude, il
« existe en lui-même et pour lui-même...

« — Ah! bon Dieu ! s'écrie Gœthe, quand Anglais
« et Français liront de pareilles choses, que penseront-
« ils de nous? »

Et tout résolûment, d'une main vigoureuse, il arrachait son pays littéraire à ce marécage esthétique, proclamait, quant à l'exposition des idées et à l'art de la composition, la supériorité de l'intelligence et du style français ; refusait, au fort de la grande guerre contre Napoléon, son concours aux insulteurs de la France ; émondait avec grâce la vieille phrase allemande, lui conservait sa vigueur, l'allégeait et la pénétrait de lumière, bravait l'impopularité et répondait à un ami qui l'accusait de n'être pas assez Allemand :

« — Comment, moi, pour qui la civilisation et la
« barbarie sont choses d'importance ; moi, haïr une
« des nations les plus civilisées de la terre, et à laquelle

« je dois une si grande part de mon propre dévelop-
« pement! »
Il ajoutait :
« — Vos haines me font pitié. Toute haine nationale
« est une sottise mesquine. C'est toujours dans les
« régions inférieures qu'elle est le plus énergique, le
« plus ardente. A une certaine hauteur elle s'éva-
« nouit ; on est là pour ainsi dire au-dessus des natio-
« nalités, et on ressent le bonheur ou le malheur d'un
« peuple voisin comme le sien propre. Cette hauteur
« convenait à ma nature. Dans cette sphère, bien
« longtemps avant d'avoir atteint ma soixantième
« année, j'avais fait ma demeure et choisi ma place so-
« lide. » C'est donc un homme de la fusion nouvelle et
de la conciliation.

Le canon français venait d'ébranler l'Allemagne ;
Schlegel déchirait Molière et Racine ; l'antiquité su-
bissait l'outrage de quelques érudits en démence.
Gœthe, pour défendre les *grands anciens*, revêtit sa
meilleure armure. « Négliger ces vieux modèles,
« Eschyle et Homère! c'est mourir, s'écria-t-il. Les
« anciens ! O vous! créature noble, dans l'âme de
« laquelle Dieu a placé la faculté d'atteindre la gran-
« deur de caractère et l'élévation de l'esprit, si vous
« faites connaissance et vivez en communion in-
« time avec les hautes natures de l'antiquité grecque
« et romaine, vous vous développerez aussitôt magni-
« fiquement; chaque jour vous grandirez à vue d'œil ;
« vous aspirerez incessamment à les égaler. »

Conciliateur, prophète, fondateur, voilà l'héroïsme
intellectuel de Gœthe.

Il sait qu'il blesse l'opinion allemande et vulgaire. Au lieu de capter la faveur, il l'asservit; au lieu de la suivre, il la dirige ; au lieu de se courber devant elle, il l'insulte. Reculer d'une ligne devant la marée montante de l'opinion, lui céder un fétu de sa pensée, lui paraît ignoble; ce serait digne de Kotzebue.

— « Ne soyons pas populaires; est-ce que Mozart
« est populaire ? Et Raphaël, l'est-il ? Les hommes ne
« s'approchent parfois de ces sources immenses et iné-
« puisables, que pour venir s'y abreuver de quelques
« gouttes précieuses qui leur suffisent et qui pendant
« longtemps les font vivre...... Quant à *mes ouvrages*,
« *ils ne peuvent devenir populaires;* quiconque ima-
« ginerait le contraire et chercherait à les rendre tels
« se tromperait. Ils ne sont pas écrits pour la masse. »

Ici nous touchons à un point très-important de cette gloire et de ce génie. Gœthe, insoucieux des masses contemporaines, dont il méprise la sentence, est un préparateur de l'avenir, comme il l'exprime dans ce mot profond : « *Le vulgaire des talents reste emprisonné et enseveli dans son époque et se nourrit des seuls éléments que cette époque renferme. Ils ne vont ni en-deçà ni au-delà.* »

Gœthe va au-delà et en-deçà; il est d'autrefois et de l'avenir ; il est hellène et naturaliste ; il est spinosiste et mystique ; il est aristocrate et plus que libéral. Ce n'est donc pas le moment actuel que Gœthe représente, exploite, saisit, pénètre ou expose; trait d'union entre la civilisation gréco-latine et la culture teutonique, entre la France et l'Allemagne, entre le passé et le présent ; — Grec des jours de Périclès et Germain des siècles futurs, il raccorde ces antagonismes. Il existe peu dans le présent et la réalité. Cette belle antiquité qu'il adore, et le *Werden* (comme disent les philosophes), une certaine « futurité » pressentie, inévitable, harmonique — constituent sa vraie patrie. Habitant de cette double région idéale, il ne souffre pas qu'on l'en exile et qu'on le plonge dans les communs intérêts et les violences du jour. « Le poëte, « comme homme, comme citoyen, dit-il, doit aimer sa « patrie; mais la patrie spéciale de sa puissance et de « son influence, c'est *le bon, le noble, le beau*, qui « n'appartiennent à aucune province spéciale, à aucun « pays spécial, et qu'il embrasse et honore là où il « les trouve. Pour l'aigle dont le regard plane librement « au-dessus des diverses contrées, qu'importe si le « lièvre court en Prusse ou en Saxe! »

D'une âme vraiment haute et sincère, ce n'est point un égoïste, c'est un contemplatif. Dans le tumulte des révolutions, au milieu des « jeux féroces dont le destin se donne la joie » :

Fortuna sævo læta negotio,

ce brahmane entouré de sa famille ne s'associe à aucun intérêt, à aucune intrigue basse. Il se contente de philosopher et prête l'oreille à l'écho lointain de l'Europe, écho assourdi et vague qu'il transforme en enseignement métaphysique. Je ne l'excuse pas, je l'explique.

Ni les puissants débats du Parlement anglais, ni les péripéties de l'Irlande, ni le bouillonnement confus des éléments français ne le troublent. Il ne démêle rien dans les obscurités du présent. Son existence germanique, toute de méditation et de paix, ne comprend point la vie sociale de la France et de l'Angleterre. Un évêque anglican vient le voir; et Gœthe, qui cause avec quelques ministres qui accompagnent ce dernier, imagine que ce sont des *abbés* catholiques. Quant à notre chère France si extraordinaire alors, aspirant au bien, tumultueuse et vacillante, sillonnée d'éclairs charmants ou lugubres, toute de sensation et de bruit, malade, véhémente, livrée à la fureur des affaires, à la lutte éperdue pour la rénovation, pleine de faux sérieux et de manque de respect, que pourrait-il y voir ? Rien. Gœthe est aveugle sur les hommes et sur les choses. Il parle un assez mauvais français, et prend Du Bartas pour un poëte merveilleux. M. Cousin, dont la place est puissamment marquée parmi les instigateurs récents des esprits, il ne le nomme pas. L'influence d'une toute autre espèce, mais si fine, si prolongée, tour à tour souterraine et à vol d'oiseau, si active et multiple d'ailleurs, de M. Sainte-Beuve, lui est inconnue tout à fait ; il n'a pas un souvenir pour M. de Lamartine et pour de Musset. Quant à Châteaubriand, il l'abaisse hors de toute mesure et ne sait rien de Bonald, des deux de Maistre, de tous les athlètes du même bord. Ignorances infinies, et lumières qui étonnent ; ténèbres complètes ; puis des trouées dans l'ombre.

Ceux qu'il choisit et chérit particulièrement, ce sont les caractères résistants et de ferme attaque : Béranger à titre de poëte combattant ; Beyle comme psychologue ; Mérimée comme vif dessinateur de portraits et peintre sévère de mœurs. Leur trempe incisive et hardie, il la retrouve et l'admire chez Jean de La Fontaine et chez Pierre Corneille. Il aime en eux l'indépendance native, l'indomptable ironie, la taquine verdeur, et s'enthousiasme au point d'écrire sur La Fontaine cette phrase

dont beaucoup de Français ne saisiront point le sens :
« La Fontaine est en haute estime chez les Français,
« non à cause de sa valeur de poëte, mais à cause *de*
« *la grandeur de son caractère.* » Etrange phrase! Par
grand caractère notre Germain veut indiquer le *libre
génie*, l'indépendante pensée, et aussi l'indépendante
allure ; — ne consulter que soi-même!

Vous retrouvez dans ce mot le Germain, presque
l'Anglais.

Français par l'amour de la clarté, par la lucidité
de l'exposition, il reste donc infiniment Germanique
par ce penchant pour l'individualité originale ; qualité
mère, seule force essentielle. Il l'appelle de noms redoutables : le *moi*, le *Ichheit*, l'*entéléchie*, qu'il faut développer régulièrement, et à laquelle chacun doit rester
fidèle. — « Je ne crois pas me tromper ; et ce qui le
« prouve, c'est l'opiniâtreté des caractères individuels
« et le besoin que l'homme ressent de repousser ce
« qui n'est pas en harmonie avec son être. Leibnitz a
« eu aussi l'idée d'essences indépendantes ; seulement
« ce que j'appelle *entéléchie*, il l'appelait *monade*. »

« *Entéléchie* » ou « *monade* », il veut et réclame ce
grand principe : séparation, *décentralisation*. — « Si
« l'on croit, dit-il, que l'unité de l'Allemagne consiste
« à en faire un seule énorme empire avec une seule
« grande capitale ; si l'on pense que l'existence de cette
« grande capitale contribuera au bien-être de la masse
« du peuple et au développement des grands talents, on
« est dans l'erreur. — La capitale, c'est le cœur, et du
« cœur coulent partout dans tous les membres la vie
« et le bien-être. Lorsque les membres sont éloignés
« du cœur, la vie qui s'en échappe y arrive affaiblie et

« elle s'affaiblit toujours en s'éloignant. Un Français,
« homme d'esprit, Dupin, je crois, a dressé la carte
« du développement intellectuel de la France, et teinté
« en couleurs plus ou moins claires ou foncées les di-
« vers départements, d'après leur culture plus ou moins
« avancée ; on voit les départements éloignés de la ca-
« pitale teintés en *noir foncé*, signe d'ignorance. — Ce
« serait un bonheur pour la belle France si, au lieu
« d'un seul centre, elle en avait dix, tous répandant la
« lumière et la vie. »

Goethe est Germain, Français, Anglais, antique, moderne ; le conseiller aulique professe presque les doctrines libérales de Mills et même de M. Bright.

Lorsque de jeunes Anglais, habitués à la liberté un peu fantasque d'Oxford et de Cambridge, à la vivacité de paroles que l'Allemagne ne connaît guère, traversent Weimar et viennent visiter le patriarche, celui-ci les considère avec étonnement et les analyse avec admiration. Ces indisciplinés le réjouissent. « Quelle différence de ces hommes éner-
« giques et singuliers aux voyageurs qui m'arri-
« vent de Postdam (dit-il) ; tous la vue basse, le teint
« pâli, la poitrine affaissée, jeunes sans jeunesse ! La
« discipline a du bon ; mais trop de discipline est chose
« dangereuse... Hier il est tombé de la neige, les enfants
« du voisinage voulaient essayer leur petits traîneaux ;
« aussitôt est venu un homme de la police, j'ai vu les
« pauvres petits se sauver à toutes jambes. Maintenant
« le soleil du printemps les attire hors des murs ; ils
« aimeraient bien jouer avec leurs camarades devant
« leurs portes ; hélas ! je vois qu'ils sont gênés ; ils
« manquent de sécurité ; ils semblent craindre toujours

« l'arrivée d'un représentant de la force publique. —
« Le gamin ne peut pas faire claquer son fouet, ou
« chanter, ou appeler, aussitôt voilà la force qui arrive
« pour l'en empêcher. — Tout chez nous concourt à
« discipliner de bonne heure nos chers enfants! Adieu
« tout naturel, toute originalité, toute fougue; cela
« s'envole... à la fin il ne reste plus rien. »

Ce goût pour les vives saillies de l'originalité personnelle, pour le déploiement hardi des forces libres, goût qui est une forme de la sincérité, lui rend très-agréables les écrivains caustiques et précis comme Béranger, Beyle (Stendhal) et M. Mérimée. Esprits fermes et fins, ceux-là frappent leurs médailles avec une netteté vigoureuse dont le poëte est ravi. Quant au reste des écrivains français modernes, enveloppés dans une sorte de brume indécise et « bouddhiste », ils flottent devant Gœthe sans qu'il en détermine les contours et les nuances : Casimir Delavigne avec Victor Hugo, Cordelier-Delanoue avec de Vigny, celui-ci avec celui-là.

Il ne distingue pas mieux entre les œuvres. Il ne parle pas de *Clara Gazul;* et la *Guzla*, pastiche habile, de peu d'importance néanmoins dans l'œuvre de son auteur, inspire à Gœthe une page de réflexions :

« Mérimée a traité les sujets démoniaques tout autre-
« ment que ses confrères. Ces poésies ne manquent
« pas, il est vrai, de scènes de cimetières, de carre-
« fours ténébreux, de spectres et de vampires; mais
« ces tableaux repoussants n'émeuvent pas le poëte; il
« les laisse en dehors de lui et les trace comme de loin,
« et pour ainsi dire avec ironie. Il ressemble à un ar-
« tiste qui s'amuse à essayer aussi une fois ce genre.
« Il a tout à fait, en cette circonstance, dissimulé son

« être intime ; il l'a même dissimulé si bien pour les
« Français, qu'ils ont d'abord pris les poésies de la
« guzla pour de vraies poésies *populaires illyriennes*,
« et qu'il s'en est peu fallu que la mystification ne
« réussît. Vraiment Mérimée *ist ein ganzer kerl.* »
Expression plus que familière, qui embarrasse les traducteurs. Elle me semble d'une parfaite simplicité et d'une parfaite vérité :
— « *C'est un fameux homme!* » (1).

Naturaliste et doué de ce coup-d'œil sûr qui est le génie, Gœthe comprend le grand mystère, le secret universel, celui de « l'évolution », le futur dans le passé, l'enchaînement magique, ou plutôt la série immortelle d'émanations, de rénovations successives. Géologue, géographe, botaniste, adorateur des choses réelles, il n'est pas seulement, comme Humboldt, une *commère* de l'histoire naturelle, il en est le prêtre et le poëte. Il sent la vie physique du monde ; il en devine les métamorphoses ; dès l'année 1820 il ne doute pas que l'isthme de *Suez*, celui de *Panama* et l'espace qui sépare le Rhin du Danube, ne doivent bientôt céder à la main de l'homme. Il a donc, de la civilisation présente, l'idée la plus vaste et la plus juste. Sa lucide sagesse ne veut admettre d'ailleurs que les développements sans violence ; il est « *progressiste* » « et *tory.* » — « Le vrai
« *libéral*, dit-il, cherche à faire autant de bien qu'il
« peut avec les moyens dont il dispose ; il a garde de
« vouloir employer le feu et l'épée pour exterminer

---

(1) *Kerl*, *karl*, indique la vigueur humaine et la supériorité de nature. Rien de plus rare que de comprendre l'idiotisme. Ainsi, *Eine passende antwort*, « réponse qui va » qui « passe, » qui *sied*, qui *convient*, etc. V. plus haut, p. 8.

« des abus inévitables. Il cherche à corriger par un pro-
« grès prudent les imperfections, sans employer ces
« mesures violentes qui souvent détruisent autant de
« bien qu'elles en amènent. Dans ce monde toujours
« imparfait il se contente du *bien*, jusqu'à ce que le
« temps et les circonstances lui permettent de réaliser
« le *mieux*. » Et plus loin : — « Ce qui est violent, pré-
« cipité, me déplaît; ce n'est pas conforme à la nature.
« J'aime la rose comme la fleur la plus parfaite que
« voie notre ciel allemand; mais je ne suis pas assez
« fou pour vouloir que mon jardin me la donne à la
« fin d'avril. Je suis satisfait si je vois aujourd'hui les
« premières folioles verdir; je serai heureux quand je
« verrai de semaine en semaine la feuille se changer
« en tige; j'aurai de la joie à voir en mai apparaître le
« bouton. Enfin, je serai ravi quand juin me présen-
« tera la rose elle-même dans toute sa magnificence et
« avec tous ses parfums. Vous qui ne voulez pas atten-
« dre, la serre chaude est faite pour vous ! »

On comprend qu'avec de telles idées et un tempérament semblable il réprouvât nos torpeurs et nos élans,
—notre polémique éternelle et par à-coups,—nos réveils
furieux, nos apathies entrecoupées de soubresauts. Il
disait que les Français estiment seulement ce qui peut
servir leurs intérêts de parti. Aussi n'aurait-il pu ni
s'inféoder à aucun parti, ni écrire dans les journaux,
ni se charger de missions politiques, ni même voyager
beaucoup et s'arrêter dans les grands centres. Il lui
fallait l'isolement sacré, la protection des princes, la
naïveté des mœurs, le calme d'une petite ville, l'aisance
de la vie matérielle. Sur une telle cime, et avec ces
divers et nombreux appuis, il pouvait élever son sanc-

tuaire de sagesse, celui dont parle le grand poëte Lucrèce, « bien au-dessus des nuages et des foudres. » De là il pouvait propager cette doctrine des palingénésies sans fin de l'âme divine, des métamorphoses et des renouvellements de l'éternelle création, empruntée à Spinosa, antique comme le monde, laquelle aujourd'hui a tant d'adeptes parmi les plus grands esprits, et d'où résultaient nécessairement l'immense indifférence et l'immense indulgence.

Il en est l'initiateur littéraire; telle est sa place au commencement du siècle.

De toutes les facultés qu'avait reçues cet homme éminent, la moindre était peut-être celle que l'on nomme en France « l'esprit »; mais les facultés d'observation précise, de sentiment poétique et de philosophie comparative, immenses chez lui, se balançaient dans un équilibre sublime.

Ni martyr, ni méprisable; voué au culte des idées, non à la lutte des ambitions humaines; il n'a prétendu qu'au genre de courage que comportait sa mission. Il n'a rien avili qui fût honorable. Il n'a pas résolu tous les problèmes qu'il se posait, mais il les a soulevés, et jamais il n'a feint de les avoir résolus.

Il n'a pas prétendu posséder les *certitudes* impossibles; il a méprisé les *mots*, exprimé les faits; et c'est dans la bouche de son grand symbole railleur, de Méphistophélès, le mensonge incarné, qu'il a placé l'ironique apothéose des *mots* remplaçant les idées :

> Accrochez-vous au *mot!* Par là
> Vous entrez dans la *certitude*.
> Vous n'avez besoin d'autre étude.
> Trouvez le *mot!* — Le mot! Voilà,

> Mon ami, la bonne habitude!
> Le *mot*, c'est tout ce qui nous sert;
> Sans le *mot* le temple est désert.
> Par lui nos âmes sont guidées :
> Les *mots !* les *mots !* toujours les *mots*
> Enivrent la tourbe des sots,
> A ceux qui n'ont pas les idées
> Les mots viennent bien à propos !

Il cherche donc toujours la sincérité. C'est son mot d'ordre, et qui le sauve.

Il veut le fait, la clarté; non le bruit et l'apparence. Il veut connaître.

Maître de la plus belle prose et de la plus admirable versification allemande, il n'en abuse jamais.

Foyer de lumière, plutôt que centre de chaleur.

Gravez sur sa tombe les dernières paroles qu'il ait prononcées :

« *De la lumière! encore de la lumière!* »

LA JEUNESSE DE SHAKSPEARE

2.

LA JEUNESSE DE SHAKSPEARE

I

Ce n'est pas une pièce que *Peines d'amour perdues*, ce fragment bizarre dont on nous a donné à Paris quelques scènes, remises en œuvre et en presse, sous le nom de Shakspeare? Certes *Hamlet*, *Macbeth*, *le Songe d'une nuit d'été* valaient mieux. Ce n'est pas même un drame, c'est une pure ébauche. Que nous importent Rosalinde et Biron, Longueville et Jacquinette, et ces courtisans qui se promettent de ne jamais aimer, mais qui finissent par aimer ; répétant dans une série interminable de sonnets emphatiques ou quintessenciés que les femmes ne sont rien, ensuite que les femmes sont les seules divinités que l'on doive adorer ; qu'il faut fuir l'amour et ensuite que l'amour est la seule religion possible ; d'abord que la philosophie doit absorber l'homme et lui suffire, puis que la philosophie et l'ascétisme ne contentent personne et ne suffisent à qui que ce soit? Point de drame ici ; pas même une églogue ! C'est convenu.

Mais ici je m'arrête, et vous me permettrez de faire mes réserves. Si l'art dramatique n'a rien à voir ou presque rien dans la pièce originale; l'histoire des mœurs et celle des littératures européennes la réclament comme un document des plus curieux.

Je serais fâché que l'œuvre enfantine de Shakspeare n'existât pas. Un état social amusant, intéressant et disparu s'y reflète comme en un miroir. La jeune âme de Shakspeare y apparaît aussi, et les premières saillies de son vif esprit s'y donnent joyeusement carrière. Il vient de sa campagne et de sa chaumière natale; c'est un Anglo-Saxon de race pure; et comme il voit régner à Londres la mode italienne, il imite les Italiens; dans cette première œuvre il tâche de prendre le ton de la cour.

Voici d'abord les gens au milieu desquels il a vécu tout à l'heure; — le paysan *Pain-bis*, la paysanne *Jacquinette*, le maître d'école *Holoferne*; — par parenthèse cet *Holoferne* est tombé ici d'un chapitre de Rabelais; — enfin le petit espiègle, le jeune page *Moucheron*. Ici, mes amis, ne vous alarmez pas en ma faveur; et si l'on vous dit que je me suis permis un contre-sens, si le docteur Pichot qui accuse tout le monde m'en accuse, comme c'est sa coutume, défendez-moi. Je sais bien que *Moth* signifie Phalène et non pas « Moucheron »; mais le petit page qui sert le chevalier Armado a un sens très-déterminé. Ce que Shakspeare a voulu exprimer, ce n'est pas l'inconstance ou le vol du papillon nocturne, c'est le frémissement, le bruit, l'importunité taquine du petit être bourdonnant, si leste, si plaisant, si charmant, si désagréable, si impertinent, enfin si drôle, — auprès du héros massif dont Shakspeare l'a flanqué.

Je reparlerai tout à l'heure de ce même Armado, caricature populaire dirigée contre l'Espagne, et caricature politique.

Puis voici le nouveau monde élégant de Londres, au milieu duquel le jeune dramaturge de Stratford est tombé récemment ; il n'en connaît guère encore que la draperie, l'extérieur, les dentelles, les panaches, les robes flottantes, les phrases vides,.les mots dorés, les périodes de soie, les métaphores alambiquées, les *épithètes brodées*, les *taffetas de rhétorique* et les *passementeries* de compliments. Il fait de son mieux pour se mettre au niveau et à l'unisson de ce brillant style. Déjà il a vu, si ce n'est fréquenté, les beaux de la cour, Essex, Southampton, Walter Raleigh, les mauvais sujets, ceux qui vont au théâtre ; car les gens graves n'en approchent plus. Acteur et nécessairement maudit par les Puritains, il n'a de société possible que parmi les poëtes, les « euphuistes », faiseurs de sonnets, platoniciens à la façon d'Italie, *entéléchistes* et raffinés. Ce sont les seuls qui l'accueillent, et ils complètent son éducation. On ne lui donne pas, il est vrai, de bons exemples de style, de goût, ou de mœurs ; par la vive électricité de son esprit et l'ardeur de ses sens, le jeune homme n'est que trop disposé à s'égarer dans toutes les voies ; Molière, un demi-siècle après, ne fera guère mieux que lui.

« *Mon péché c'est l'amour* », dit Shakspeare dans un de ses sonnets les plus beaux. Son second péché est la subtilité ; la rapide flamme et l'éclair de sa pensée vont toujours trop vite et trop loin. Plus tard, quand la première fougue se sera dissipée et amortie, jailliront et éclateront des profondeurs même de son observation attristée et de son âme attendrie les Hamlet et les Macbeth, les Jules-César et les Coriolan. Il n'en est pas là. Il prise fort le calembourg et caresse amoureusement le jeu de mots. Il adore aussi l'érotisme, qu'il mêle à la préciosité la plus raffinée et la plus ridicule. Dans le monde littéraire qui l'entoure et le domine on ne reconnaît pour excellent que ce jargon « euphuistique » ; et il s'essaie à l'euphuisme, non sans un mélange de raillerie secrète et d'involontaire parodie. C'est là le charme et la valeur de ses premières œuvres incomplètes, indécises, mais intéressantes, où l'élément populaire se fait jour à travers l'imitation et le précieux.

Le platonisme ou le néo-platonisme chrétien, dont les Médicis venaient de recueillir et de transformer l'héritage, donnait encore la forme et le ton à toute la société supérieure. De là ces ornements pédantesques dont les intelligences européennes se surchargeaient à l'envi. Au milieu du seizième siècle et au commencement du dix-septième la maladie régnait partout. En France la *préciosité* fut ingénieuse et coquette ; en Espagne, gigantesque, extraordinaire ; en Angleterre, savante, technique, métaphysique ; en Allemagne, lourde, amphigourique, théologique.

La *préciosité* française, à laquelle M. Livet a consacré d'utiles travaux (1) se distingua par l'invention enfantine des tours gracieux. Du *miroir* on faisait le « conseiller des grâces » et d'un fauteuil la « *commodité de la conversation* » Le gongorisme espagnol créa des tours de force plus violents, l'Italie eut des recherches plus pittoresques. Quant à l'Angleterre, lorsqu'elle

(1) *Précieuses et précieux*, etc. (Librairie Didier.)

voulut, en dépit de son génie propre, s'égarer dans le platonisme et l'allégorie, elle s'y perdit; elle donna dans les écarts les plus insupportables.

Sous Charles Ier et Charles II cette école durait encore. Cowley, poëte de mérite, apostrophant la Nuit, l'appelait la *négresse qui berce le jour*. Dryden admirait, dans son enfance et sa jeunesse, le soleil de *Dubartas*,

...Soleil emperruqué de rais.

Ce fut notre Dubartas, Gascon protestant, très-bien en cour sous Jacques Ier, qui développa l'euphuisme ou la *préciosité* en Angleterre ; avec lui la recherche italienne entra dans le sérieux de la réforme protestante. L'euphuisme servait alors aux deux partis ; au *Briquet de la foi catholique pour éveiller les étincelles de l'amour divin* les réformés répondaient par la *Bouillie sur un couperet* (*Pap With a hatchet*) ; pamphlet protestant attribué à Lilly, chef et modèle des euphuistes.

L'enfance de Shakspeare, imprégnée de sentiments et d'habitudes rurales, bercée par la douce liberté des champs, des bois et des prairies, toute parfumée encore des senteurs de l'Avon, avait fait place à une adolescence aventureuse, ardente et pauvre. Forcé de s'enrégimenter à Londres dans la troupe de ces poëtes qui parlaient un langage bizarre, sans rapport avec l'idiôme des ancêtres, il étudia d'abord Wyatt, Surrey et Sydney. Ceux-ci avaient entrevu quelques lueurs de la civilisation du Midi et s'évertuaient à la copier. Les pastorales métaphysiques de la Sicile, de l'Italie et de l'Espagne enivraient les esprits. Le factice et l'artificiel faisaient irruption. Toute femme était une étoile, toute affection une entéléchie; on ne tenait à sa maîtresse que le langage des *Azzolani* de Bembo. Le platonisme des Philelphe et des Médicis avait si bien effacé la trace des réalités vulgaires, que l'allégorie n'était plus féminine ou masculine; l'antagonisme même des sexes disparaissait dans *l'Idée*. Le corps n'était plus. La forme ne se montrait pas. Il y a un sonnet de Shakspeare (le XXI°) où le poëte parle d'une « muse », et il la traite en « homme. »

« *That muse,*
« *Stirr'd by a pointed beauty to* his *verse.* »

Il décrit ailleurs les mérites charmants d'un jeune homme (*Herbert* probablement), et il parle de lui comme d'une femme (*created for a woman*). La réalité physique s'était évanouie.

Si la réhabilitation totale de la chair semble aujourd'hui avoir anéanti *l'Idée*, — le moyen-âge, néo-platonicien jusqu'à l'absurdité, avait anéanti la matière et détruit la forme corporelle. D'une femme ou d'un homme il faisait la pure *Idée*. C'étaient si bien la nécessité et la mode, que les épîtres amicales de cette époque sont remplies d'expressions d'amour (*love*). L'estime pour l'honnête homme, le culte de la femme aimée, l'attache sérieuse envers un compagnon de choix, la passion sensuelle pour une beauté adorée se confondaient de la manière la plus baroque; et il a fallu toute la vigueur nette de style, toute la fermeté incisive de notre Michel Montaigne, pour que le souvenir qu'il a consacré à son cher La Boétie triomphât de ces habitudes de vague extase et nous parvînt pur, sublime, touchant, précis; — enfin tel qu'il a été écrit, pensé et senti par son merveilleux auteur.

Dans ce milieu étrange fut lancé le jeune fils de l'éleveur, tanneur, brasseur, propriétaire rural, agriculteur de Stratford; il avait appris le rudiment dans son village, où quelque brave pédant armé de verges l'avait dégrossi. Il sentit en lui-même assurément une lutte très-vive entre la réalité de la nature et le spiritualisme poétique, affecté, mondain qui le pressait. Combattre de front, lui inconnu et pauvre, cette mode consacrée, était impossible. Il commença par suivre le courant, tout en ménageant le sarcasme pour l'avenir, évitant de produire imprudemment cette moquerie dont il avait à peine conscience.

Ainsi sont écloses, pendant la première phase de sa vie littéraire, cinq ou six œuvres ébauchées, dont le couronnement fut *Roméo et Juliette*, drame charmant, passionné, — encore tout hérissé de pointes italiennes et hasardées.

Il semblerait (au moins d'après les dernières et patientes recherches des érudits anglais, Collier, Hallywell, Dyce et quelques autres, qui s'accordent sur certains points relatifs à la jeunesse de Shakspeare, non sur tous) que, peu de temps après son arrivée à Londres, où l'amenait son compatriote et son voisin Burbadge, acteur célèbre, le jeune homme écrivit deux comédies ou deux essais plus ou moins dramatiques; l'un intitulé : *Amour ne perd pas sa peine* (Love's labour's won), et l'autre : *Amour perd sa peine* (Love's labour's lost). Nous n'avons ni l'une ni l'autre de ces esquisses primitives. L'auteur essayait sa main. C'étaient des œuvres *euphuistiques*, c'est-à-dire pré-

cieuses, timides, incertaines ; l'auteur hésitait encore entre la raillerie et l'admiration. Sa modestie le portait à croire que le style en crédit faisait autorité ; son génie l'avertissait du ridicule. Il n'eut probablement pas grand succès ; car sa première pièce fut refondue par lui sous le titre *Bien finir est tout* (*All's Well that ends well*), et la contre-partie ne fut publiée que très-tard, *augmentée*, dit le titre, *améliorée* et considérablement corrigée (*bettered*).

« Œuvre d'enfant », dit Hazlitt. — « Comédie de gens qui n'ont rien à faire », dit Coleridge. — « Drame d'oisifs », dit Charles Lamb. — Les critiques anglais ont tous raison. L'enfantillage naïf dont ils se plaignent appartenait à l'époque aussi bien qu'à l'auteur. Que pouvait-on demander de plus à Shakspeare, débarqué de Stratford à dix-huit ans, où il venait de contracter mariage avec une femme beaucoup plus âgée que lui ; — mariage par le *tryst*, c'est-à-dire germanique, volontaire, reposant non sur la loi civile, mais sur la foi mutuelle, sur le serment individuel, que consacrèrent un peu tard le prêtre et les paroles saintes ? Ce rustique avait de l'esprit sans goût, savait un peu de latin, « point de grec », dit un contemporain ; il avait passé quelques mois chez un avoué ou *attorney* de village, et ne connaissait le monde et les hommes que bien vaguement et de la façon la plus incomplète.

Il fit donc son apprentissage de beau style et y mêla, dans *Love's labour's lost*, beaucoup de traits d'observation fine ; deux caricatures surtout, burlesques, salées, excellentes, qui annonçaient le maître et le philosophe.

L'Angleterre était alors dans une grande colère contre l'Espagne et l'Italie ; Shakspeare partageait probablement les sentimens populaires. Il inventa un *Espagnol* bravache et un *Maître d'école* Italien, élève du Mantouan, qui ornèrent et relevèrent sa comédie. Ce sont Holoferne et Armado.

« Shakespeare (que l'on me permette de citer ici une page écrite et publiée, il y a quelque vingt ans, par moi-même), Shakespeare a précédé Cervantes dans la peinture ironique du faux romanesque.

« Il a créé deux ou trois parodies de l'héroïsme, fanfarons du point d'honneur, emphatiques, prodigues de fleurs de rhétorique, parlant toujours de leur bonne lame et se proposant pour modèles au monde entier. L'un se nomme *Pistolet* et tient son rang parmi les compagnons de plaisir du jeune Henri V, qui n'est encore que prince de Galles. *Pistolet*, que ses camarades appellent *Pistolet l'antique*, est un vieux troupier qui, à force de servir en Italie, en Espagne, en Flandre, s'est composé un jargon épique d'une étrange espèce. Il fait du classique à la manière de Ronsard ; il aime les citations, accumule les mots grecs et latins, parle de l'Erèbe et du Cocyte, et après avoir causé beaucoup de bruit dans une auberge, il se laisse mettre à la porte comme un enfant. Voici encore M. *Parolles*, bavard qui ne laisse pas de répit aux oreilles de ceux qui l'entourent, mais que le premier signe de mécontentement met en fuite. Enfin dans *l'Amour perd ses peines* on voit paraître le grave chevalier don Armado, caricature évidente des prétentions héroïques, élégiaques, chevaleresques et sublimes, que le génie espagnol soutenait avec éclat, et dont Cervantes s'est tant amusé. »

Parlons de ce grand *Armado* et de son fidèle *Moucheron :*

« Imaginez un énorme et colossal guerrier, bardé de fer, surmonté d'un panache flottant, suivi d'une épée traînante, avec baudrier de cuir, et une moustache épaisse; un don Quichotte athlétique et musculeux, Lablache sous la cuirasse. Ce noble seigneur est enfoncé et comme perdu dans la contemplation de lui-même ; selon la coutume féodale, il est escorté d'un page. Ce petit page, aussi exigu que son maître est massif, porte les gants d'Armado. Don Armado s'assied pesamment sur trois coussins.

« — Mon jeune page, dit-il après avoir rêvé, qu'est-ce que cela veut dire, et quel signe cela peut-il être, je vous le demande, quand un héros devient mélancolique ?

« — Monseigneur, c'est signe que le héros n'est pas gai.

« — Mais, mon cher et aimable enfançon, un héros qui n'est pas gai doit ressembler beaucoup à un héros mélancolique. Que diable me dites-vous là ?

« — Pardon, Monseigneur, ce n'est pas du tout la même chose !

« — Allons, jeune et tendre produit de l'harmonie et de la servitude, comment peux-tu établir cette distinction qui me paraît un peu subtile ?

« — Par toutes les raisons possibles, mon très-peu tendre et très-peu harmonieux et très-gros seigneur.

« — Oh ! oh ! pourquoi peu tendre, pourquoi peu harmonieux ? Je suis amoureux, oui, j'en jure le ciel. je le confesse, je suis amoureux. Chose honteuse et ineffable pour un guerrier de ma taille et de mon

espèce ! Mais mon cœur est grand, héroïque, au-dessus
du commun ! Aussi me suis-je mis à aimer une fille
au-dessous du commun. Que ne puis-je d'un coup de
ma bonne épée tuer l'amour qui est dans mon cœur
et forcer mon désir à se rendre prisonnier ! Ah ! je me
battrais à outrance et comme un héros que je suis
contre ma passion ! et quand elle serait captive, je l'é-
changerais contre une belle révérence à la française.
Gémir, soupirer ! fi donc ! le soupir est ignoble ! Je
méprise le soupir. J'aime mieux jurer, mille tonnerres !
L'amour me quittera peut-être, si je jure ! Petit page,
consolez-moi, mon ami. Quels grands hommes ont été
amoureux, s'il vous plaît ?

« — Hercule d'abord, Monseigneur.

« — Je bénis monseigneur Hercule ; c'est un prédé-
cesseur honorable. Encore des exemples, mon cher
garçonnet ; donnez-moi d'autres exemples ; citez-moi
des personnages de belle conséquence et de bonne
et forte taille.

« — Ensuite Samson, Monseigneur. Il était de
bonne taille, celui-là, j'espère. Il portait un palais
comme un charbonnier sa hotte. Êtes-vous content ?

« — Cet exemple a du poids. J'aime Samson ;
Hercule n'est pas mal : c'étaient de bons chevaliers. Je
crois, au fait, que je puis me permettre d'être amoureux.
C'est arrangé comme cela. Les antécédents me plaisent
en toute chose, et ma conscience héroïque est plus à
l'aise. Je ferai donc écrire pour mon usage personnel
la vie des chevaliers Hercule et Samson. »

« Qui ne reconnaîtrait ici la caricature de l'héroïsme
prétentieux, de la cérémonie gourmée, de la formalité

pédante, inhérents à un état de mœurs et de civilisation que le point d'honneur dominait ? L'espèce humaine est faite ainsi. Nos sottises sont la doublure de nos vertus.

« En Espagne cela était grand, non ridicule. Lorsque notre élégance française s'empara de ce point d'honneur chevaleresque, lorsque la Grande-Bretagne et sa société commerciale et politique nous l'empruntèrent à leur tour, ce fut à mourir de rire. »

Love's labour's lost, où se trouve cette ironie, n'est donc dénué ni de verve comique, ni de sens, ni de sel. Tout n'est pas méprisable dans l'ébauche du jeune rustique qui s'essaie au platonisme en se moquant un peu de ceux qu'il copie.

Il me reste à éclairer par l'étude des *Sonnets* la carrière juvénile, amoureuse, élégiaque de Shakspeare.

II

Ai-je le droit de me prononcer sur les Sonnets de Shakspeare?

D'une part, dit-on, ils ne valent rien ; d'une autre, je n'y entends rien.

En effet, je devrais ne point parler de Shakspeare et des Sonnets de Shakspeare, si je cherchais à produire un peu de sensation passagère. Si je consultais mes intérêts, l'à-propos et toute cette fine politique de la vie littéraire, dont les manœuvres plaisent à certains esprits et les couronnent de gloire et de succès, je me garderais de poser le pied dans ce domaine antique, aujourd'hui usé, épuisé, délaissé par ceux même qui l'ont cultivé naguère.

Je pense néanmoins que les Sonnets de Shakspeare sont très-dignes d'étude ; — et que lui-même, âme excellente, très-passionné, très-subtil, très-ardent, accessible à toutes les émotions et même aux erreurs qui forment la matière première de la poésie, il fut étranger à ces abaissements qui flétrissent, à ces ignobles penchants qu'on lui attribue.

Il faut bien que je justifie auprès de mes lecteurs la prétention que je mets en avant. Les critiques anglais les plus autorisés, M. Hepworth Dixon, M. Bolton Corney, me justifient par leur assentiment. Le *Westminster Review*, le *Saturday Review*, les *Notes and Queries*, l'*Athenæum*, m'ont délivré à cet égard un certificat en bonne forme, et M. Bolton Corney, que l'on reconnaît pour un sagace investigateur de ces questions littéraires, a été jusqu'à écrire un petit pamphlet en ma faveur : « Nous devons, dit-il, à M. Philarète Chas-
« les, conservateur de la bibliothèque Mazarine (je
« traduis littéralement), la solution d'un problème
« shakspearien, qui a défié jusqu'ici tous les efforts de
« nos intelligences du crû (*homely*). Ce qui était visi-
« ble à tous les yeux personne ne le voyait ! Nous ti-
« rions autrefois vanité de ce que ce Samuel Johnson
« avait (selon nous) battu *quarante* Français. Voici un
« Français qui vient de mettre en déroute toute une
« armée d'éditeurs, annotateurs et commentateurs
« britanniques.

« La découverte a trait à l'inscription mystérieuse
« des sonnets de Shakspeare... » Je m'arrête et ne

veux pas pousser plus loin l'immodestie de ces citations et de ces témoignages en ma faveur. Il me suffit d'avoir protesté par l'organe des critiques anglais contre l'outrecuidance de mes critiques français.

Voici en quoi consiste ma petite découverte matérielle, qui, en vérité, n'est pas grand'chose, mais qui change toute la question relative aux sonnets shakspeariens. Le sens bizarre prêté par les éditeurs à la dédicace des sonnets, les avait conduits à je ne sais quelles interprétations odieuses. Un certain W. H. en était le héros obscène ; nul ne savait qui il était ; mais on ne doutait pas que les sonnets ne lui fussent adressés. Pour moi, cette dédicace me paraissait n'avoir aucun sens, et je restais persuadé qu'il y avait là quelque erreur cachée. Appliquer à ce recueil de poésies fugitives du grand dramaturge, poésies publiées confusément à Londres, sur fort vilain papier, sans aucun soin, évidemment loin des yeux de Shakspeare lui-même, l'examen, l'enquête, l'analyse me semblait donc nécessaire. Personne ne l'avait fait. On savait seulement qu'un éditeur nommé Thomas Thorpe avait couru, en 1609, les risques de la publication, et que Shakspeare avait renoncé, en cette même année 1609, à la gestion active de son théâtre.

Voilà toutes les lumières que l'on possédait à cet égard. Le petit in-4° primitif, aujourd'hui excessivement rare ou plutôt introuvable, portait une inscription énigmatique imprimée sur un feuillet distinct ; et tous les commentateurs s'accordaient à l'interpréter ainsi :

Thomas Thorpe, qui s'aventure à publier ce livre et qui lui souhaite bonne chance, souhaite (sic) au seul créateur de ces sonnets ci-joints, à M. W. H., tout le bonheur et l'immortalité promise par notre immortel poëte.

TO THE ONLYE BEGETTER OF THESE INSUING SONNETS, M. W. H., ALL HAPPINESS AND THAT ETERNITYE PROMISED BY OUR EVERLIVING POET WISHETH THE WELL-WISHING ADVENTURER IN SETTING FORTH. T. T.

Que signifie ce ramassis d'absurdités ? Quel est ce personnage voilé, ce W. H., que le libraire Thorpe honore de sa dédicace? Pourquoi ces initiales? Comment M. W. H. pouvait-il être le créateur (*begetter*) des sonnets écrits par Shakspeare? Quelle baroque construction de phrase que celle où les mots *wisheth* et *well-wishing* forment une ridicule et inutile tautologie?

On expliqua tout. Chalmers prétendit que la reine Elisabeth était W. H., parce que les deux mots *Queen Elisabeth* ne commencent ni par une H ni par un W. Argument irrésistible! Quelques-uns virent dans W. H. le comte de Southampton, parce qu'il se nommait *Henry Wriothesley*, de son nom de famille. La plupart s'arrêtèrent au comte de Pembroke, *William Herbert*; ce qui en effet aurait paru très-satisfaisant si, à l'époque de la publication, il s'était encore appelé *Herbert*; et s'il eût été possible de supposer qu'un petit personnage tel que Thorpe traitât cavalièrement de *Monsieur Herbert* l'un des seigneurs les plus considérés, les plus riches et les plus puissants du royaume. On proposa encore *William Hart*, parent du poëte; malheureusement celui-ci venait de naître quand les sonnets furent imprimés ; enfin on amena en scène je ne sais quel Hugues, mot qui se prononce en anglais à peu près comme le mot *hue* ou *hew*, lequel vocable se trouve dans un seul des sonnets du volume. Il était réservé à un brave Allemand de Brême, *Herr Barnstoff*, dont le nom mérite d'être conservé, encadré et vénéré, de dépasser toutes ces imaginations. Selon lui, ce W. H. n'est ni Hugues, ni Hart, ni Herbert, ni Southampton, ni la reine Élisabeth; c'est *Shakspeare*. WILLIAM HIMSELF (William lui-même) se dédie à lui-même (W. H.), par l'organe de Thorpe, un livre où il s'analyse, se commente, se confesse, s'encourage, se repent, se console, se justifie, s'explique et s'idéalise. Le sonnet 29, qui paraîtrait adressé à une jeune femme brune, est en réalité un commentaire psychologique de Shakspeare sur lui-même et sur sa faculté créatrice, sur son *génie*. Le sonnet 102, qui, selon les apparences, pourrait se rapporter au grave et honorable Southampton, est un appel du poëte à sa propre *raison*. Telle est la « Symbolique » des sonnets, que le docteur a déchiffrée. Shakspeare, quand il emploie (1) le mot *œil*, veut parler de son *esprit*, de son *intelligence*. Il oppose à cet *œil* « de l'esprit » le mot *cœur* qui signifie sa propre *sensibilité*, son *imagination*. « Ainsi, dit Herr Barnstorff avec une inimitable profondeur, Shakspeare met en jeu les deux côtés de son âme (2); son âme *féminine* répond à son âme *masculine*. » Merveilleux, ô docteur Barnstorff, merveilleux !

Un esprit mal fait tel que le mien repousse ces lumières esthétiques; et ni la reine, ni Shakspeare (*himself*) ne me donnent pleine satisfaction.

(1) Man wird bemerken, das die streng einheitlich durchgeführte symbolick der Sonnette, in der Shakspeare sich immer ungebundener bewegt, des wort « Auge » stets für « Geist, » « Intelligenz » gebraucht, etc.

(2) Als mænnlich und weiblich denkt sich der Dichter diesen seiten der seele. (P. 22.)

Je laissai de côté la dédicace et me plongeai dans l'étude des sonnets eux-mêmes, difficiles à comprendre, archaïques, euphuistiques, semés de traits admirables, les uns tout à fait juvéniles et absurdes, les autres portant l'empreinte vigoureuse du talent le plus viril et le plus pur. Je reconnus qu'ils n'étaient relatifs ni à un seul personnage, ni à une seule époque. Trois ou quatre essais de la première jeunesse contiennent des gaillardises ridicules, mêlées de calembours malsains. Douze ou quinze autres, écrits dans le style quintessencié des précieux et des euphuistes, attestent le laborieux progrès d'un versificateur qui étudie la forme et le style à la mode. Neuf ou dix autres sont consacrés à une grande dame inconnue, objet du plus humble et du plus tendre des dévouements. Il y en a huit ou dix, où Shakspeare, avec une éloquence et une amertume rares, se plaint de sa condition d'acteur ; à peu près vingt qui doivent s'adresser à un ami supérieur, élevé en dignité, protecteur du poëte, sans doute Southampton ; près de douze, dans lesquels sont détaillés avec beaucoup de grâce des souvenirs de voyage; vingt-cinq ou trente qui renferment des conseils et des sermons de toute sorte, destinés à régler la conduite d'un jeune adolescent, fort bien doué, spirituel, aimable, étourdi, vain, colère, libertin, et dont Shakspeare se constitue le Mentor ; dix ou quinze contenant non pas le récit, mais les plaintes émanées d'un cœur très-touché et très-ardent, qui s'accuse d'une passion irrésistible et de sa faiblesse pour une musicienne « aux yeux noirs », dont la vertu paraît avoir été aussi médiocre que la beauté ; une vingtaine d'autres sonnets, les plus intéressants de tous, indiquant un drame où la musicienne, le jeune ami et Shakspeare jouent leurs rôles ; drame douloureux dont le poëte n'est assurément ni le héros victorieux ni le saint impeccable ; une douzaine de magnifiques sonnets en faveur d'Essex vaincu et de Southampton prisonnier; un contre la reine Elisabeth ; enfin, pour couronner cette œuvre multiple, singulière, intime, admirable, à peu près vingt autres pièces, toutes vouées aux regrets du passé, aux repentirs, à la mélancolie d'automne et à l'austère contemplation de la vie.

Convenir que cette collection d'œuvres si variées eût trait à un seul héros (W. H.) (le *begetter*), cela était impossible ; et, dans l'admiration que me causaient certaines parties de l'étrange recueil, je me mis d'abord à copier tous les sonnets de ma main, ensuite à les commenter, et enfin à préparer lentement (il y a plus de dix années que ce travail me charme et m'occupe) une édition nouvelle que je publierai certes avant ma mort, édition très-nécessaire, de cette psychologie, unique dans l'histoire intellectuelle de l'Europe. Pour cela je voulus me procurer l'édition originale, que ne possèdent ni la Bibliothèque impériale ni les autres collections de Paris. On n'en connaît à Londres que deux exemplaires. J'obtins la permission, qui me fut gracieusement octroyée, de faire exécuter par un artiste de premier ordre, M. Tupper de Londres, un fac-simile complet. Ce petit chef-d'œuvre, accompli avec une perfection extraordinaire, m'apporta le mot de l'énigme.

Tous les commentateurs avaient erré. Tous s'en étaient rapportés aveuglément à une copie inexacte. Il n'y avait point d'Antinoüs auquel les sonnets fussent dédiés. L'altération de toute la ponctuation, la sup-

pression des interlignes et des espaces, l'arbitraire
introduction des virgules et des points avaient prêté
à la dédicace un sens contraire au sens réel. Ce n'est
pas Thomas Thorpe, qui dédie le volume à je ne
sais quel personnage, W. H. ; c'est au contraire un
certain W. H. qui prie le *créateur* des sonnets, c'est-
à-dire le protecteur de la muse Shakspearienne,
Southampton, d'agréer avec bonté ce volume, renfer-
mant les sonnets où le poëte lui promet l'immortalité. A ces vœux et à ces hommages le libraire Thorpe
joignit les siens ; et il faut lire en deux parties séparées
d'abord la dédicace, qui se compose d'une phrase dont
le sujet est W. H., ensuite la simple signature de l'é-
diteur. Le *begetter* anonyme, le protecteur, l'ami de
Shakspeare, Southampton, a ainsi reçu le double hommage de W. H. (assez probablement William Hathaway, beau-frère de Shakspeare), et celui de l'éditeur
Thorpe, qui se place avec humilité à la suite de W. H.
Ce pédantesque document, rendu à son sens réel, explique l'énigme, résout le problème, et doit se lire ainsi :

AU. SEUL. CRÉATEUR.
DE. CES. SUIVANS. SONNETS.

M. W. H. TOUT. BONHEUR.
ET. CETTE. ÉTERNITÉ.
PROMISE.
PAR.
NOTRE. IMMORTEL. POETE.
SOUHAITE.

C'EST. CE. QUE. SOUHAITE. AUSSI. L'AVENTURIER.
EN. PUBLIANT.
T. T.

Les Sonnets eux-mêmes prouvent que Shakspeare n'était pas le saint et immaculé personnage, si gratuitement inventé ; que ses passions trop vives, si elles ont égaré, torturé, cruellement châtié sa jeunesse, ne l'ont jamais abruti dans une fange odieuse ; que le talent de Shakspeare, comme poëte lyrique, égale tout au moins son talent dramatique ; enfin que l'on n'a exagéré ni le bon cœur, ni la généreuse candeur, ni la bienveillance sympathique de ce grand homme.

C'est, selon toute apparence, son beau-frère *Hathaway* (William), qui a obtenu du poëte, négligent de sa gloire, et déjà riche, la permission de publier à son propre bénéfice les œuvres échappées à la jeunesse amoureuse du poëte.

Autour de Shakspeare, comme autour d'une grappe qui mûrit, circulaient et voltigeaient en 1600 mille frêlons, mouches et abeilles. On lui demandait de l'argent ; on lui en empruntait ; on lui envoyait des jeunes gens qu'on lui recommandait. Il protégeait sa famille, aidait ses voisins de campagne, leur donnait des conseils ; et quand ils abusaient de sa facilité et de son bon vouloir, il les mettait à la raison au moyen de petits procès dont il reste des traces, soigneusement recueillies par les modernes antiquaires. Cependant la Réforme religieuse devenait redoutable et menaçante. Plus d'une fois les puritains avaient tancé vertement Shakspeare. On venait de lui refuser le titre de *Master of the revels*. Dégoûté du monde, Shakspeare, en 1609, alla retrouver sa famille et sa femme, dont il avait toujours, malgré ses écarts, pris beaucoup de soin.

Alors, dans son incurie pour sa propre gloire, n'aurait-il pas cédé assez volontiers et avec générosité, à un parent tel que William Hathaway, le droit de publier ce fagot de manuscrits ? Il est évident, je l'ai dit, que la négligence la plus absolue a présidé à cette publication ; qu'elle comprend des pièces de fantaisie, des jeux d'esprit, des études : d'autres œuvres très-soignées, des élaborations platoniques, des souvenirs, des allusions à une femme, à un jeune ami, à des aventures douteuses, singulières, secrètes.

Il est absurde de prétendre que toutes ces œuvres soient de pures fictions et ne se rapportent à rien de réel. Il est insoutenable que ce soient des poëmes suivis, cousus, consécutifs, formant un sens et publiés par Shakspeare lui-même, comme l'ont dit MM. Boaden et Armitage Brown. Quant à Southampton, « père de la Muse Shakspearienne », on ne peut pas supposer qu'il ait été le jeune débauché, joli garçon, spirituel, auquel Shakspeare fait incessamment la leçon ; celui que Shakspeare sermonne, et qui profite assez immoralement des entrées que le poëte lui procure chez une femme brune, musicienne et légère, aimée de Shakspeare. Ce mauvais sujet semble devoir être William Herbert, comte de Pembroke, dont Clarendon a fait le portrait. On ne le nomme pas dans les sonnets, où il occupe une place peu louable.

Entre 1550 et 1610, le puritanisme est ombrageux ; on n'ose pas trop soulever les voiles ; il s'agit d'amours plus ou moins libres de Vénus et de Cupidon. Déjà la publication des vers érotiques de Shakspeare avait suscité des plaintes. Nous sommes sous Jacques Ier ; Pym existe ; le Parlement est de mauvaise humeur. Dans vingt ans la sévérité de Calvin prendra le dessus ; bientôt on n'osera plus jouer Shakspeare. W. H. se cache donc. Thomas Thorpe se masque. On n'indique Southampton que de loin, comme l'inspirateur et le *begetter* de ces œuvres légères. On n'indique même ni à quoi se rapportent, ni quelles personnes concernent les sonnets qui trahissent des situations anormales. Shakspeare ne réclame pas, ne s'en occupe pas ; l'œuvre, comme le voulait Thorpe, se glisse inaperçue. Ni Southampton ni Pembroke n'y font allusion. Le flot puritain monte toujours ; on ferme les théâtres, on chasse les acteurs, et les vestiges de la vie intime et amoureuse de Shakspeare n'attirent plus l'attention de qui que ce soit. Plus tard seulement on réimprime les *Sonnets* pêle-mêle ;—devenus ainsi victimes et des événemens généraux, et de la cupidité de Thorpe, et de la négligence de l'auteur, peut-être aussi des scrupules pudiques de diverses personnes impliquées dans les petits drames en question. On ne peut pas, en effet, fermer les yeux sur cette vérité, que divers passages : (*To my purpose nothing... foul as hell...*) ne s'expliquent que par des erreurs de passion et les caprices d'une très-folle jeunesse.

Ramenés ainsi à leur simplicité, les Sonnets n'en sont que plus intéressants. On y voit trois acteurs principaux : Shakspeare, le plus âgé, vivant de la vie de Londres au xvi° siècle ; Southampton, plus jeune, protecteur avoué de Shakspeare, mais voyageant, faisant pour son compte la guerre et l'amour, d'ailleurs l'objet pour Shakspeare d'un attachement plein de respect, qui jamais ne se dégrade jusqu'à une camaraderie compromettante ;—enfin un jeune homme inconnu, de seize à dix-huit ans, que Shakspeare sermonne, gronde, tance, et qui, pour se venger peut-être, se fait aimer de celle que Shakspeare a préférée. Ce pourrait, je le répète, être William Herbert, comte de Pembroke, nous n'en avons aucune preuve. Le ton de Shakspeare envers lui est d'un moraliste, d'un père, non d'un protégé ou d'un favori. En dehors de ces trois principaux acteurs, je vois, mais dans la coulisse, une personne préférée, bonne musicienne, coquette, qui n'est pas jolie, dont le teint est brun, et dont les mœurs laissent beaucoup à désirer. Trompé comme Molière, Shakspeare pardonne à la perfide.

Avec quelles larmes et quels déchirements ! il faut lire les sonnets pour le savoir.

J'entrevois encore un poëte, peut-être Spenser, dont Southampton accueille les hommages et les vers, ce qui effraie Shakspeare ; puis enfin je retrouve, dans quelques vers admirables, Essex, l'ami de l'ardent et véhément Southampton ; cet Essex dont l'ombre apparaît au loin triste, étourdie et sanglante.

III

Il est impossible que mes observations précédentes sur Shakspeare ne soient pas accusées de fantaisie et de chimère. Nul n'a le temps aujourd'hui de s'enquérir si ce sont hypothèses arbitraires ou justes inductions, si je suis un vain romancier ou un critique.

Qui peut prendre goût à ces problèmes, si ce n'est un petit nombre d'amateurs ?... et encore ! Les machines roulent, la fumée monte, les roues tournent, la vapeur siffle, et la grande industrie marche. Quant aux langues étrangères ou anciennes ; aux charmants détails de l'histoire intellectuelle qui nous en apprennent tant sur la vie morale des races et le mouvement intérieur des peuples, nul ne s'en soucie; on apprend assez de latin pour être bachelier, assez d'anglais pour déchiffrer une correspondance de commerce; voilà tout. Les plus gigantesques contre-sens passent chaque jour sans encombre dans les livres et les revues que tout le monde lit. Je ne veux nommer aucun des traducteurs qui ont commis, à propos des Sonnets dont je m'occupe, les énormités que je vais signaler. A quoi bon les affliger ou les dénigrer? Ce qui est utile, c'est de montrer à quel point les juges manquent aujourd'hui en cette matière, et quelles ténèbres universelles permettent maintenant de tout faire et de tout oser.

Il y a un petit tableau de genre, charmant tableau, que Shakspeare emprunte à la ferme et à la vie rustique de ses premiers jours ; on y voit une jeune ménagère déposer l'enfant qu'elle tenait dans ses bras, courir après une poule qui s'enfuit, et ne pas faire attention au pauvre petit qui pleure, appelant sa mère :

*Lo ! as a careful house-wife runs to catch
One of her feather'd creatures*, etc.

Ce pauvre petit, c'est Shakspeare trahi. Celle qu'il aime court après d'autres bonheurs fugitifs, et lui, d'une voix tendre, digne de La Fontaine, il essaie de rappeler sa bien-aimée.

Voici la traduction qui a été donnée de ce chef-d'œuvre par un homme de mérite :

« *La femelle* (la fermière se trouve changée en *poule*), « *inquiète, court hors du nid pour rattraper un de ses*

(1) Sonnet 143.

« *petits* (l'enfant est devenu un *poulet*) *déjà couvert*
« *de plumes, qui a pris son vol, et déposant le marmot*
« (comment cette poule est-elle mère d'un *marmot?*)
« *s'élance à tire d'aîle à la poursuite de celui qu'elle*
« *voudrait arrêter !* »

Traduction !

Shakspeare et ses sonnets seront-ils jugés d'après de telles copies ? M. Delécluze, M. Villemain en ont fait d'excellentes, mais partielles. Les commentateurs ne sont guère moins aptes que les traducteurs à égarer les esprits. Ce sont eux qui ont pris des hommes pour des femmes, des femmes pour des hommes, et qui dans leur explication prétendue de ces œuvres difficiles, ont tout odieusement brouillé. Un commentateur, par exemple, qui n'est pas de Brême, mais de Londres, a vu dans Southampton la « Métempsychose, » le « Principe révolutionnaire » et (le croirait-on ?) le « Progrès indéfini. » Cela est prodigieux, mais réel, comme on va s'en assurer.

Lord Southampton, dont le nom historique ne peut se détacher de celui de Shakspeare, méritait l'admiration à beaucoup d'égards. L'estime ne pouvait lui être refusée. La générosité de ses défauts et l'ardeur dévouée de ses imprudences touchaient à l'héroïsme. Lettré et homme de guerre, moins brillant et plus moral que Walter Raleigh, moins raffiné d'esprit et plus naturellement simple que Sidney ; spirituel et charitable, prodigue de son sang ; ami des poëtes ; — il avait couvert de sa protection la jeunesse du dramaturge. Lorsque, malgré la reine, il eut épousé Elisabeth Vernon ; — ami d'Essex, lorsqu'après avoir voulu arracher celui-ci à ses folles trames, Southampton se sacrifia pour celui qu'il avait voulu sauver, Shakspeare vit dans cet acte quelque chose d'analogue aux plus beaux faits dont les pages antiques (*antique pages*) ont conservé et immortalisé le souvenir. « Oh! que je voudrais comparer à mon « héros, se dit Shakspeare, quelque Southampton des « temps anciens ! »

Oh that a record could with a backward look
..
Show me your image!......

« Voici longtemps que l'esprit humain s'affirme par « l'écriture (*mind by character done*) , et jamais écri-« vain n'a traité sujet plus digne ! Tous les élémens « civilisés (*composed frame*) ont fait de lui une *mer-*« *veille complexe* (*wonder*) ! » Ainsi parle le poëte.

Sous ce voile un peu métaphysique et cependant facile à soulever, savez-vous ce qu'un moderne a voulu voir ? *L'incarnation du moi humain dans des métamorphoses sucessives et la théorie des existences antérieures!* Le commentateur, maître de cette clef fantastique, va ouvrir toutes les portes. Shakspeare devient un druide, un kelte, un oriental ; le lecteur est prié de méditer sur cette doctrine, *partie de l'ancienne Egypte et de la vieille Gaule;* on l'invite à regarder l'auteur *d'Othello*, non comme un partisan d'Essex, mais comme *l'adversaire de l'idée indienne et biblique*, de la décadence chrétienne, enfin comme dévoué au *principe révolutionnaire* et au *progrès !*

Prenant un *substantif* pour un *verbe*, ou se trompant sur la construction des phrases, les traducteurs de ces sonnets ont été conduits ainsi aux résultats les plus inattendus et les plus baroques.

Celui-ci croit qu'une *femme* est une *poule* ; celui-là imagine que Southampton est la *métempsychose ;* et un troisième veut que le poëte ait été « borgne », parce que dans un sonnet il se plaint de ne voir qu'à demi les choses humaines. Il y a peu de ces petites pièces énigmatiques qui n'aient été l'objet de subtilités pareilles et d'interprétations folles, nées de bévues très-grossières.

Shakspeare dit, par exemple, que sa vie est obscure, — *qu'on le méprise* (*unlooked for*), mais qu'il se réjouit de trouver chez quelques âmes supérieures une consolation et un appui.

Il *jouit inaperçu* de ce suprême honneur.

Unlook'd for joy *in that I honour most.*

Faute d'avoir une connaissance approfondie des langues teutoniques et des principes qui les gouvernent, le traducteur ne voit point que *Joy* n'est pas ici un substantif (la joie), mais un verbe (jouir); il fait dire au poëte qu'il ne *va pas chercher le* PLAISIR *sur les pas de la gloire !*

La plupart des inventions immondes dont on a voulu flétrir l'auteur de Macbeth, sont tout simplement des âneries grammaticales. « *Sers* les dames et sache leur
« plaire tant que tu voudras, dit Shakspeare à l'adoles-
« cent son ami ; cela ne me regarde en aucune manière
« (*to my purpose nothing*). Tu es beau. Tu leur con-
« viens. Conserve-moi ton âme (*love*) ; tes écarts sen-
« suels ne me sont de rien (*love's use*). » Cela est clair. Eh bien ! soyez ignorant et léger; ne connaissez ni l'histoire ni les mœurs; soyez fat ou pédant; oubliez

le seizième siècle; traduisez *use* par « usage »; *master-mistress* par *maître et maîtresse;* effacez la grossièreté ou la rudesse du tronc anglo-saxon qui a subi la fine greffe de l'affectation platonique; donnez au mot *passion* le sens qu'il a aujourd'hui et qu'il n'avait pas du tout; — vous arrivez au contre-sens le plus énorme. Ainsi ont fait le métaphysique *Barnstorff* et *Hallam* l'érudit anglais.

Ils y sont tombés à corps perdu. C'étaient un professeur d'esthétique et un juriste, les deux espèces d'hommes les moins propres à saisir les fibres délicates et les cordes imperceptibles:

Quod latet arcanâ non enarrabile fibrâ;

Les gens qui se connaissent le moins à ce qui est humain sont ceux qui s'entendent le mieux aux lois, arrêts, sentences des Cours, chartes, priviléges, dossiers, immunités et documents;—ou, comme Barnstörff, à *l'objectif* combattant le *subjectif*, et au *moi* se mariant au *non-moi*. Les vrais critiques savent le monde et la vie. Coleridge, Jeffrey, Gifford, Gervinus, Sainte-Beuve, et récemment Bodenstedt, auteur d'une excellente traduction allemande de ces œuvres, ont défendu contre les pédants et les fous la moralité de Shakspeare, — ami reconnaissant de Southampton, —amant trop délicat de la musicienne.

Ne voudriez-vous pas connaître ou du moins entrevoir cette musicienne?

Voici la musicienne:

Elle est assise devant ses *virginals*; cet aïeul *virginal* a enfanté l'épinette, laquelle a produit le clavecin, lequel, vers le dix-huitième siècle, s'est émancipé jusqu'au *piano-forte*. Ce petit fils, instrument aujourd'hui inévitable — qui au moyen de pédales s'exprime, *doucement* quelquefois, et presque toujours trop *fortement*, ne ressemble guères aux *virginals* du seizième siècle ; les torrents et les cataractes harmoniques que nous verse le piano moderne auraient épouvanté la reine Elisabeth ; plus de la moitié des prestiges de l'art appartient non à ceux qui l'exercent, mais à ceux qui en jouissent.

Notre petite chambre de Cheapside (ceci est du roman) recevait souvent Shakspeare (*oft*) ; et il écrivait à la virtuose (ceci n'est plus du roman) :

« O toi qui es la musique de mon âme, combien de
« fois m'est-il arrivé de m'arrêter près de toi et de
« contempler tes doigts délicats, donnant le mouve-
« ment et la vie, l'accent et la voix à ces touches sono-
« res, heureuses de retentir sous la douce pression de ta
« main ! Combien de fois ai-je envié leur sort, pen-
« dant qu'elles touchaient cette peau blanche et répon-
« daient à ses caresses ! L'harmonie du métal flexible
« ravissait tous mes sens, et j'étais jaloux de ces tou-
« ches légères qui voltigeaient obéissantes à ta volonté.
« Mes lèvres auraient voulu remplacer les fragments
« sonores. Ah ! je les trouvais bien hardis, eux, insen-
« sibles et incapables d'amour ; d'occuper cette place
« glorieuse ! Avec quelle grâce tes doigts se prome-
« naient à leur surface ! Puisque, sans le mériter, elles
« sont si heureuses, ces touches, — donne davantage à
« qui mérite mieux ! »

On a un peu altéré le dernier vers, dont Catulle, Tibulle, le Sicilien Meli, ou M. de Parny dans ses meilleures inspirations, n'auraient pas dédaigné la grâce et l'ardeur, mais dont l'expression érotique est un peu vive.

Assurément c'était une vraie musicienne, ce sont de vrais *virginals*; — et le poëte est très-touché. Il n'est point question ici d'Iris en l'air, ni de métempsychose, de Southampton devenu brahmane, ou du petit enfant changé en poulet. Quelle conjecture sera légitime, si celle-ci ne l'est pas? M. Delécluze n'a pas dû comprendre, dans son *Traité de la poésie platonique* (1) ce délicieux sonnet qui n'est pas platonique du tout; il en aurait donné une traduction plus littérale que celle qui précède.

Me permettra-t-on maintenant de choisir, entre vingt imitations en vers et en prose de ce petit bijou, traduit dans toutes les langues d'Europe, deux ou trois essais ? De cette comparaison résultera la preuve de l'inouïe difficulté qu'offrent au traducteur ces délicatesses subtiles et ces recherches rachetées par tant de passion et de grâce.

Je commence par citer M. Lafon, dont le volume est plein de mérite, malgré sa préface incomplète. Plus d'un trait manque d'exactitude. Ce n'est pas *hier* que le poëte a entendu celle qu'il admire tant; il va l'écouter trop souvent (*how oft !*); elle n'est pas assise au clavecin; elle fait vibrer les petites touches blanches et noires de l'antique épinette, placée dans la petite chambre ornée de fleurs. Je n'aime pas *les flots de mélodie*, attendu que la grande symphonie n'était pas encore née, et que la voix fine, aigrelette et modeste de

(1) *Dante et la poésie platonique.* (Amyot.)

l'instrument primitif se permettait bien peu de violence. L'affectation italienne et le *concetto* à la Marini, que je ne justifie pas, sont d'ailleurs très-bien rendus par M. Lafon. Le *doux accord* ne me satisfait guère, pauvre équivalent de ce commencement adorable :

> Toi, ma musique, alors que de tes doigts
> Tu fais jaillir la musique divine, etc.

Mais laissons dire M. Lafon :

> Moi qui te vis hier, *doux accord* de ma vie,
> Assise au *clavecin* dont tu faisais jaillir
> Sous les agiles doigts des *flots de mélodie*,
> De jalousie encor je me sens défaillir.
>
> Aux accens de l'amour quand ta main *le convie*,
> Comme sous des baisers je te vois tressaillir,
> Et ma lèvre rougit de l'audace impunie
> Qui prend une moisson qu'elle voudrait cueillir.
>
> Devant un tel bonheur, mes lèvres insensées,
> Pour être un seul moment par tes doigts caressées,
> De ces touches d'ivoire auraient *voulu les droits*.
> Mais si de ces faveurs, dont toujours tu me sèvres,
> Tu prétends enrichir ces vils morceaux de bois,
> Donne-leur donc tes mains ; à moi donne tes lèvres !

Un autre poëte, l'une des victimes les plus touchantes de la poésie moderne ; une âme d'artiste et un sincère ami des lettres, qui est mort jeune après une vie laborieuse, Sébastien Rhéal, a aussi traduit ce beau sonnet. Quelques passages heureux relèvent son imitation, d'ailleurs mêlée d'aspérités et d'incertitudes :

> Quand tu *viens* à *jouer* sur ce bienheureux bois
> Dont les vibrations, troublant mon âme aimante,
> Sous tes habiles doigts résonnent, — que de fois,
> O folâtre beauté, — ma musique vivante !

Alors que rougissait ma lèvre frémissante,
Que de fois j'enviais la touche bondissante
Sous le creux de ta main !. . . . .
. . . .
Certes, je donnerais et mon âme et ma lyre,
Pour être cette touche. . . . .
Et sentir tes doigts blancs m'effleurer à mon tour !

Voici enfin une dernière tentative que je trouve naturellement meilleure puisqu'elle est mienne :

« O toi qui es la musique de ma vie! combien de fois,
« lorsque ce bois, trop heureux, vibrait sous tes doigts
« légers et doux ; lorsque tu en réglais l'accord métalli-
« que ; — combien de fois ai-je porté envie à ces tou-
« ches, qui dans leurs bonds agiles baisaient tour à
« tour le creux délicat de ta jeune main !

« Oh! que mes pauvres lèvres eussent voulu s'enri-
« chir de cette récolte ! Cette témérité les fait rougir
« de jalousie !

« Pour être caressées, elles changeraient d'état et de
« place avec les touches mobiles sur lesquelles tes doigts
« se promènent d'une si gentille allure !

« Eh quoi ! le bois qui est sans vie sera plus heu-
« reux que mes lèvres vivantes ! Donne-leur donc tes
« doigts seuls à baiser, à ces touches effrontées !... Et
« à moi, tes lèvres ! (1) »

(1) *How oft, when thou, my music, music plays't*
Upon that blessed wood whose motion sounds
With the sweet fingers; when thou gently sway'st
The wiry concord that mine ear confounds;
Do I envy those jacks, that nimble leap
To kiss the tender inward of thy hand,
Whilst my poor lips, which should that harvest reap,
At the wood's boldness by thee blushing stand!
To be so tickled they would change their state
And situation with those dancing chips,

Shakspeare aimait la musique, il en parle toujours avec justesse.

Le reste du roman, où le prenez-vous, demande le lecteur ?

Dans les mêmes sonnets, ô léger et sceptique ! un peu plus loin. Si le sonnet 128 que je viens de citer ne peut évidemment s'adresser qu'à une femme préférée et à une artiste; — celui-ci (le 24e) a trait à un jeune ami qui ne veut pas se marier et que Shakspeare conduit au concert. L'ami reçoit de la musique cette impression mélancolique que toutes les organisations fines et exquises en reçoivent, et le poëte, passionné à la fois et mystique, lui conseille dans cette admirable pièce le mariage, loi suprême et triple source de l'harmonie dans les sociétés et les familles. Voici la traduction littérale et sincère de M. Delécluze :

« Toi qui es mélodieux à entendre, pourquoi écoutes-
« tu la musique avec tristesse? La douceur ne fait pas la
« guerre à la douceur, et la joie se plaît avec la joie.
« Pourquoi aimes-tu ce que tu ne reçois pas gaîment?
« ou bien, pourquoi reçois-tu avec plaisir ce qui te fait
« peine? Si la véritable harmonie des sons, justement
« mariés ensemble par leur union, offense ton oreille,
« ils ne font que te gronder doucement, toi qui perds
« dans le célibat les facultés que tu devrais employer
« mieux ! Fais attention ! La corde, doucement ma-
« riée à une autre, vibre à l'unisson par une con-
« corde mutuelle. C'est le Père, l'Enfant et l'heureuse

> O'er whom thy fingers walk with gentle gait,
> Making dead wood more bless'd than living lips.
> Since saucy jacks so happy are in this,
> Give them thy fingers, me thy lips to kiss.

« Mère. Plusieurs en un font retentir un son agréabe.
« O belle chanson sans paroles — multiple ·et ne
« paraissant être qu'une ! — Elle te dit : *Ne sois plus
« seul, tu ne serais rien !* (1) »

Il y aurait tout un livre à faire sur cette vie intime
de Shakspeare, sur les circonstances que je viens d'exposer, et qui d'ailleurs étaient inconnues; enfin sur le célibataire auquel Shakspeare adresse, avec tant de charme subtil et de mystique grâce, les plus tendres conseils et les plus saines maximes de la vie pratique et de la philosophie.

L'extrême obscurité de ces petits chefs-d'œuvre Shakspeariens a donné lieu à des hypothèses nouvelles, plus étranges, s'il est possible, que celles que nous avons signalées tout-à-l'heure et dont nous avons démontré l'inanité et la folie. Un américain, partant de ce principe et de ce fait avérés, que les sonnets, vers la fin du xvie et au commencement du xviie siècles, se fabri-

(1) *Music to hear, why hear'st thou music sadly?*
Sweets with sweets war not, joy delights in joy.
Why lov'st thou that wihich thou receiv'st not gladly?
Or else receiv'st with pleasure thine annoy?
If the true concord of well-tuned sounds,
By unions married, do offend thine ear,
They do but sweetly chide thee, who confounds
In singleness the parts that thou should'st bear.
Mark, how one string, sweet husband to another
Strikes each in each, by mutual ordering;
Resembling Sire and Childe and happy Mother,
Who all in one, one pleasing note do sing :
Whose speechless song, being many, seeming one,
Sings this to thee « *Thou single wilt prove none.* »

quaient comme une espèce de marchandise, dont les poètes à la mode faisaient trafic, et qui servaient, selon l'occasion et la nécessité, aux mariages, aux décès, aux amours, aux ruptures, aux réconciliations; a cru pouvoir soutenir que les sentiments et les idées, les souvenirs et les espérances, les rêveries et les tristesses exprimés dans les sonnets Shakspeariens ne lui appartiennent pas en réalité, mais seulement comme le costume de théâtre appartient à l'acteur qui s'en revêt. Un anglais, homme d'esprit, rédacteur du *Quarterly Review*, adoptant cette théorie américaine, l'a développée et systématisée. Southampton et non Shakspeare déplorerait en vers éloquents la fuite des années, le vuide des amitiés humaines, les trahisons de la vie. Élisabeth Vernon, la jeune et belle fiancée, emprisonnée par la reine, serait l'objet de déclarations brûlantes, écrites par Shakspeare et attribuées à son protecteur et à son noble ami.

On ne peut ni réfuter ni admettre sérieusement un tel système, appuyé sur un hypothèse gratuite; c'est le sentiment personnel et le calcul des probabilités qui demeurent ici les seuls arbitres.

A défaut de preuves authentiques, il faut se contenter de probabilités morales.

Est-il probable que Shakspeare, esprit fin jusqu'à la subtilité, d'un tact délicat et même exquis, s'il a été chargé par Southampton d'exprimer des sentiments éprouvés par ce dernier, se soit servi de termes qui avilissaient et déshonoraient son ami, un des plus fiers gentilshommes du règne d'Elisabeth?

Southampton peut-il dire de lui-même qu'il est un *Arlequin*.

4.

A Motley to the view?

Et Shakspeare peut-il le dire de Southampton? Son poëte a-t-il pu lui attribuer des *mœurs vagabondes* et vulgaires :

Gone here and there?

Est-il probable que l'un ait accepté et l'autre écrit, rimé, scandé des confessions douloureuses; de ces aveux qu'un homme de génie élevé à la campagne, résigné à sa modeste destinée, peut transformer en poésie, mais dont jamais gentilhomme, jamais homme de cour, jamais homme de guerre surtout, ne toléreraient l'humiliation et l'affront?

A ce point de vue, et jugés par le sentiment intime, non par une critique matérielle et impuissante, les sonnets de Shakspeare, celles de ces pièces du moins qui ont une valeur littéraire, ne peuvent concerner que lui-même et lui seul.

Jean-Jacques n'a pas écrit les Confessions du maréchal de Luxembourg, mais les siennes propres.

SHAKSPEARE ET MOLIÈRE

SHAKSPEARE ET MOLIÈRE

Le fait curieux et que l'on ne peut récuser, celui qui sert de base réelle à toutes les fantaisies des commentateurs ou destructeurs de Shakspeare, celui que je veux aborder ici, c'est l'état inextricable du texte de Shakspeare ; c'est surtout le nuage très-obscur dont ses créations sont enveloppées. A-t-il écrit ses sonnets ? A qui ces mêmes sonnets sont-ils adressés ? Quelles sont les œuvres authentiques qui lui appartiennent sans conteste ? Ne peut-on pas lui attribuer avec beaucoup de vraisemblance *Arden de Feversham*, la tragédie *d'Yorkshire* et bien d'autres drames qui ne sont pas compris dans ses œuvres ? Pourquoi son premier in-quarto est-il dans beaucoup de passages illisible et incompréhensible ?

Si Shakspeare était Grec ou Romain et qu'il eût vécu avant l'ère chrétienne, je m'expliquerais fort bien ces obscurités excessives.

La destinée des manuscrits anciens ne m'étonne pas. Elle ferait le sujet d'un livre excellent, plein d'intérêt et d'une véritable utilité. Il comprendrait l'histoire des manuscrits, de l'état où les premiers éditeurs les ont trouvés, du travail considérable, prolongé, varié auquel on a dû les soumettre, des passages interpolés, altérés, — interprétés au moyen d'ingénieuses hypothèses — et restitués (d'une manière probable, mais nullement authentique) par les Lascaris et les Erasme, les Budé et les Scaliger, les Casaubon et les Vossius. Travail qui a duré quelques siècles et qui nous semble achevé et accompli. C'est une erreur.

Transmis de siècle en siècle par la main de copistes illettrés ou capricieux, soumis aux mutilations arbitraires que l'esprit de secte ou de parti leur faisait subir ; exposés à tous les accidents matériels que l'incendie, la guerre, l'incurie, le fanatisme, l'ignorance multipliaient dans les âges barbares ; souvent altérés par la fantaisie érudite des scoliastes ou par le scrupule des grammairiens ; transformés quelquefois ou partiellement détruits par les controversistes ; — les manuscrits grecs ou romains n'ont échappé aux désastres de cette longue odyssée qu'aux dépens de leur intégrité. La fiancée dont Boccace et La Fontaine ont dit les malheurs n'a pas couru plus d'aventures que Térence ou Tite-Live. Personne ne peut jurer que les premiers vers de *l'Enéide,* — *Ille ego qui quondam......* appartiennent à Virgile, ou que le *Dakruoën gelasasa*, ce doux sourire mêlé de larmes, tant admiré chez le vieil Homère, soit réellement de lui ; il y a même quelque vraisemblance que le commencement de *l'Enéide* est d'un scoliaste, et l'hémistiche homérique d'un poëte de l'école alexandrine.

Shakspeare se trouve absolument dans le même cas. Pourquoi ? je vais le dire.

L'imprimerie, lumière inattendue, flambeau soulevé tout à coup au milieu des obscurités, des nuages et

des doutes, était venue éclairer le temple et dissiper les ombres. Depuis plus d'un siècle la merveilleuse propagation de la pensée par des types, sa perpétuité assurée par leur emploi mobile n'étaient des mystères pour personne. Dans le creux des vallées sauvages, sur les cimes désertes, dans les vieux monastères, à Subiaco, en Hongrie, en Bohème, l'invention s'était répandue. Des imprimeries étaient fondées; de vrais érudits les dirigeaient avec un orgueil, avec un amour et un soin incomparables ; ils passaient les jours et les nuits devant la casse, le compositeur à la main, « la copie » sous les yeux, formant des élèves, corrigeant les épreuves, rectifiant les textes, choisissant le papier, fabricant l'encre selon leurs propres recettes, surveillant tous les détails, ravis d'inscrire à la fin du volume :
« *J'ai heureusement achevé mon travail le jour de
« la Saint-Michel* 1520, *jour du mariage de ma fille.* »
Ou bien : « *Ceci fut commencé le jour de l'Incarnation,*
« 1510, *complété laborieusement et mis à fin le jour de*
« *Pâques* 1511. » Il y avait bien des années que Caxton avait été surprendre et saisir à Cologne, dans son berceau même, l'imprimerie à peine née qu'il conduisit à Londres; Wynkin de Worde ensuite et ses successeurs donnèrent de très-belles éditions anglaises qui, pour la correction des textes, ne laissent rien à désirer. Ni le texte de Spenser, ni celui de Bacon, ni même les œuvres de Benjamin Jonson, tous contemporains de Shakspeare, n'offrent ces obscurités ou ces équivoques dont le texte de Shakspeare est tissu.

Je voudrais savoir pourquoi.

Ni lui, ni Calderon, ni Molière, n'ont publié leurs œuvres complètes. Directeurs de théâtre, livrés à mille détails de manutention, d'administration et même d'étiquette, tantôt suivant la cour, tantôt soutenant des procès ou repoussant leurs ennemis de tout genre, ils ne s'appartenaient pas. Si par intervalle leur inquiétude d'auteur venait à s'émouvoir, ils entreprenaient alors quelque édition partielle de tel ou tel drame; voilà tout. Les remaniements du *Misanthrope*; le *Hamlet* corrigé et remis sur l'enclume quatre ou cinq fois attestent leur vive préoccupation. Mais le cours de la vie et des devoirs les emportaient bientôt. Il leur fallait reprendre le harnais, combattre à droite et à gauche, trafiquer, vendre, acheter, bâtir, diriger la troupe, plaire au public, vivre et mourir ainsi ; on n'a pas remarqué combien il y a d'analogie entre les deux existences publique et privée de Molière et de Shakspeare. Je laisse de côté Calderon ; peu de documents certains éclairent aujourd'hui sa vie, qui se perd majestueusement sous les draperies de l'étiquette et les replis de l'orgueil national.

Mais Shakspeare et Molière ! L'un à la fin du seizième, l'autre au milieu du dix-septième siècle, ont à soutenir en faveur de l'esprit moderne le premier choc de cette grande lutte que le dix-huitième siècle devait mener à fin. Et si c'étaient eux qui représentaient les forces les plus vives et les plus populaires de l'esprit humain, leur liberté d'action n'était pas large. En France la Sorbonne, l'Université, le Grand-Conseil; en Angleterre Cecil, Burleigh, le puritanisme ne plaisantent guère. On emploie volontiers le fer et le feu pour châtier les mal-pensants. Mathieu Molé en France poursuit à mort Théophile Viaud, poëte étourdi. Temple-Bar à Londres est couvert d'oreilles et de têtes coupées. Quelle longue avenue d'échafauds, de gibets, de bûchers et de tortures, de suppliciés et de brûlés inaugurent ce siècle, à commencer par Lucilio Vanini et en finissant par les victimes de l'édit de Nantes révoqué ! Jetez donc les yeux sur ces morts, ces flammes, ces chevalets et ces roues. Voyez la sanglante procession des Urbain Grandier, des Louis Petit, brûlés en place de Grève !

Au milieu de ces horreurs Molière s'élève et Shakspeare s'éteint. Ils voient brûler encore beaucoup de sorciers et de libertins, la plupart idiots. Shakspeare eut été brûlé lui-même au milieu d'un fagot; Molière condamné à faire amende honorable devant Notre-Dame, pieds-nus, un cierge à la main ; — personne n'eût réclamé.

On les attaquait des deux côtés : les courtisans au nom de l'exquise élégance, les dévots au nom de l'austérité chrétienne. Shakspeare, antérieur à Molière, et qui n'avait pas un Louis XIV pour le défendre, soutenait à la fois le choc des raffinés anglais, plus redoutables que nos marquis, et celui de la terrible bourgeoisie puritaine. Celle-ci se montrait inexorable. Elle démolissait les théâtres par piété, disait-elle. Les acteurs, chassés de Londres, allaient planter leur tente sur un terrain neutre, hors de la juridiction du lord-maire. Déjà Northcote dès 1577, Gosson en 1579, avaient publié leurs pamphlets contre le théâtre, deux coups de trompette, annonçant la guerre qui durera jusqu'au règne de Charles II et qui se terminera par les deux oreilles sanglantes et tranchées de Prynne, auteur du « Fouet des histrions » (*Histrio-mastix*). Pendant que la bourgeoisie brûle les théâtres comme obscènes, sir Philip Sydney les raille comme absurdes. Il faut que la reine Elisabeth, en 1589, prenne à son service douze acteurs, entre autres le fameux bouffon Tarleton, pour leur donner une sorte de consécration royale et de protection nécessaire. Cernés de toutes parts, placés entre le feu des savants qui les accusent d'impolitesse, et celui des puritains qui voient dans le drame l'humanité triomphante et ses passions exaltées; les pauvres acteurs n'ont pas le droit de se défendre avec leurs propres armes et de jouer sur la scène ceux qui sont enragés à les détruire. En 1589 on ferme deux théâtres pour ce crime, et Shakspeare personnellement, dans une requête conservée en original, proteste au nom de sa troupe et demande qu'on l'épargne ; *car elle a grand soin de ne jamais faire allusion à aucune affaire de piété, d'Église ou d'État.*

N'est-ce pas la situation exacte de Molière, adoucie seulement et devenue moins sauvage pour ce dernier? Lisez Fénelon et La Bruyère; consultez Boileau, qui blâme le sac de Scapin et les paysans de don Juan parce qu'ils disent *tatiguienne!* Ecoutez Chapelain dénonçant la *scurrilité* de Molière. Le ton naïf de celui-ci les révolte tous, de même que Spenser et Sidney improuvent la populaire et franche ironie de Shakspeare. Ecoutez Bourdaloue et Bossuet, foudroyant l'auteur de *Tartufe*, comme Gosson dans son *Ecole du Désordre* écrase l'auteur de Macbeth. Shakspeare jeune encore avait eu affaire, à droite aux précieux et précieuses, à gauche aux puritains et puritaines. Les précieux du temps de Shakspeare s'appelaient des Euphuistes ; et c'était exactement la même chose des deux côtés.

Serviteur des plaisirs populaires, Shakspeare est

forcé à de bien plus grands ménagements que Molière, serviteur royal. Il hasarde à peine, à travers ses drames, une ou deux allusions obliques au puritanisme et à sa sévérité excessive. « *Vous aurez beau vous fâcher* « (dit-il quelque part), *vous n'empêcherez pas la bonne* « « *ale* » *de faire plaisir, et les gâteaux aussi.* » Il a écrit un autre Tartufe ; en creusant ce sujet immense il a pénétré à de telles profondeurs, que les plus dévots n'ont plus à se plaindre et ne peuvent ni se reconnaître, ni se formaliser. « Outrer l'austérité, dit-il, c'est exiger de l'âme humaine plus qu'elle ne peut accomplir ; c'est, à force de tortures, exposer notre faiblesse à retomber plus bas que le point d'où nous sommes partis. » Voilà le fond de *Measure for Measure* (« La loi du talion »), drame ou la tentation, venant s'offrir à un « Parfait », à ce que les puritains appelaient un « *Pur* », détruit d'un souffle l'édifice de vertu fragile, précipitée dans les plus odieux crimes. Donnée qui touche à un autre problème, entrevu par Montaigne, signalé par Pascal, à ce point de jonction qui relie l'ascétisme au cynisme : « Ne faites pas l'ange, dit Pascal ; vous feriez la bête ! » Malgré vos dents (dit Shakspeare), « le vin, l'ale et la pâtisserie nous plairont toujours. »

Cette idée, — qu'il ne faut pas outrer la rigueur, — se retrouve au fond du Tartufe de Molière. Croyez-vous que ce M. *de* Tartufe (car il est noble) soit entré chez l'ancien frondeur Orgon expressément pour dévaliser son buffet, corrompre sa femme, enlever sa fille, crocheter ses serrures, dénoncer le maître et hériter de sa fortune ? Point du tout, le bonhomme est plus naïf. Il a pris le masque du dévot et chanté la litanie de la sainteté comme un oiseleur prend ses appeaux, le pêcheur ses filets et le mendiant ses béquilles. Je parierais qu'à force d'exercice il est arrivé à vivre bien avec sa conscience. Qui ment toujours perd le sens du vrai. L'habitude du faux rend toute vérité douteuse et altère les facultés mentales; la folie a pour sœur le mensonge, comme M. Flourens l'a physiologiquement démontré. Acteurs, moquez-vous donc de la tradition; ne nous faites plus voir ce Tartufe des galères, hâve, maigre, un rossignol dans sa poche. Tâchez d'atteindre la philosophie de Molière ou de la comprendre. Le vrai Tartufe est un bonhomme de chat qui joue le saint parce que la sainteté fait des dupes. Il commet aussi des crimes parce qu'il est de chair et faible aux tentations. Rendez-nous donc ce cher Tartufe, onctueux, sensuel, gras, fleuri, doucereux, gourmand, érotique; rendez-nous sa paupière basse, son petit ventre rondelet; son ton patelin, sournois, grassouillet, intéressé, caressant; son air honnête. Vous voyez bien que la compression de sa factice austérité en fera un monstre au premier moment. Vous serez bien plus vrais et bien plus comiques.

Revenons aux textes de Molière et de Shakspeare. Comment auraient-ils pu, dans la mêlée active de leur vie d'artistes et d'auteurs, prendre soin de leurs éditions complètes? Molière s'est éteint, épuisé de fatigues, de travaux, d'affaires et de chagrins personnels, puni surtout, il faut le dire, des plaisirs ardents et volages de sa jeunesse. Shakspeare s'en alla dégoûté, mortifié et probablement en disgrâce. Le flot du puritanisme montait incessamment. Il avait vu son ami de vingt ans, celui qui l'avait constamment soutenu, qui, selon la tradition, lui avait avancé les sommes nécessaires pour acquérir une part de propriété dans le théâtre du Globe et un domaine à la campagne, lord Southampton, condamné à la prison pour avoir noblement défendu le comte d'Essex dont il blâmait la prise d'armes contre Élisabeth, mais qu'il n'avait ni renié ni délaissé un seul instant.

Peu de temps après, Southampton, délivré par la mort de la reine, prend encore la plume (1) en faveur de Shakspeare qu'il appelle son « Especiall friend » et qu'il veut protéger contre des spoliateurs; il est donc évident que Shakspeare est resté l'ami de Southampton condamné à mort, comme Southampton est demeuré l'ami d'Essex montant sur l'échafaud. La veille de cette folle émeute dirigée par Essex, la troupe de Shakspeare fut chargée par Southampton de représenter une vieille tragédie (Henri II) destinée à émouvoir la bourgeoisie, qui resta fort tranquille. Voilà une triple union qui me semble touchante et qui a échappé à la sagacité des commentateurs. Le poëte loyal, l'ami dévoué, le héros étourdi marchent ensemble. Est-ce une hypothèse ? est-ce une hyperbole ? Non. Je renvoie les critiques aux manuscrits, à la chronologie, aux faits les plus avérés et aux dates. Tout prouve la réalité de ces fidélités courageuses.

On voit de quelles complications la vie de Shakspeare était surchargée, et combien peu de liberté, de temps et de loisir lui restait. Jamais âme ne fut plus entravée. Si l'on aborde le chapitre de ses passions, aussi vives et aussi dangereuses que celles de Molière,

(1) Suivant un document subsistant, mais dont l'authenticité n'est pas absolument constatée.

et qu'on le voie en proie à tout ce qu'elles ont eu d'amer et d'enivrant, on s'étonnera qu'il ait pu écrire un seul drame ; on trouvera fort naturel que la soif du repos se soit emparée de lui vers sa quarantième année.

Aussi délaissa-t-il alors et le théâtre, et la gloire et tous ses ouvrages.

SHÉRIDAN

SHÉRIDAN

I'll be scandaliz'd :
Et M. Letourneur de traduire tout bonnement : *Je serai scandalisée.* C'est un contre-sens grossier. Lucia dit que « si elle fuit avec son amant, elle sera en butte à la médisance, » un objet de scandale *(scandalized)*; ce qui est fort différent. Mais voilà comment les traducteurs traduisent ; et c'est ainsi que les nations connaissent le génie et les œuvres des nations les plus voisines.

Shéridan, qui vivait dans le grand monde, qui s'enivrait avec Goldsmith, qui discutait avec Burke, qui se moquait, en plein parlement, de Pitt, (ce petit *garçon taquin*, comme il le nommait,) Shéridan, l'homme le plus brillant de son époque, espèce de Beaumarchais et de Rivarol tout ensemble, voulut jeter sur la scène les coteries médisantes de ce temps-là ; rire aux dépens d'une société calomnieuse et frivole, qui ne ménageait personne et attaquait surtout les meilleurs. Telle est cette belle comédie, dont les anglais ont raison d'être fiers. Ce n'est pas un drame parfait, mais il étincelle d'esprit. Surtout il résume un vice social et un vice national ; c'est le plus haut degré de l'art comique.

Il y avait assez longtemps que la philosophie de paroles et l'hypocrisie sentimentale étaient à la mode en Angleterre. Ce n'était plus la tartuferie sévère, la dévotion rigide du puritain ; le vice n'avait plus les mains jointes, un grand chapeau pointu, sans gance et sans rubans, les yeux baissés, la démarche grave, un habit marron à boutons noirs. Il arborait la soie et le velours, une moralité sociale humble, austère, philosophique ; il cachait ses excès sous des paroles de bienfaisance ; il ne se permettait aucune apparente irrégularité ; enfin, aux bénéfices de la vertu respectée il joignait les plaisirs de la sensualité à huis-clos.

L'Angleterre, depuis Cromwell, avait marché constamment dans cette voie de décence hypocrite. Fielding l'avait raillée dans *Tom Jones*. Après Butler, auteur d'*Hudibras*, Fielding s'était attaqué le plus rudement à cette hypocrisie. *Tom Jones* dénonce la fausseté et la perfidie sous les masques de l'honneur, de la délicatesse et de l'élégance ; la franchise, la générosité, le dévouement sous une apparence d'étourderie et de mauvaises mœurs. Les apparences sociales, le culte d'une décence extérieure, devenue égide de noirceur secrète et de bassesse timide, avaient révolté Butler sous le protectorat de Cromwell ; Fielding, sous la reine Anne, fut choqué du même vice. Richardson, diamétralement opposé à Fielding, soutenait au contraire le parti des convenances, de la décence, de la pruderie, de la régularité ; c'est le fond de tous ses romans.

Fielding et son adversaire avaient raison tous deux, et tous deux avaient tort : grands écrivains, observateurs profonds ; l'un poussant la société dans la voie où elle s'était engagée, l'autre démontrant le danger et l'erreur de cette moralité ensevelie dans les formes, les apparences et les pratiques.

Le juge de paix Fielding, dont la vie était sinon scandaleuse du moins vulgaire, étudiait les hommes dans la salle fumeuse où les escrocs et les filles publiques de Londres venaient débattre leurs intérêts devant lui. Richardson, entouré de jeunes et de vieilles dévotes, casuiste moral, répondait jour par jour à leurs longues lettres, et levait ou faisait naître les scrupules de ces consciences timorées (1). Comment auraient-ils pu teindre des mêmes couleurs les verres de cette lanterne magique de leurs romans? Richardson, qui avait vu les dévotes pécher, écrivit *Clarisse*. Fielding, qui avait trouvé d'honnêtes âmes dans la boue des capitales, écrivit *Tom Jones*.

Le sensuel et spirituel Shéridan se rapprochait bien plus de Fielding que de Richardson. Voué à des maîtresses brillantes, fuyant ses créanciers, toujours ivre, couronné de mille succès et criblé de dettes, homme loyal au fond, tout dissipateur et tout débauché qu'il fût, il partit du même point et de la même idée que Fielding. Il dénonça l'immoralité froide de la société puritaine. Le Blifil de *Tom Jones* est le Joseph Surface de Shéridan. Le Charles de ce dernier, « a gay but generous fellow, » est Tom Jones sur la scène.

Si nous comparions Blifil à Joseph, la différence de ces deux personnages attesterait celle des époques. Blifil est né sous la reine Anne : c'est un Tartufe bien plus sévère; il condamne plus hautement les vices; son regard est plus oblique et plus sournois; sa chevelure est plus plate, ses habits sont sans broderie. Du

---

(1) V. dans les deux volumes V et VI de nos études (*L'Angleterre au XVIIIe siècle*) les portraits de Fielding et de Richardson.

vivant de Shéridan, sous Georges III, on aurait ri d'un Tartufe de cette espèce ; les salons et la fortune lui eussent été fermés par le ridicule. Joseph Surface n'est donc plus un dévot contrit, c'est un philanthrope sentimental ; gentilhomme d'ailleurs, assez avenant, causant et riant avec les femmes, homme du monde, beau diseur, il se contente de parer sa conduite d'un vernis de délicatesse, d'amabilité, de bienveillance et de candeur. Il souscrit à la *Société pour la propagation de la vertu*, les journaux parlent de ses aumônes. Il n'a pas de charités secrètes ou de vertus cachées. Il s'enferme dans son cabinet « pour méditer, dit-il, sur l'amélioration du genre humain ; » vous voyez d'ici le Tartufe du temps de Franklin et de Turgot. Point d'intrigue éclatante, nul scandale, rien d'ouvertement immoral. Les apparences sauvées, une politesse attentive, de beaux mots jetés adroitement, la justice, la vertu, le bon ordre préconisés dans le monde, assurent à Joseph Surface son auréole de moralité. C'est Tartufe Mondain.

Cinquante années auparavant on avait représenté sur les théâtres de Londres le *Non Juror* (le Non-Conformiste), et quelques années plus tard, une lourde imitation du *Tartufe* de Molière. Plus on remonte ainsi de degrés en degrés, plus la tartuferie se montre pédante et triste. On observe quelque chose de plus grossier encore dans l'hypocrisie des temps antérieurs ; et l'on finit par arriver jusqu'au héros révoltant de Butler, qui, mêlant des subtilités de voleur à des prières de puritain, multipliant les arguties et les vilainies, trouve moyen, comme les héros de Pascal, de commettre le crime en se débarrassant du péché.

La société de Joseph Surface n'est plus aujourd'hui la bonne société de Londres. Ces caquets provinciaux, cette médisance toujours en mouvement, cet assassinat perpétuel et violent de la réputation d'autrui ont revêtu des formes plus détournées et plus délicates. La civilisation a poli et fourbi ces armes.

Les personnages de Shéridan ne sembleraient plus de bon ton. Toutes les comédies locales et d'époque s'altèrent après un quart de siècle ; les traits paraissent lourds et durement appuyés. Du temps de Lesage on se récriait déjà contre la Célimène du *Misanthrope ;* ce n'est pas là une coquette, disait-on, mais une impudente. Les financiers de Louis XVI s'étaient si bien décrassés et civilisés, que le *Turcaret* de la Régence passait déjà pour une caricature peu de temps avant la Révolution.

Malgré cette exagération d'une raillerie qui serait aujourd'hui de mauvais goût; malgré cet acharnement de commérage et de médisance, passés de mode maintenant ; c'est quelque chose de bien remarquable par la finesse du pinceau que le caractère de chacun des personnages composant cette société tracassière. L'officier prétentieux qui lit ses petits vers mordants, en frisant sa moustache et souriant d'un air modeste, comme s'il voulait échapper à sa gloire; son compagnon, le vieux Crabtree, détaillant de menus scandales ; autre Bachaumont, qui publie de vive voix son journal scandaleux : ce sont là des esquisses parfaites. Ce dernier recueille avec un soin religieux, il enchâsse et enjolive avec bonheur la plus petite anecdote!

Il est dépassé par une femme du même monde, dont la création est encore plus piquante. Jamais elle ne médit, oh! son cœur est trop bon ; elle exècre la calomnie; c'est le Don Quichotte avoué des réputations attaquées. Ecoutez-la : « Cette pauvre Madame***, avec quelle injustice on la traite. L'autre jour on disait dans un salon le plus grand mal d'elle : ce sont des calomnies horribles ! affreuses, en vérité ! » La bonne femme ne reproduit ces accusations que pour les combattre. Mais dès qu'elle a servi un ami, protégé un caractère et défendu une réputation, cette réputation est morte et ce caractère anéanti. Excellente âme !

Une jeune mariée, légère, étourdie, heureuse de faire étinceler son esprit et ses diamants, entre dans cette société dangereuse : elle médit pour se distraire; son vieux mari l'ennuie, sans compter un amant plus jeune ; elle cherche un passe-temps, la satire du prochain. C'est de la vérité complète ; la société telle qu'elle est. Seulement les couleurs anglaise de 1780 paraissent aujourd'hui tranchantes et crues. Quelle influence Joseph Surface ne doit-il pas exercer dans ce monde? Comme il est tout en *surface*, et que ces gens-là ne vont pas plus loin, comme il se prête doucement à leurs folies et s'intéresse à leur petite guerre de malice, on n'a pas de prise sur Joseph ; on l'estime, on le traite fort bien ;

L'instinct de l'amour chez une jeune fille soulève seul le voile dont il s'enveloppe. Elle découvre l'homme intéressé, avide, sans cœur, sous cette politique sociale qui le protége. La réalité de son caractère, Maria la devine. Sa naïveté est plus savante que la malice de ces coquettes et de ces médisants. Elle ne comprend peut-être pas, mais elle pressent tout ce qu'il y a de faux chez Joseph. C'est une belle idée, exécutée avec un art remarquable, avec une finesse digne de La Bruyère.

L'intrigue de *l'École des Médisans* est remarquable
par quelques traits originaux, si ce n'est par la nouveauté et l'unité. La situation du jeune homme qui
vend ses aïeux, mais ne veut pas vendre son oncle,
surtout la dernière et forte scène du paravent sont
assurément bien inventées.

Et après tout, qu'est-ce qu'une intrigue? Dans quel
drame, sans art et sans génie, n'en trouvez-vous pas
une, souvent très-fortement tissue? En vérité on est
tenté de n'attacher aucun prix à ces combinaisons d'événements, à ces arrangements de faits et de scènes
qui semblent fabriqués à la vapeur, et qui deviennent
si vulgaires que le plus mince écolier les bâtit sans
peine. Quel est l'auteur qui écrit un roman aujourd'hui, et qui ne parvient pas à suspendre l'intérêt et
à faire naître la surprise? Allez de théâtre en théâtre,
sur les boulevards de Paris et dans les faubourgs de
Londres, vous verrez si ce talent manque aux écrivains les plus infimes. C'est par les traits d'observation, c'est par les détails approfondis que se révèle
l'homme supérieur.

Sans doute les diverses parties du drame de Shéridan sont trop hachées, trop isolées l'une de l'autre;
elles sont travaillées avec un soin trop partiel, étranger
à l'harmonie et à l'unité totale; mais la pièce est un
chef-d'œuvre de détails. Vous ne citeriez pas de valet
meilleur, pas de jeune débauché plus débraillé ou plus
insouciant, pas de querelle de ménage mieux prise sur
le fait, pas de vieux mari d'une jeune femme plus naïvement malheureux, plus taquin, plus repentant, plus
amoureux; pas de scènes d'usurier plus heureusement
rajeunies. L'esprit dont le dialogue pétille est peut-

être, comme chez Beaumarchais, trop vif et trop uniformément piquant; mais il ne se détache pas sur un fond vulgaire, comme la pointe de nos couplets modernes ; l'esprit de chacun est en scène; et tout fait ressortir les caractères.

Notre *Figaro* français peut donner quelque idée de cette lutte de reparties et de ce dialogue. La tournure épigrammatique de son esprit le rendait terrible; même au Parlement, tout le monde redoutait cette voix âcre et poignante dont la causticité n'épargnait amis ni ennemis. Son élan rapide, court, brillant, ébauchait la phrase comme Bossuet, et la finissait comme Sterne; il déplaçait habilement les expressions, et la continuelle métaphore de son style étincelait en éblouissant. Orateur, il avait des éclairs et des taches; sa verve l'emportait, et le bon goût ne rattachait pas toujours cette faculté au bon sens. Auteur dramatique, chacune de ses répliques est une étincelle qui jaillit d'un dialogue trop spirituel peut-être, et cependant naturel. C'est une continuelle escrime de l'esprit.

Son intelligence était claire; point de nuages. Il avait le mérite, rare aux bords de la Tamise, de ne pas appuyer la plaisanterie de manière à en écraser la pointe, et de ne point donner à une pensée fine une enveloppe obscure.

Il n'était pas poëte, si par poésie il faut entendre cette création facile et cette évocation intérieure d'une série de fantômes brillants ou horribles. Il n'avait d'imagination que dans la raillerie; mais comme il joignait une vive et prompte sensibilité à une grande netteté de vues, à un maniement hardi et habile de son idiome; comme il était d'ailleurs homme d'impulsion et de fougue, il fut souvent grand orateur.

On lui prête plus de saillies que vingt Shéridan ne peuvent raisonnablement en avoir proféré pendant leurs vies collectives. Les mythologues vont chargeant Hercule de tous les exploits qu'ils ne peuvent attribuer à personne. Chacun attribuait un bon mot à Shéridan, dont le nom protégeait une foule de sottises. Le trait et la véhémence de ses discours parlementaires l'isolent parmi les Pitt et les Burke; moins puissant quand il faut exposer, enchaîner ou coordonner les idées, il sait les rapprocher inopinément, les forcer de se heurter et de briller. Shéridan est moins égal et moins vaste qu'eux; il concentre ses rayons avec plus de puissance et d'éclat.

Dans la vie il commença par la passion, et finit par les excès. Une aventure romanesque, un duel et un mariage d'amour l'annoncèrent dans le monde. Il dépensa le reste en caprices, en succès de société, de théâtre et de tribune, et finit par avoir tout essayé, tout flétri et tout épuisé. Le dégoût acheva l'ouvrage de l'imprévoyance. Il n'avait pas songé à s'enrichir; il ne songea plus qu'à étourdir sa misère. De la table des princes il passa aux tavernes, il finit par manquer même d'un asile. Le brillant Shéridan, l'orateur, le poëte, le satirique, le plus spirituel auteur comique de son temps, était errant sur le pavé de Londres, esquivant les huissiers qui le poursuivaient de rue en rue; — et ivre.

Pour être protégé par les riches, plaint par le peuple, honoré par les princes, il ne manquait à Shéridan que de mourir. Il mourut sur la paille, dans un grenier. Telle était la récompense de l'homme qui avait si souvent élevé sa voix éloquente en faveur de l'héritier présomptif de la couronne et égayé ses banquets.

Il est vrai que le lendemain du jour où il mourut, tous ses amis se retrouvèrent sensibles; on eut une singulière affection pour sa bière et son tombeau. On ouvrit une souscription : de magnifiques funérailles lui furent faites; les premiers personnages du royaume portèrent son drap mortuaire. La veille encore ils avaient laissé un débiteur lui arracher le lit où il reposait.

HAMLET & MACBETH

HAMLET & MACBETH

I

Est-il exact d'affirmer avec Schlegel, Tieck et même Coleridge, que Shakspeare écrivant Hamlet ait prétendu analyser et peindre l'impuissance de l'action et l'abus de la pensée.

Non. Hamlet, comme Werther, plonge dans les abîmes son regard inquiet et profond, qui finit par se troubler; mais après avoir rêvé ils agissent; la violence de l'acte se double par le délai subi; les vagues accumulées et suspendues deviennent furieuses; tout cède; l'obstacle est vaincu par cette union forcenée de la pensée et de l'acte. Hamlet se précipite dans les périls, Werther s'élance dans la mort.

Le théâtre grec ne renferme rien qui soit analogue à ce rêveur terrible, Hamlet! Suivez-le depuis son entrée en scène : il est, dit Shakspeare, fort négligé dans son costume; ses « bas tombent sur ses talons » et son pourpoint est en désordre; il rêve, attend, se repose. Le moment d'agir n'est pas venu; laissez-le pleurer ou méditer; plus tard il agira, soyez-en sûr, et quand sonnera l'heure, tout scrupule disparaîtra; le sang couvrira la route où vous le verrez marcher. Il y a deux

forces en lui et ces deux forces se combattent : la passion
qui l'excite à la vengeance, qui bouillonne jusqu'au
délire, qui remplit ses veines d'un sang tumultueux et
fébrile, qui l'arrache au sommeil et le fait errer furieux
parmi les tombes des morts ; puis la pensée qui le travaille et le remue dans ses dernières profondeurs ; pensée-fantôme, spectre pâlissant (*the pale cast of thought*)
qui s'interpose entre le moment de la catastrophe, qui
retient son bras et amortit l'action ; (*sicklied over*). Il
a le meurtrier à punir et il n'hésitera pas ; la vie pour
lui n'est rien; mais il est philosophe aussi et il se
demande la solution de ces problèmes, le mot de ces
énigmes : « Pourquoi tant de crimes? Pourquoi le
mal ? — Pourquoi la vie ? »

Telle est la question, comme il le dit très-bien, *that
is the question;* question que Pascal et saint Augustin,
que les disciples de Jansénius et de Bouddha ont vue
se dresser devant eux. Par une combinaison, la plus
haute peut-être, ou du moins la plus complexe que
l'esprit humain ait réalisée sur la scène, ce méditatif
est un héros; ce barbare a étudié à Wittenberg; cet
homme qui ne ménage rien est un mystique. Voilà
le double Hamlet.

Aussi quels effets obtenus ! quelle œuvre ! Il est assez
probable que le même mélange, invincible rêverie et
besoin d'action, luttaient dans l'âme de Shakspeare.
Pourquoi ce dédain de ses œuvres? et cette retraite
prématurée ? Après son départ de Londres, pourquoi
ce silence obstiné? Qui expliquera les ténèbres où sont
restés ensevelis sa jeunesse, sa maturité, son mariage, ses amours, sa vie, sa mort ; ses relations
avec Southampton, peut-être avec Essex, ses ami-

tiés, ses plaisirs, ses travaux; tandis que les moindres détails relatifs à Ben Johnson ou à Bacon, même à Spencer et à Daniel nous sont connus? Catholique ou protestant, savant ou ignorant, a-t-il quitté Londres plusieurs fois ou une seule fois? voyagé en Italie et en Ecosse? Quelles sont les dates qu'il faut assigner à la représentation de chacune de ses œuvres? Les hommes importants ou accrédités de son époque, Bacon par exemple ou Burleigh, daignaient-ils le fréquenter? Quelle était sa position, non pas à la cour, mais dans l'antichambre de la cour? Personne ne peut répondre.

Une bonne moitié de ses œuvres ne parut que sept ans après sa mort. L'autre moitié, publiée de son vivant, le préoccupa bien peu, et ces éditions, subreptices la plupart, s'exécutèrent si incorrectement, avec si peu de soin, qu'il aurait mieux valu ne pas les publier du tout. J.-T. Payne-Collier, le meilleur annotateur et commentateur de Shakspeare, a raison de prétendre que « l'on ne pourrait désigner une seule des œuvres du poëte dont il ait soigné, surveillé ou seulement approuvé l'impression. » Qu'importait la gloire à Shakspeare? Il n'attendait rien du public; il savait bien que le présent et l'avenir resteraient ses débiteurs. Grand artiste et mauvais commerçant ! philosophe infatigable, qui ne cessait point de creuser sa pensée! poëte infatigable aussi dans le perfectionnement de son œuvre. Être oublié, méconnu, mal apprécié, voir diminuer les bénéfices que l'œuvre lui rapporte; il s'y attend bien. L'observation lui suffit. La poésie lui suffit. Sa pensée lui suffit. Exercer un métier lucratif n'est pas son but. Il a soif de labeur, il a soif de

vérité, soif de poésie ; et Dieu en abreuve, dans sa bonté,
les âmes solitaires, les génies élus qui portent la coupe
d'or à tant de lèvres altérées.

La même négligence, la même incurie de la fortune
sont leur partage. Tasse était né pour être poète et victime; Barnum pour être un puffiste triomphal. Molière
a-t-il recueilli ses œuvres? Pascal a-t-il eu grand souci
de ces fragments et de ces ruines que tant de commentateurs et de scholiastes essaient de remettre debout?
Ce sont les vanités des petits génies qui battent la caisse
en leur propre honneur et soignent la mise en scène de
leur gloire ; Molière, Shakspeare, Dante, Cervantes,
Montaigne n'y songent aucunement. Le chancelier Bacon, qui aime à citer ses contemporains, ne cite pas une
seule fois Shakspeare. On ne sait pas même si les Sonnets publiés sous son nom sont bien de lui. Dans un
dictionnaire biographique, imprimé un demi-siècle
seulement après sa mort, voici en quels termes est apprécié par l'un des distributeurs de la renommée contemporaine, homme qui écrivait, comme tous les lexicographes, sous la dictée de l'opinion régnante : « Notre
« auteur (dit le dictionnaire) est un composé de Martial (!)
« d'Ovide (!) et de Plaute (!) le comédien. Son savoir
« était peu de chose; la nature avait suivi ses meilleures
« règles pour le produire. Le génie de notre poète était
« joyeux ; Héraclite même, s'il eut vu les comédies de
« Shakspeare, aurait pu se mettre en dépense d'un sou-
« rire. Nombreuses furent les escarmouches d'esprit
« qu'il soutint contre Ben Johnson. »

Voilà tout ce que le dictionnaire nous apprend sur
Shakspeare et ce que les contemporains pensaient de
lui.

On s'est inquiété de savoir si Shakspeare était catholique ou protestant. Les plumes réformées veulent en faire un bon calviniste; elles apportent en preuve de leur opinion des passages nombreux qui sembleraient militer en leur faveur. Les catholiques citent le vieux et doux moine de Roméo et plus d'une tirade contre les puritains. Aimait-il l'autorité ? Penchait-il vers le Parlement, qui commençait à s'agiter sous Jaques Ier ? O gens de parti, ne voyez-vous pas qu'il y a au-dessus de vous quelque chose qui est la divine Raison ? Et la vue suprême de vos faiblesses, de vos excès et de vos fautes, n'est-ce pas quelque chose, mes pauvres amis ! Shakspeare se maintient dans cette région supérieure ; il n'est ni froid, ni impartial, ni railleur. Il ne tombe pas davantage dans l'attendrissement puéril. Il vous plaint, il vous aime ; sa pitié est profonde et son ironie !... celle d'un Dieu.

Dans *Hamlet* l'ironie et même la comédie abondent ; notre brave lexicographe n'a pas eu tort de rapprocher le poëte du latin Plaute, qui néanmoins ne vaut pas autant. Le bouffon de *Hamlet* c'est Hamlet en personne. Quelle admirable scène que celle où le prétendu fou, circonvenu par les diplomates, prend en main une flûte, l'offre aux courtisans et leur demande s'il est plus facile de tirer d'un cœur humain ses secrets cachés que de ce bois vil les accents qu'il renferme ! Deux autres silhouettes comiques, Polonius et le fat Osrick, traversent la scène. Polonius ! une des plus curieuses trouvailles du théâtre ; la pétrification de la morale, le monument des lieux-communs, le radotage sentencieux,

---

(1) *A Biographical Dictionary*, etc., London, 1686.

la discipline de la stérilité, la passion de la formule, l'écho des vieilles sagesses, le frein et la bride sur un coursier qui ne marche pas, le trésor des aphorismes bavards, la sublimité de la bêtise ! Polonius n'est pas ce petit vieillard élégiaque et transi que l'on a voulu nous montrer. Il est solennel, il parle posément, il marche carrément; il est digne, il est officiel, il est sûr de lui. Le bon Shakspeare a deviné notre M. Prud-homme, qui n'est lui-même qu'un Polonius bourgeois. Pour cette belle invention seule je serais tenté d'a-dorer Shakspeare. Quelques-unes des idées de Molière apparaissent dans les fades personnages de Guldens-tern, de Rosencrantz et d'Osrick, hommes-mannequins, nullités de cour, instruments de salon, aimables d'ail-leurs, et qui ressemblent fort aux petits marquis et aux jolis vicomtes de Molière, à ceux du *Misanthrope* par exemple.

Ce chef-d'œuvre de notre Molière ne laisse pas que d'offrir quelques rapports singuliers avec le *Hamlet* de Shakspeare. Il n'y a rien d'essentiellement comique chez Alceste, qui ne veut ni admirer les ridicules de l'humanité ni souffrir patiemment ses excès. Alceste comme Hamlet demande à la vie autre chose que ce qu'elle renferme. Chacun de leurs pas les blesse et les fait saigner. Alceste voit les vices; Hamlet voit les crimes; et tous deux reculent.

Si, comme Hamlet, Alceste rencontrait sur son pas-sage ce dandy qui parle du bout des lèvres, ces diplo-mates à circonlocutions et ces gens du peuple qui, dans le cimetière, la bêche à la main, font de la rhé-torique et carressent leurs phrases, croyez-vous qu'il n'éclaterait pas, comme Hamlet, en railleries un peu sauvages? Hamlet se gaussant de Polonius le formaliste, des faiblesses féminines même les plus aimables, du bel Osrick et de son plumet rouge, des courtisans et de leurs flatteries creuses, est un Alceste farouche; lorsque sa verve sera satisfaite et sa colère philosophique assouvie, il ne se retirera pas dans un désert; il donnera des coups de poignard et des coups d'épée; — car derrière lui marche le spectre qui demande vengeance!

De toutes les conceptions Shakspeariennes, *Macbeth* est la plus conforme à l'unité de passion hellénique, *Hamlet* est la plus essentiellement teutonique, la plus variée, la plus complexe. Ces deux œuvres, occupant les pôles contraires des nationalités et des races, se touchent en un point; elles ouvrent sur le monde invisible une perspective obscure, qui attire et tyrannise les deux héros : l'un, Macbeth, est doué d'un génie poétique inné, d'un vif pressentiment de l'idéal, d'une âme capable de recevoir les émotions de l'art; l'autre, Hamlet, d'une profonde puissance de philosophie. Si Macbeth est poète, Hamlet est philosophe. Chez tous deux une faculté haute, un don supérieur luttent contre leur sanglant dessein; cette supériorité, — cela arrive toujours, — est leur châtiment.

Trois fois le grand dramaturge philosophique a remanié cet ouvrage. On connait trois *Hamlet;* l'un joué en 1589, lorsque Shakspeare avait vingt-cinq ans; celui-là n'a pas été imprimé; — le second, représenté en 1597, imprimé sous le nom de Shakspeare en 1603, — le troisième, qui parut en 1600 sur le théâtre du Globe et fut imprimé en 1604, chargé d'additions et de remaniements considérables (1). Shakspeare, on le sait, retou-

(1) La première édition (1603) annonce que la pièce a été jouée

chait fréquemment ses œuvres. Il remettait vingt fois, comme dit Boileau, son travail sur le métier; jamais l'improvisation, si facile à cet ardent génie, ne le contentait absolument. *Othello* et *Hamlet*, ont été repris en sous-œuvre avec un zèle et un soin extraordinaires. Il ne changeait rien à la trame même de la pièce; couvant de nouveau la création antérieure, et la renouvelant par la féconde chaleur de sa pensée, il se plaisait à voir mille rameaux inattendus se greffer d'eux-mêmes sur les rameaux anciens.

Au moment où le premier de ces trois *Hamlet* fut représenté, (en 1589), Anne de Danemark épousait Jacques (VI° d'Ecosse et Ier d'Angleterre.) On le couronnait sous ce dernier titre lorsque la seconde édition du drame corrigé parut à Londres. L'accession d'une princesse danoise au trône britannique dirigeait alors du côté des chroniques et des traditions scandinaves l'attention des savants et des poètes; docile et modeste comme Molière, Shakspeare se laissa entrainer de ce côté. C'est en effet à l'année 1589 que se rapporte la publication d'un mauvais petit roman anglais (in-4°, caractères gothiques), intitulé : *Histoire d'Ambleth*, — HISTORIE OF AMBLETH. Ce *Ambleth* est *Hamlet;* l'in-quarto anglais n'est qu'une traduction assez grossière de la prose française que Belleforest venait de publier en France.

aux deux Universités d'Oxford et de Cambridge, et en divers lieux par les serviteurs de Son Altesse. On n'en connaît qu'un exemplaire, celui du duc de Devonshire. La seconde édition (1604, in-4°) est « augmentée à peu près » du double (dit le titre) et d'après le vrai manuscrit original. Les éditions de 1605, 1609, 1611, sont conformes à celle de 1604, in-4°. Il y a enfin une édition in-4°, sans date, toute semblable à ces dernières.

Cet écrivain singulier, historiographe de France, prosateur sans vigueur et sans mérite, l'homme du monde qui, dans une époque où la critique historique était peu cultivée, la méprisait le plus, s'était mis à la solde des libraires qui se louaient fort de lui ; il était exact et nourrissait sa famille en déversant périodiquement sur ses lecteurs tous les récits absurdes, fantasques, sanglants et saugrenus qu'il pouvait extraire de droite et de gauche dans les œuvres des historiens et des romanciers. Ses histoires « merveilleuses, prodigieuses, singulières, » et autres, avaient grand succès et peu de valeur. Il s'engageait de préférence dans les sentiers infréquentés, et ce fut pour notre homme une excellente fortune de déterrer un certain Sachs-le-Lettré (en latin *Saxo grammaticus*), Danois du douzième siècle, rédacteur de vieux contes populaires. Il lui empruta la légende de *Hamlet*, qui parut ensuite en anglais. C'était le moment où les Anglais pensaient au Danemark et festoyaient la jeune Reine danoise, dont toute la suite, dames d'honneur et autres, se grisa complètement dans le premier bal qui lui fut donné.

Shakspeare, agissant ici comme à propos de *Macbeth*, a suivi pas à pas le récit de Belleforest et de Sachs-le-Lettré.

Dans ces deux œuvres rien n'est matériellement de lui.

Hamlet, qui n'a jamais été joué convenablement et parfaitement, qui ne le sera jamais, qui ne peut pas l'être ; *Hamlet* l'intraduisible ; *Hamlet* que vingt volumes de notes éclairent à peine ; *Hamlet* c'est Shakspeare, comme le *Misanthrope* c'est Molière. Il y a dans l'œuvre de tout homme de génie quelque production spéciale qui reproduit l'empreinte définitive et l'intime profondeur de sa pensée. Tel est le *Misanthrope*, tel est *Candide*; œuvres d'amour qui ne sont pas toujours les plus complètes ni les plus irréprochables, mais les plus personnelles. Racine se révèle dans *Bérénice* avec moins de grandeur et d'élégance, mais avec une plus touchante ingénuité que dans *Athalie*. Pour ceux que la formule fatigue il y a un grand charme dans ces créations personnelles, qui sont le cri même et le profond accent de l'homme supérieur, son inspiration la plus secrète.

L'étiquette est utile, la cérémonie a ses mérites et la mode ses avantages; mais ce n'est pas tout dans la vie. Saluer, se courber, tendre la main, arranger son jabot, disposer sa cravate, choses d'assez bon goût quand l'exécution est satisfaisante; en fait de vie réelle et d'affections, qui se contenterait d'une visite de gala et d'une conversation élégante? On veut pénétrer chez son auteur comme l'ami du Monomotapa chez son ami, pendant qu'il dort; le surprendre; savoir ses secrets; voir ses larmes, s'il a des larmes; s'asseoir à sa table; le guérir ou le soigner s'il souffre.

Pascal, lui, ne l'ignorait pas, cette grande âme, trempée dans les ondes amères de la misanthropie; Pascal qui disait que la plus forte marque d'un grand esprit était de faire « oublier l'auteur et de montrer l'homme. »

II

Quand je voyageais en Ecosse, vers 1828, je ne manquai pas d'aller visiter cette échancrure de la côte, où se trouvent pressés entre le Nairn et l'Elgin, du côté de Caithnesse et d'Inverness, les sanglants souvenirs, les traditions féeriques de Macbeth et des prophétesses, de Macduff et du roi Duncan, assassinés tous les deux. C'est le lieu le plus désolé du monde. A travers les bruyères rousses et jaunâtres vous descendez jusqu'à la mer ; et là s'étend, du côté de Forres, Cawdor et Dunsinane, à six milles de Forres, à quatre milles de Nairn, mais surtout vers *Harnmuir*, un espace d'une incomparable tristesse. Ajoncs d'un brun doré, toujours battus et pliés par les raffales ; grosses pierres blanches qui brillent à distance; çà et là des flaques d'eau stagnante, — point d'arbres, ou de maisons, nul mouvement de terrain ; — quelques dépôts tourbeux sur lesquels s'amassent et pèsent les vapeurs maritimes; longues traînées de nuages humides rasant le sol, et dont la masse opaque devient plus lugubre quand les rayons jaunes du soleil les pénètrent ; nulle route, aucun sentier, pas d'oiseau qui chante, pas un insecte qui murmure : la vie éteinte ; au loin, vers le nord, une ligne bleue qui étincelle, et qui est la mer ; par delà cette ligne la verdure noirâtre de la côte qui se contourne et qui fuit; puis des collines de sable, et à l'horizon le plus éloigné les hauteurs de Caithness et de Ross ; vers le sud quelques sapins noirs qui se dressent en ligne comme des soldats sous les armes ; — voilà ce qu'on appelle *la Lande maudite*, « la bruyère dure » (*hard moor* (1), en dialecte écossais *Hart Muir*, « Harnmuir. ») On aperçoit à peine les toits bas d'une ou deux cahuttes, dans la direction opposée à la mer.

(1) Peut-être la « Garenne, » du mot *hart*, lièvre.

Les légendes relatives à ces lieux maudits, les chansons qui, depuis cinq siècles, les ont propagées, sont féroces. Sur ce rivage s'arrêtent dans leur mêlée furibonde, et ne pouvant aller plus loin, Danois, Norwégiens, Pictes et Druides; hommes des deux races qui s'égorgeaient incessamment, et dont le drame sauvage reculait jusqu'à l'Océan, pressé par le flot de la civilisation qui montait. Peu à peu s'élevèrent, du douzième au quatorzième siècle, quelques forteresses qui couronnaient les pentes abruptes, et où se réfugiaient les Thanes, les chefs indigènes, après avoir dévasté le pays. Jamais ces chefs ne mouraient dans leur lit. Quand ils avaient péri sous le glaive, ce qui était leur mort naturelle, on déposait les cadavres dans de longues barques; les moines, chargés de conduire et de protéger ces restes jusqu'à I-Colm-Kill, s'y asseyaient; les chants latins glissaient sur les eaux; et sous les brumes sépulcrales la procession des barques disparaissait.

De ces mœurs, de ces souvenirs est née la vraie poésie ossianique, non l'Ossian biblique et sentimental que Macpherson a falsifié, — mais cette autre poésie qui ne remonte pas plus haut que le dixième siècle, à laquelle *Oïsian* a donné son nom, et dont quelques débris mutilés, altérés, frustes, incomplets nous restent encore. Une lueur à demi-chrétienne se joue à la surface; les dures superstitions du nord y persistent; le druidisme oriental n'est pas effacé, et la barbarie la plus farouche en est le fond.

Macbeth appartient à ce monde redoutable. Il est du onzième siècle, et probablement Kelte d'origine, comme son nom l'indique. C'est un sauvage. De son temps, les habitants de la côte et même leurs chefs vivaient, ainsi que l'a démontré Fordun, dans de pauvres maisons de torchis soutenues par une charpente grossière, et dont un clayonnage assez léger, revêtu de terre détrempée, formait les murailles peu solides. Quoi que le docteur Johnson ait pu dire, il ne reste pas aujourd'hui, des prétendues forteresses de Malcolm et de Macbeth, le moindre vestige. Les costumes de ces héros ressemblaient à leurs mœurs; des armes brillaient sur leurs membres demi-nus ; la plume brune de l'oiseau de proie couronnait leurs fronts, et des étoffes rayées, aux couleurs tranchantes, dont rien ne compliquait l'ornementation, les protégeaient à peine contre le vent et la gelée.

De tels hommes entretenaient avec les esprits de la tempête et de la prophétie une communication familière et directe ; ils ne s'étonnaient guère de les rencontrer et de leur parler sous la pluie et sous la bise. Ils croyaient au surnaturel. Tout solitaire, mendiant, insensé, tout être retiré du monde, repoussé par lui ou étranger à ses intérêts, leur semblaient sacrés et nécessairement investis du don de prophétie. Ils étaient *Weirds ;* ce que les sauvages de l'Océanie appellent Tabou ; — « *Weirds* » en possession de l'avenir, « de ce qui sera » (*Werden* en allemand). Le subtil et spirituel Tieck a voulu établir entre le mot *weird* (prophétique) et le mot *wayward* (capricieux) une analogie arbitraire. S'ils eussent été capricieux seulement ou fantasques, ces mêmes êtres n'auraient pas intéressé Macbeth et ses hommes ; ils inspiraient la crainte et méritaient l'estime, comme révélateurs de la destinée, possédant *l'incantamentum*, le *Werden magique* ; sachant évoquer l'avenir mystérieux et arrachent violemment de ses entrailles les secrets qu'elles enferment.

Nous sommes loin des maîtres helléniques, charme des esprits et des sens; nous, captivés depuis tant de siècles par le Cithéron sacré et les belles Euménides! Le monde latin accoutumé à ces créations lumineuses, n'accepte point Shakspeare. Les enfants du soleil et de la Grèce, abreuvés de sons ravissants et de lumières qui sont des caresses, ont peine à s'acclimater sur les plages désolées de la vieille Thulé, à respirer au milieu des vapeurs malsaines et des brumes qui déforment les aspects. La silhouette du paysan recueillant la ourbe sur ces grèves, ou du petit enfant glanant les ajoncs en fleurs, silhouette sombre, fantastique, incertaine, se découpant sur cet horizon lugubre, prend des proportions gigantesques. *Macbeth*, chef-d'œuvre souvent traduit, analysé, commenté, imité, est terrible et démesuré comme ce monde du Nord, qui touche aux Orcades et à la Norwège.

Est-ce une création shakspearienne? Non. La thèse brutale de l'invention prétendue, du fait, de la création spontanée est fausse. Le fait est l'élément servile, l'argile grossière dont le génie dispose en maître; son droit de conquête est dans sa force. Chappuzeau avait écrit des *Précieuses ridicules* avant Molière. Le moine Albert avait composé avant le Dante la *Divine comédie*. Il faut être arrivé au plus stupide pharisaïsme, il faut adorer l'abaissement de la pure intelligence, il faut être possédé de cette hydrophobie du talent et de cette rage contre le génie, qui vont bientôt nous envahir si nous n'y prenons garde, et qui, malgré leur apparence démocratique, sont d'effrayants signes de décadence, — pour ravaler le génie à ce point. Le génie n'est pas un inventeur de faits. Le génie est une force divine, c'està-dire spirituelle, qui se rit des faits, s'en empare, les domine, se les assimile et les transforme, mais que les éléments bruts de sa création préoccupent assez peu. Il n'invente pas, il s'approprie. Il prend ce qu'il trouve où il veut, et en fait ce qu'il veut. L'honneur est à lui, non aux faits. Ainsi tombe en ruines la prétendue théorie de l'invention, escortée de l'autre théorie du plagiat; thèses ignobles, misérables et fausses.

Non Molière n'est pas un voleur ; ni Cervantes un impudent larron ; ni Shakspeare un misérable, enrichi des dépouilles de ses prédécesseurs.

En 1605 il y avait à Oxford (comme toujours) des écoliers et des professeurs, heureux de flatter la puissance et de se produire eux-mêmes. Avertis de la prochaine visite que devait leur rendre le pédant roi Jacques, fils ingrat de Marie Stuart, ils se mirent en frais d'érudition, et cherchèrent dans les chroniques d'Écosse la généalogie de ces Stuart dont Jacques était le dernier rejeton. Ils y apprirent que cette famille royale remontait jusqu'à un nommé Banko ou « Banq-Who, » compagnon de Macbeth, et que ce premier auteur de la race avait été averti, dès 1030, par les sœurs prophétiques d'Harnmuir, — les *weirds* de la « Bruyère maudite, » — que Macbeth son compagnon serait roi, et que lui-même, Banquo, donnerait le jour à une longue suite de monarques. Telle était la prédiction des *weirds*, — flatteuse pour Jacques 1er, conservée dans la tradition et dans les chants populaires que mit en latin assez pur le grave *Hector Boyce*, (ou *Boëce*) de Dundee. Il se donna même la peine d'enchâsser dans son histoire un fragment de vieux poème (évidemment ossianique dans le vrai sens du mot), fragment où l'on voit les trois prophétesses accoster les deux guerriers sur la « lande maudite, » et les saluer tour-à-tour : — « La première s'écria : *Salut, Macbeth*, « *chef de Glamis !* » — La seconde prit la parole : *Salut*, dit-elle, *chef de Cawdor !* — Enfin la troisième : *Salut, Macbeth, qui seras roi d'Ecosse !* — Et toutes trois : *Salut, Banquo, qui ne seras pas Roi, mais qui feras des Rois* (1) *!* »

Les professeurs choisirent parmi leurs élèves trois des plus beaux et des plus intelligents; on les habilla en sorcières ou en « weirds; » l'histoire ne dit pas exac-

(1) « *Salve,* inquit prima, *Maccabæe, Thane Glamis !* — Altera vero : *Salve,* inquit , *Caldarice thane !* —At tertia : *Salve,* inquit, *Maccabæe, olim Scotorum rex future !* »

HECTOR BOETIUS DEIDONANUS.

(Ed. Badii Ascentii. Fol. CCLVIII, liv. I.)

PRIMA.

Fatidicas olim fama est cecinisse sorores
Imperium sine fine tuæ, Rex inclyte, stirpis.
Banquonem agnovit generosa Logobria Thanum ;
Nec tibi, Banque, tuis sed sceptra nepotibus illæ,
Immortalibus immortalia vaticinatæ ;
In saltum, ut lateas, dùm, Banquo, recedis ab au'a,
Tres eadem pariter canimus tibi fata tuisque,
Dum, spectande tuis, e saltu accedis ad urbem ;
Teque salutamus : *Salve, cui Scotia servit !*

SECUNDA.

Anglia cui, Salve !

TERTIA.

Cui servit Hibernia, Salve !
Ad regis introïtum, etc., etc.

actement quel était ce costume ; à la porte du collége Saint-Jean où Jacques devait descendre, on planta un petit bosquet artificiel d'où les trois sybilles eurent l'air de sortir. L'une d'elles personnifiait l'Ecosse, la seconde l'Angleterre, la troisième l'Irlande. Elles saluèrent Jacques 1ᵉʳ en vers hexamètres latins assez médiocres qui se terminent par ces mots :

LA PREMIÈRE.

« Salut, Roi d'Ecosse !

LA SECONDE.

« Salut, Roi d'Angleterre !

LA TROISIÈME.

« Salut, Roi d'Hibernie ! »

Cette flatterie dramatique et pédantesque obtint un grand succès ; on en parla.

Shakspeare, qui avait à cœur de soutenir pendant le règne nouveau la faveur dont son théâtre avait joui sous Élisabeth, ne crut pouvoir mieux faire que d'imiter ce bon exemple. Telle est l'origine de *Macbeth*.

Shakspeare n'a pas même inventé les trois Witches. Comme il est bon que les sots et les envieux aient de quoi se satisfaire, formant partie très-respectable de la race humaine, et partie très-dangereuse ; comme il est bon que la police des lettres soit faite et que les larcins de ce médiocre esprit, Shakspeare, soient tous vérifiés et enregistrés ; à ces causes nous plaçons dans une note le triple salut des sorcières rédigé en hexamètres latins par un grand homme de collége, et si indignement dérobé par l'acteur du seizième siècle ; plagiat inexcusable, odieux, atroce ; car l'idée première de *Macbeth*, la note fondamentale de l'œuvre, s'y trouve contenue.

Qu'a donc créé Shakspeare? C'est ce que nous allons examiner.

Beaucoup d'écrivains ont traduit l'Entrée des sorcières. Personne n'a rendu l'accent trochaïque, le rhythme inégal et magique, le rapide et infernal effet de ces risées cyniques qui traversent la scène comme le cri de l'orfraie traverse l'air de la nuit. Les couleurs germaniques dont disposaient Schlegel et Tieck leur ont permis d'être plus fidèles que les latins. Essayons :

Voici les « Weirds. » A droite grondent les flots de la mer houleuse qui déferle sur les sables; à gauche, la guerre, la mêlée, passions furieuses, sang qui coule. Les Norwégiens vont piller les terres. *Macbeth* et son ami *Banquo* se battent pour le roi *Duncan* (a « Saint-Hearted » milksop,) bonhomme et pieux, mais « soupe au lait », dit la chronique, ce qui explique mille choses. Les *weirds* les interpellent à peu près en ces mots, dont je conserve les assonnances et l'accent brutal :

PREMIÈRE WEIRD.

« Quand nous reverrons-nous toutes trois?
« Sous la foudre, ou l'éclair, ou la pluie?

SECONDE WEIRD.

« Quand ils auront achevé leur boucherie;
« Quand la bataille, perdue ou gagnée, sera finie.

TROISIÈME WEIRD.

« Avant le soleil couché, ce sera fait.

PREMIÈRE WEIRD.

« Quel est l'endroit?

SECONDE WEIRD.

« La lande inculte!

TROISIÈME WEIRD.
« Nous y trouverons Macbeth.
PREMIÈRE WEIRD.
« Oh! oh! chat *Graymalkin!* tu m'appelles! Je suis
« à toi! j'arrive!
LES TROIS WEIRDS.
« *Paddock* nous attend, le crapaud nous demande.
« Nous voici!
« Le beau c'est l'affreux; l'affreux c'est le beau.
« Dans l'air épais, dans la brume infecte
« Glissons, passons, fuyons! »
Les vieilles retournent à leur chat et à leurs bêtes. La bataille finit. Le vainqueur annoncé par ses clairons aigus traverse la bruyère. Le soleil va s'éteindre dans les nuages ardents qui l'assiègent.

« Oh! le beau jour, s'écrie Macbeth, et le triste jour!
« Oncques n'en vis-je de pareil! »

Ici commence la vraie création. Shakspeare a emprunté tout le reste. Il va créer son héros.

Le Macbeth de Shakspeare aura le tempérament poétique. Il ne sera pas seulement, comme chez Boëce, un cruel tyran, *immanis*, mais un être doué heureusement, noblement; intéressant dans le crime; homme d'imagination rêveuse, sensible aux impressions extérieures; son oreille attentive écoutera les cris de l'oiseau funéraire. Comme il était fait pour vivre dans la sphère idéale, il sera le martyr de sa propre pensée; et si la force morale lui manque, les instincts rares et les dons précieux qui sont en lui toucheront notre cœur d'une pitié profonde. Voilà ce que doit exprimer l'acteur, au moyen de gestes sobres, en harmonie complète avec la distinction naturelle et sauvage du héros. Banquo, son compagnon d'armes, n'est nullement préoccupé de l'état du ciel et du soleil ; il veut se rendre à Forres par le plus court chemin. C'est lui qui rencontre et aperçoit les gardiennes de la bruyère.

BANQUO.

« Quels sont ces êtres, vêtus de si sauvages habits, si
« décrépits et si courbés, qui marchent sur la terre et
« ne ressemblent pas à ceux qui l'habitent. Parlez !
« Êtes-vous des vivants?..... La voix d'un homme peut-
« elle vous interroger?..... Toutes trois de vos doigts
« crochus vous fermez vos lèvres sèches et blêmes,
« et vous paraissez me comprendre.... Êtres à barbe
« grise, et qui semblez des femmes, qui êtes-vous ? »

Macbeth, qui s'avance à son tour, les questionne plus brièvement.

« Si vous pouvez parler, répondez... qui êtes-vous ? »

PREMIÈRE WEIRD.

« Macbeth, salut à toi ! Seigneur de Glamis, salut à toi !

SECONDE WEIRD.

« Macbeth, salut à toi ! Seigneur de Cawdor, salut à toi !

TROISIÈME WEIRD.

« Macbeth, salut à toi ! un jour tu seras roi ! »

Depuis l'apparition des sorcières jusqu'à la mort du héros tous les incidents du drame sont calqués sur le récit de Boëce. Shakspeare, avec une habileté consommée, substitue seulement les détails du meurtre commis par Dunwald sur Duff aux faits historiques qui se rapportent à l'usurpation de Macbeth. Le Macbeth de Boëce, vrai chef féodal, tue le roi par surprise et se fait proclamer roi. Comprendre, développer, faire vivre son monde, voilà le but de Shakspeare. Les événements ne sont pour lui que la trame. Il a peu de souci du fait; il se préoccupe de l'homme. Enflammé par la prophétie des Weirds, Macbeth commet le crime; et tout change en lui. La faculté méditative et idéale dont il est doué s'accroit pour son supplice, et depuis ce moment l'acteur chargé du personnage a une tâche bien plus lourde encore. Macbeth était devenu cruel; il devient féroce; il sent qu'on le hait; le poète étudie les progrès du châtiment moral qui lui est infligé.

« J'en ai assez de la vie, mon cœur est malade!...
« Seyton! approchez!... (à lui-même) J'ai assez vécu...
« car voici le déclin, voici la feuille d'automne qui
« couvre le sentier où je marche. Cohorte d'amis qui
« accompagnent notre vieillesse, honneur, amour,
« obéissance des miens, je ne dois plus y compter! On
« me maudira non tout haut, mais tout bas et du fond
« de l'âme. Les lèvres me rendront hommage, et il
« faudra que je m'en contente, sachant bien que ces
« pauvres âmes me le refuseraient si elles osaient! »

Plus tard, lorsque cette route sanglante et hasardeuse l'a mené au vide et à l'angoisse; — quand on vient lui apprendre la mort de lady Macbeth :

« C'est plus tard qu'elle aurait dû mourir! elle avait
« le temps! pourquoi pas demain? »

Et se rappelant quel espoir a flotté devant sa pensée et quelle perspective ce mot *demain* lui a ouverte :

« Demain, demain, toujours demain! et de jour en
« jour, d'un pas sûr et lent, nous rampons vers la
« mort jusqu'au dernier terme de nos journées; jusqu'à
« la dernière syllabe du livre! Idiots qui s'en vont in-

« cessamment, éclairés par l'espoir d'hier, dans la route
« poudreuse de la tombe, pour être engloutis dans
« l'abîme de demain! O ma vie! souffle passager! lu-
« mière d'un moment! disparais! éteins-toi! Qu'es-tu
« donc? une ombre qui marche! le chétif acteur sur ses
« planches! deux heures pour jouer son rôle, voilà
« tout. Il se pavane, il s'agite, le rideau tombe, tout
« est fini. — La vie! conte absurde! vain roman plein
« de sons et d'emphase! et qui ne signifie..... rien! »

Assurément l'acteur ne doit pas psalmodier ces maximes avec une emphatique véhémence; il ne doit pas non plus les dérober à l'audition des plus attentifs en les remplaçant par je ne sais quel inintelligible murmure.

Macbeth repasse dans son souvenir sa vie antérieure.

Le héros coupable, les bras croisés sur sa poitrine, reste plongé dans une méditation solennelle. Ce n'est point un rhéteur; il ne fait pas d'odes.

Il ne doit pas étouffer ni avaler pour ainsi dire précipitamment ces passages tout philosophiques, qui sont l'affabulation réelle de l'œuvre de Shakspeare. Points d'arrêt de la pensée qui s'interroge, ils correspondent dans le drame anglais aux célèbres tirades de Corneille et de Racine:

> Rome! l'unique objet de mon ressentiment!

Ou:

> . . . Que ne puis-je, assise à l'ombre des forêts!

Le spectateur est ainsi amené par ces grands maîtres aux sources suprêmes des domaines respectifs et des sphères opposées qui leur obéissent; — dans le domaine grec, Passion, Beauté, Unité; — dans le domaine contraire, Méditation, Philosophie. Voilà comment ce Shakspeare qui n'invente aucun personnage et se sert au hasard des faits les plus vulgaires, se place au niveau des plus admirables créateurs. Son secret est celui de notre Molière; bandit du même ordre et qui ne fut pas mieux traité de son temps par les De Visé, les Boursault et les Chalusset, que Shakspeare par les pédants et les sots.

A-t-il inventé lady Macbeth? Nullement.

C'est la femme teutonique, ivre d'ambition et pour devenir reine capable de tous les crimes; c'est l'héroïne des Niebelungen, la Brunchild du poème allemand, la Brunchault de l'histoire, ou si l'on veut la Frédégonde. Les chroniqueurs ont eu soin d'observer que Donwald, ainsi que Macbeth, furent poussés tous deux à l'usurpation et à l'assassinat par leurs femmes « altérées de régner. » Ce caractère de la femme voulant conquérir la puissance à tout prix, figure plus qu'épique, plus que tragique, écrase tout. Mistriss Siddons raconte dans ses Mémoires, qu'après une première lecture de Macbeth, voulant apprendre ce rôle qui lui était destiné, la fièvre la prit; elle tomba malade.

C'est un rôle de peu d'étendue; l'épouse du guerrier sauvage est femme d'action avant tout, elle va au but; Macbeth, au contraire, parle beaucoup; l'imagination le domine. Il est éloquent, poète, et pénètre comme Hamlet dans le monde idéal; faible, passionné, crédule aussi, il accueille les prédictions, les oracles, les prophéties. C'est cette compréhension métaphysique du monde moral qui fait de Shakspeare « une des plus lumineuses têtes de l'humanité, » disait Gœthe.

Elle comprend son mari, lady Macbeth! et elle le méprise! Elle s'élève de toute la hauteur de sa volonté passionnée au-dessus de la moralité vacillante du guerrier, de ses vagues sentiments d'honneur, de sa raison qui tremble, de son bon sens qui hésite, de son imagination qui s'émeut, de ses scrupules qui s'éveillent! Vous reconnaissez en elle la « femme » — la grande puissance électrique du monde moral!

A peine a-t-elle reçu la nouvelle des victoires que son mari, devenu chef féodal (thane) de Glamis et de Cawdor a remportées :

« Chef de Glamis! s'écrie-t-elle, chef de Cawdor!
« tu l'es déjà ; ce que l'on t'a promis, tu le seras
« aussi !... Je te connais cependant, ta nature m'ef-
« fraie... tu ne sais pas prendre la route la plus brève,
« celle par où l'on arrive. Le lait de la charité
« humaine coule dans tes veines. Tu voudrais la
« grandeur, l'ambition ne te manque pas; ce qu'elle
« exige de mal, tu n'oses l'accomplir ; tu veux rester
« pur et tu voudrais être grand; tu veux gagner
« le prix qui couronne la fraude, et tu ne veux pas
« être perfide. O mon grand guerrier! il te manque
« la voix intérieure qui crie : « *Pour le succès voilà*
« *ce qu'il faut faire! Agis donc! Ce que tu crains d'ac-*
« *complir tu te repentiras de ne l'avoir pas fait!...* »
« Viens ici, Glamis! viens vite! que j'imprègne ton
« âme de ce que j'ai de force. Ce qui t'empêche de
« saisir le cercle magique que le destin et les invisi-
« sibles esprits te réservent, je le détruirai, moi! ma

« parole hardie châtiera la faiblesse (1) et t'apprendra
« ce que tu dois faire ! »
UN SERVITEUR, *qui entre.*
Vous recevrez ce soir, madame, la visite du Roi.
LADY MACBETH.
« Tu perds le sens; Macbeth, ton maître, n'est-il pas
« auprès du Roi? si ce que tu dis était vrai, j'en serais
« instruite par lui !
LE SERVITEUR.
« Ce que je dis est vrai, Madame, ne vous déplaise.
« Notre chef est en route, un de mes compagnons l'a
« devancé. Épuisé de fatigue, à peine a-t-il eu la
« force de rendre compte de son message.
LADY MACBETH.
« Qu'on prenne soin de lui ! Grande nouvelle, celle
« qu'il apporte ! (*Elle reste seule.*) Les créneaux de
« mes murailles vont te recevoir, ô Duncan ! — Fa-
« tale entrée ! le corbeau s'enroue en vain à te pré-
« venir. (*Une pause.*).... Venez, esprits qui soufflez
« les pensées de mort, que je perde mon sexe !
« Faites-moi cruelle et féroce ! que mon sang s'épais-
« sisse, point de remords ! etc. »

Passion chez la femme, passion plus forte que les incertaines résolutions de l'honneur viril ! La graine du meurtre que les Weirds ont jetée fructifie; le faible Duncan est sous la main de Macbeth, l'ambitieuse pétrit à son gré l'âme de son mari; le premier assassinat sera commis : par la logique inexorable des choses ils reculeront jusqu'au fond des abîmes.

Si Shakspeare n'a rien créé quant aux faits, s'il n'a

---

(1) *Chastise with the valour of my tongue!*

inventé ni Macbeth ni les Weirds, ni le Roi qu'on égorge, ni la terrible meurtrière ; — l'enchaînement logique du mal, subissant à travers mille péripéties les conséquences de son premier crime; voilà ce que Shakspeare a créé. Lady Macbeth, après les trois sorcières, est le grand mobile de l'œuvre. Elle possède une éloquence naturelle, une imposante beauté ; non la jeunesse en sa première fleur, mais la maturité dans son éclat. Macbeth n'est pas un jouet ridicule et misérable ; elle l'aime, elle veut sa grandeur. De là cet intérêt mêlé d'effroi qu'inspire le groupe tragique ; — l'être faible qu'enivre l'exaltation du crime, et l'être fort qui cède à l'impulsion donnée.

Le poëte est tout-à-fait sublime quand la douleur et le désespoir de Macbeth accablent sa femme. C'est elle qui a déterminé sa ruine morale. Elle a jeté un poison implacable et invincible dans cette âme troublée. En voyant ce qu'elle a fait, elle se trouble elle-même et s'humilie :

« Il y aura du sang, dit Macbeth ; oui, je le prévois !
« C'est un proverbe juste, que le sang appelle le sang...
« Le meurtrier doit être connu. Pour cela les pierres
« se déplacent, les arbres parlent, les augures sont
« nombreux, la corneille gémit, un insecte suffit ; tout
« dans la nature vient trahir l'homme de sang.... Cela
« s'est vu !... (*Une pause.*) Mais où en est la nuit ?

LADY MACBETH.

« Elle avance vers l'aurore qui lutte contre elle.

MACBETH.

« Et tu dis que malgré mes ordres Macduff n'est pas
« venu ?

LADY MACBETH.

« Seigneur, les lui avez-vous envoyés?
MACBETH.

« Non... plus tard!... j'enverrai... Ah! que je suis
« avant dans le sang! Si je m'arrêtais! Impossible.
« Revenir sur mes pas est plus pénible et plus difficile
« que d'avancer. Là dans mon cerveau il y a des choses
« étranges que ma main exécutera ; des choses qu'il
« ne faut pas examiner, mais faire.

(*Lady Macbeth se tait.*)

« Macbeth, dit-elle ensuite simplement, le sommeil
« vous manque ; toutes les natures en ont besoin pour
« se calmer. »

Puis, le contemplant comme une mère regarderait
l'enfant précipité par elle dans un gouffre, elle le soutient.

« Oui, continue Macbeth, je vais dormir. C'est que
« je commence à avoir peur ! Voilà pourquoi je m'ac-
« cuse et me blâme moi-même. Pour de telles choses
« nous sommes encore jeunes ! »

Le second acte a plus d'importance. Ce terrible
second acte sert de centre à la machine.

Nous sommes au seuil de la chambre où Duncan dort.
Voici l'escalier ou le perron extérieur qui y conduit. Un
balcon de pierre s'élève devant la porte de la chambre.
C'est une cour intérieure avec plusieurs donjons; les
rayons pâles de la lune l'éclairent.

Telles étaient du moins les dispositions de l'ancien
Globe, où la pièce fut jouée pour la première fois, entre 1606 et 1612. A cette époque, une sorte de balcon
occupait toujours le fond de la scène et servait à représenter les étages supérieurs, la fenêtre de Juliette

le balcon de Jessika; disposition qui se retrouve encore dans les maisons suisses et dans certaines vieilles hôtelleries que garnissent des galeries intérieures.

La nuit est venue. Voici Macbeth et sa femme seuls dans cette cour *intérieure;* c'est la seule indication de lieu que l'in-folio de Shakspeare renferme. Macbeth, armé du poignard, monte le perron, et sa femme reste debout au pied de l'escalier. On vient de souper, les convives ont bu beaucoup de vin.

« Le vin qui les a rendus ivres, dit-elle, m'a rendu
« audacieuse ; où leur feu s'est éteint j'ai allumé mon
« courage. (*Elle penche sa tête et semble écouter.*)
« Ah !... qu'y a-t-il ?... silence !... La chouette a sonné
« la cloche des morts. Sa voix nous apporte un bon-
« soir funèbre... — Il y est !... — Les portes sont ou-
« vertes, les serviteurs dorment enivrés !... (*Elle
« continue à écouter.*) »

Cependant Macbeth incertain et agité a cru entendre du bruit au dehors. Après s'être glissé dans la chambre du Roi il reparait sur le perron et contemple la cour obscure.

MACBETH.

« Qu'y a-t-il ? qui a parlé ?... »
(*Il voit qu'il s'est trompé et rentre dans la chambre du roi.*)

LADY MACBETH (*en bas.*)

« Ah !... s'il s'éveillait avant que ce fut fait ! l'avoir
« tenté sans l'accomplir ! Nous serions perdus. (*Elle
« écoute encore.*) Chut ! les poignards sont à leur place,
« je les y ai mis... Il ne peut pas s'y tromper... Je l'au-
« rais fait moi-même s'il n'eût pas ressemblé à mon
« père quand il dormait ! »

(*Elle entend Macbeth descendre et se rapprocher.*)
« — Mon mari ! »
MACBETH (*à sa femme.*)
« La chose est faite ! tu n'as rien entendu ?
LADY MACBETH.
« Rien que la chouette qui pleurait ! et le cri du grillon. — Ne parliez-vous pas tout-à-l'heure ?
MACBETH.
« Quand ?
LADY MACBETH.
« A l'instant ?
MACBETH.
« Pendant que je descendais ?
LADY MACBETH.
« Oui.
MACBETH.
« Chut ! (*il se rapproche de l'escalier*). Quel est ce-
« lui qui couche dans la seconde chambre ?
LADY MACBETH.
« Donalbain !
(*La main de Macbeth est tachée de sang.*)
MACBETH (*montrant sa main.*)
« Regarde ! c'est triste à voir !
LADY MACBETH.
« Triste ?... C'est absurde à dire !
MACBETH (*très-bas.*)
« Ils dormaient ; l'un souriait, l'autre rêvait et criait :
« *Au meurtre* ! D'abord ils s'éveillèrent, je les enten-
« dais, j'étais debout. Ensuite ils ont répété leurs priè-
« res et se sont replongés dans le sommeil.

LADY MACBETH.

« Eh bien! les voilà logés ensemble!

MACBETH.

« Quand ils virent ma main.. .. ma main de bour-
« reau... l'un cria : *Que Dieu me sauve!* l'autre dit :
« *Amen.* J'écoutais leur terreur et moi je n'ai pas
« pu dire : *Amen !*

LADY MACBETH.

« Ne creusez pas ces idées !...

MACBETH.

« Mais pourquoi donc n'ai-je pas pu dire *Amen?*
« C'est moi qui en avais besoin, de la grâce d'en haut.
« *L'Amen* que je voulais prononcer m'étouffait !

LADY MACBETH.

« Il ne faut pas penser de cette manière à des actes
« pareils. On deviendrait fou.

MACBETH.

« Il m'a semblé qu'une voix me disait à l'oreille :
« *Plus de sommeil, Macbeth! Il tue le sommeil, Mac-*
« *beth. Le sommeil! qui est l'innocence, le réparateur*
« *de la vie quand les soucis en déchirent la trame; le*
« *sommeil, qui nourrit l'homme, étanche les plaies de*
« *notre âme, nous baigne dans l'oubli et nous fait re-*
« *vivre chaque jour.*

LADY MACBETH.

« Qu'avez-vous à parler ainsi ?

Macbeth, âme de poète, continue sa lamentation
douloureuse.

MACBETH.

« La voix disait toujours : *Plus de sommeil!* Et tous
« les échos répétaient : *Celui qui a tué le sommeil*

« *c'est Glamis ; celui qui ne dormira plus, c'est Caw-*
« *dor ; celui qui ne dormira plus, c'est Macbeth !*

LADY MACBETH.

« Et quelle voix vous disait cela ? — Allons ! Fan-
« taisies d'un cerveau malade ! et qui ne doivent point
« amoindrir votre force vitale, noble seigneur ! De
« l'eau, cherchez de l'eau. Faites disparaître ces témoi-
« gnages ignobles ! Et ces poignards, pourquoi les
« avez-vous emportés ? C'est là-haut qu'il faut qu'ils
« soient ! Allez les reporter. Que ces valets endormis
« soient tachés de sang.

MACBETH.

« Non, je n'irai plus. Ce que j'ai fait m'épouvante,
« et je n'oserais pas le voir !

LADY MACBETH.

« Esprit tremblant, âme infirme ! donne-moi ces
« poignards ! Les morts et ceux qui dorment, qu'est-ce ?
« Images vaines ! Devant un simulacre sans vie il n'y
« a que les enfants qui tremblent ! »

Croirait-on que cette scène est jouée le plus souvent de la manière suivante :

Point de premier ou de second étage ; point de cour intérieure. Une lumière aussi éclatante qu'en plein midi ; le terrible Macbeth en costume assez peu grave, et lady Macbeth en peignoir avec une cornette de nuit, le poussant dans la coulisse par les épaules ! Lorsque Macbeth répond à sa femme : *As I descended* (en descendant), il indique de la manière la plus claire qu'il vient de « descendre » le perron et que par conséquent il l'avait monté auparavant. C'est ce que le grand critique Schlegel a très-bien compris lorsque dans sa traduction allemande, faite en collaboration avec Tieck, il a écrit ces mots : *Er steigt hinauf* (il monte), *oben er scheint* (il se montre en haut, au balcon...) enfin : *er tritt auf* (il redescend).

On sait qu'après la mort de Shakspeare, ses confrères publièrent confusément ce qu'il avait laissé de manuscrits, et qu'il ne faut pas s'en tenir à cette incomplète reproduction de sa pensée.

La scène de Macbeth, telle que Shakspeare l'a créée, est d'un effet incomparable. Pendant cinq minutes le sort de ces trois personnages est en suspens. Tout s'efface et s'éteint.

Dans la mauvaise édition qu'ils ont donnée, la pièce, faute des indications nécessaires, devient pâle, froide et sans couleur.

Je l'ai restituée.

Shakespeare appartient à l'Europe.

Madame de Staël, Lessing, Lavater, Gœthe, Herder, et même Montesquieu avaient raison. L'inévitable fusion des races se préparait; elle se fait aujourd'hui. C'est du dix-huitième siècle et de son mouvement d'expansion ; c'est des expériences de Franklin, Lavoisier et Priestley que date la nouvelle ère, confuse encore, à peine dessinée ou ébauchée, qui aboutira au *Welt-literatur*, à la littérature du globe, que Gœthe avait prédite. Par quelles voies providentielles le miracle s'accomplira-t-il? nul ne le savait en 1815 : on le sait aujourd'hui.

CHARLES MATHEWS

ACTEUR ANGLAIS

CHARLES MATHEWS

ACTEUR ANGLAIS

Young, acteur tragique du théâtre de Covent-Garden, demandait à son camarade Lewis, comédien célèbre, quel était ce *Mathews* qui arrivait d'York, et qui promettait quelques représentations à Liverpool. — « Eh! eh! répondit l'acteur en frappant sa botte droite de sa baguette; c'est l'homme le plus long et le plus drôle que je connaisse. Il n'a pas de bouche. Il parle par un trou que la nature lui a creusé de travers au milieu de la joue. »

En effet Mathews, qui a tant amusé Londres et New-York, avait cinq pieds dix pouces de hauteur, six pouces de circonférence, la bouche complètement de travers, la plus comique des allures et l'air le plus fantastique et le moins réel dont un homme de théâtre puisse être doué. Potier lui ressemblait un peu. Il se rapprochait aussi de Henri Monnier et de Bouffé par le soin des détails et l'étude curieuse du personnage qu'il représentait. C'était un acteur de *caractère,* moins remarquable dans le jeu et le mouvement de la scène, que seul et dans son cadre. Il charmait ses compatriotes par la finesse, la précision, le *complet* des caricatures créées par lui. Pas une mèche de cheveux, pas un bouton, pas un demi-geste, pas un mouvement de tête qui ne fussent calculés et d'ensemble. Comme Potier, il excellait dans les vieillards et surtout dans les vieux nobles; comme Henri Monnier, il était le poète de ses pièces et le seul père de ses rôles; comme l'admirable Provost, il avait un sourire triste, une gaieté réfléchie et sérieuse, un talent merveilleux pour approfondir et sculpter les détails et les accessoires.

Mathews était parvenu au plus beau résultat qu'un acteur puisse désirer, à se suffire à lui-même, à se passer de décoration, de coulisse, de rampe, d'orchestre, de souffleur, de réplique et d'auteur. Un petit salon, une table couverte d'un tapis vert, un piano, deux lampes lui suffisaient. Vous voyiez apparaître non pas un acteur, mais un Américain, un quaker, un bourgeois de Londres, une vieille dévote, un émigré français; c'était Mathews. Il n'y avait là ni rouge, ni fard, ni clinquant, ni perspective, ni moyens ingénieusement inventés pour duper le spectateur. Vous vous trouviez de plain-pied avec le personnage; vous pouviez l'étudier dans sa robe de chambre, suivre les modifications de son caractère et de son langage, l'observer comme on observe un insecte au microscope. Mathews appelait cela ses *At Home* (Je suis chez moi.) Les *At Home* étaient affichés sur les murs de Londres et sur ceux de Philadelphie. Chaque voyage que faisait Mathews fournissait à l'acteur une récolte nouvelle d'originaux; et la galerie s'enrichissait des personnages les plus disparates. Jamais la petite salle n'était vide; il fallait se présenter de bonne heure pour y trouver place. Singulier amusement d'un peuple observateur, dont toute la littérature porte la même empreinte, et qui, dans les classes inférieures ainsi qu'au sommet de la société, n'a pas de plaisir plus vif que d'examiner l'humanité de près, comme on examine les rouages d'une montre et le mécanisme d'un instrument. Chaucer, le premier en date de ces poètes, n'a pas débuté autrement. Shakspeare a consacré son talent à la même étude; et tous les bons romans de l'Angleterre reposent sur la même donnée.

Mathews est mort admiré et estimé de ses compatriotes. Cet homme, réfléchi et observateur, bouffon sérieux qui inventait ses propres ressources et jetait sur la société le regard mélancolique du peintre et du romancier, a laissé des Mémoires charmants qui racontent les luttes de sa jeunesse, les aventures de sa vie d'acteur nomade, les péripéties de sa renommée naissante. Rien de plus curieux; vous avez là un roman comique, sans les bouffonneries de Scarron; un bon tableau de la vie de province en Angleterre et des acteurs de province; une histoire intéressante des longs efforts d'un homme de talent, maladif, pauvre, négligent, mauvais exploitateur de sa fortune; étourdi, imprévoyant et honnête homme; une foule de traits qui révèlent la situation morale et religieuse de l'Angleterre pendant cinquante ans. Il a fallu plus de courage à Mathews, le poitrinaire indigent, pour exister, qu'à Jules-César pour créer un trône dans une république. Les Anglais apprécient le courage moral que nous dédaignons; aussi ont-ils été vivement touchés de celui dont Mathews a fait preuve.

Quand Mathews naquit en 1776, Londres regorgeait de sectaires enthousiastes et de prédicateurs fervents, qui voulaient de gré ou de force sauver leurs semblables, et s'attribuaient le privilége exclusif du salut universel. Le protestantisme anglican Bossuet l'avait prédit, s'était divisé et morcelé à l'infini; le fanatisme échauffait les cervelles, et la liberté du citoyen, protégée par les mœurs politiques, permettait à tout homme qui se croyait ou se disait inspiré, de monter sur une borne, de faire d'un tonneau une chaire, de proclamer sa doctrine, d'anathématiser les autres sectes, de grouper le peuple autour de sa tribune, et de l'endoctriner.

On voyait Whitfield élever au milieu d'une foire publique, en face de polichinelle, ses tréteaux de prédicateur, déclarer la guerre à ce dernier, et engager avec le propriétaire des marionnettes un combat fantastique : Huntington, espèce de Tartufe sensuel qui ne signait ses lettres que des initiales S. S. (*Sinner Saved*, le pécheur sauvé) séduisait surtout les femmes et finissait par épouser, en légitime mariage, la veuve du lord-maire. Plus honnête et plus éloquent que les autres sectaires, Wesley, le créateur du Méthodisme, infusait dans les veines de la société protestante une ferveur inconnue, une fièvre d'enthousiasme fanatique. Le hasard fit naître Mathews le satirique au milieu de ces congrégations dissidentes, pleines de ridicules sérieux, de vertus exagérées et de vices hideux : singulières associations dont personne n'a écrit l'histoire impartiale. Son père était le libraire des dissidents; Mathews père, honnête homme et homme d'esprit, imprimait et distribuait les mille petits traités évangéliques, nourriture spirituelle des Huntingtoniens, Wesleyens et Whitfieldiens : traités religieux dont nous citerons quelques titres au hasard : *Neuf points pour raccommoder les culottes d'un croyant ; — Boutons et Boutonnières pour ma culotte de Chrétien ; — Le soulier à haut talon pour le chrétien boiteux ;* et autres titres de même nature ; titres vraiment incroyables, si l'on ne savait que l'esprit humain va aisément aux dernières limites de l'absurde.

Le jeune Mathews vit dès l'enfance ces figures dignes de Hogarth, dont Butler a fait dans son Hudibras la caricature ou plutôt le portrait. Il les vit de près et se moqua d'elles, la boutique de son père en était pleine. Excellente éducation pour un acteur comique. Un beau jour le père, rentrant chez lui après un exercice religieux, trouva dans sa cuisine le grand Huntington, S. S. (*Sinner Saved*) le célèbre apôtre, lequel avait un penchant déterminé pour la galanterie, occupé à convertir la cuisinière, et lui adressant des exhortations moins édifiantes que vives ; il le mit à la porte à coups de bâton en écriant : « *William Huntington*, S. S. *Sad scoundrel,* sortez bien vite ! »

Le talent mimique du petit Mathews se développa en face de ces prophètes populaires ; il parodiait leur allure composée, leur voix emphatique et nasale, leurs clignements d'yeux, leurs convulsions de pythonisse. C'étaient d'étranges apôtres ; surtout ce William Huntington, qui vécut jusqu'à la Révolution française et dont il faut lire les ouvrages pour savoir combien de grossière ignorance et de profanation ridicule peuvent se joindre au sentiment religieux. « Toutes les fois que j'eus besoin d'une redingote ou d'une culotte, dit quelque part ce fanatique, je n'ai eu qu'à les demander à Dieu ; il m'a servi en fidèle tailleur. Je prie, et ma prière est un canon que je pointe à droite ou à gauche, selon mon bon plaisir. J'ai demandé un cheval à Dieu, les bonnes âmes m'ont donné un cheval ; j'ai désiré le harnais et la bride, Dieu a été mon fournisseur. A force de monter à cheval, j'usai mes culottes; une paire de culottes de peau me tomba du ciel, envoyée par une de mes ouailles; don surnaturel, dont la coupe était excellente et parfaite. Dieu avait dirigé les ciseaux du donataire, Dieu connaissait ma taille, Dieu savait mes formes par cœur; c'est lui qui m'a coupé tous mes habits pendant plus de cinq ans. »

Une femme qui s'est fait en Angleterre une réputation de moralité souveraine et qui a écrit des ouvrages à peu près aussi ridicules dans leur puritanisme que ceux de Huntington et de Whitfield, Hannah More, l'auteur du *Célibataire en quête d'une femme* et de la *Jeune fille en quête d'un mari*, fréquentait la boutique de Mathews le père.

Tout en distribuant la sagesse en petits volumes, Hannah More raffolait des bonnes maisons et des excellents dîners.

Hannah, qui frappait d'anathème le plaisir et la sensualité vulgaires, les théâtres et les acteurs de second ordre, aimait beaucoup M. Garrick, à la table duquel elle venait souvent s'asseoir, qui dépensait 4,000 livres sterl. par an, possédait une délicieuse maison de campagne sur les bords de la Tamise, et en faisait jouir ses amis. Grâce à ces accommodements avec le ciel, Hannah More et M. Garrick étaient fort liés ; elle donnait une main au monde profane et l'autre au monde sacré. Hannah mena un jour son ami Garrick chez Mathews le père, qui présenta au roi des acteurs son fils âgé de trois ans. Le petit Mathews avait éprouvé, quelques jours après sa naissance, un spasme convulsif qui avait décroché sa mâchoire. Garrick prit l'enfant dans ses bras en s'écriant : « La drôle de mine ! il rit de travers ! » — L'adolescence et l'âge mûr ne changèrent rien à ce singulier défaut dont Mathews tira parti. « Le ciel ne pouvant me faire beau, dit-il quelque part, me fit comique ! » Il s'aperçut bientôt que tout le monde riait en le regardant et prit la résolution de rendre la pareille au monde. Son maître d'études, écossais louche et boiteux, s'étonnait d'être ébloui par intervalles d'une réfraction lumineuse, qu'une main inconnue dirigeait sur sa tête : c'était la main du petit Mathews qui avait six ans, et dirigeait le rayonnement d'un miroir.

« Ah ! coquin, s'écria-t-il en lui donnant le fouet, je t'apprendrai à faire sur moi des réflexions ! » Et comme apparemment ce bon mot lui semblait d'une invention heureuse, il le répéta souvent en répétant aussi la correction manuelle dont il l'accompagnait. Le malin petit bonhomme reçut dans son enfance plus d'un avertissement de ce genre. « Si la verge donnait la sagesse, dit-il, je serais assurément plus sage que les sept sages. On ne m'épargnait pas. Souvent je jetais un regard d'envie sur les chérubins de chêne noir dont la salle d'études était garnie, demandant au ciel pourquoi il ne m'avait pas créé comme eux, *tête et ailes* ; — mais rien de plus. » Les études mimiques, auxquelles il se livrait par instinct, plaisaient médiocrement à ceux dont il se faisait le parodiste ; et les mésaventures tombaient sur lui, dru comme grêle. Un marchand d'anguilles passait tous les jours devant l'école, criant depuis le bout de la rue : *Voici de bonnes an — guilles* et ne prononçant les dernières syllables *guilles* que lorsqu'il avait dépassé la dernière boutique. Cette prolongation infinie du son amusa le petit Mathews, qui se posa un beau jour devant le marchand de poisson, lui disant du même ton : *Vous avez de trop longues an — g...* Il n'avait pas achevé le mot fatal, que le marchand déposa son panier, le rossa d'importance et reprit son chemin après lui avoir adressé la leçon suivante : « Si tu as le malheur, petit polisson, de te moquer encore de moi, je t'écorcherai vivant comme une an... » Il se remit à marcher, traîna sa voix et fit attendre plus long-temps qu'à l'ordinaire les deux dernières syllabes qui se perdirent au loin dans les rues tortueuses de la Cité.

Rude apprentissage de mime, vous le voyez. Les dissidents l'engagèrent un jour à parodier le chant favori des anglicans, l'hymne de Pope :

« De la flamme céleste étincelle brillante, etc.

Il avait dix ans ; il réussit on ne peut mieux. Les anglicans résolurent de venger leur honneur musical, blessé par un bambin. Quelques jeunes gens l'emmenèrent aux courses d'Epsom, donnèrent à dîner au pauvre petit, le firent boire, l'enivrèrent, et le promenèrent ensuite par la ville, en le portant sur leurs épaules et en chantant à leur tour, avec accompagnement de divers instruments de cuisine, l'hymne qu'il avait parodiée :

« De la flamme céleste étincelle brillante, etc.

Il y avait de quoi étouffer la plus belle vocation de mime ; mais Charles Mathews était né pour le théâtre ; et rien ne put le décourager. A dix ans il joue la comédie avec ses camarades; à quatorze ans il fait l'école buissonnière pour aller au spectacle. Cette première apparition du rideau, de la rampe, des acteurs, des coulisses fut une révélation pour lui. Ce monde factice était son monde naturel. « J'aimais, dit-il, je chérissais jusqu'aux taches du rideau, jusqu'aux vieilles bottes de maroquin jaune des héros de la tragédie. Ces plumes, ces faux diamans, ce clinquant remplissaient mon imagination. Le bruit des applaudissements m'enivrait déjà; je faisais tant de bruit dans ma joie, que mes voisins m'imposèrent silence. Depuis cette époque j'eus une prédilection décidée pour cette odeur étrange du théâtre, saveur mêlée d'huile rance et d'écorces d'orange que les spectateurs des galeries apportent avec eux et dont ils se servent comme de rafraîchissements et de projectiles. Mon sort était décidé. Je rentrai chez moi exalté, dans un état de *splendide irritation.* »

Allez donc, Mathews, soyez acteur; suivez cette vie fausse et amusante, triste et gaie, artificielle et observatrice, dont vous savourerez les angoisses et dont vous aurez la gloire. Londres, de toutes les capitales de l'Europe celle où le vice se montre le plus brutalement libre, possède dans les environs de Drury-Lane des réceptacles misérables et singuliers, où l'on fait tout ce que l'on veut faire; cafés, spectacles, maisons de bain, maisons de jeu, jardins de plaisirs, asiles de voleurs, logements de comédiens. Charles Mathews et ses petits camarades s'emparèrent d'un de ces domaines, et y jouèrent, au-dessus d'une écurie, en dépit du père et des précepteurs, farces et comédies. A dix sept-ans, on le conduit chez le major Popham, propriétaire d'une feuille périodique consacrée spécialement au théâtre;

il y fait ses premières armes de critique; et cet adolescent qui n'a pas assisté à deux représentations pendant sa vie, devient l'arbitre des réputations et le juge des talents.

L'Angleterre, féconde en originaux, les cultivait avec amour; elle prenait d'eux un soin particulier.

Popham et sa sœur méritent, parmi ces êtres bizarres, une mention particulière. Roi pendant sa jeunesse des dandys, il s'était fait littérateur dans l'âge mûr.

Vieillard, il s'était avisé de prendre le costume de la première enfance; veste courte sans basques, de couleur verte, pantalon large attaché au-dessus de la cheville, et tout petit gilet jaune, avec une série de boutons de métal en pain de sucre. Ainsi costumé, jambes minces, bras minces, épaules larges et le visage couvert de rides, il s'en allait par les rues, assez semblable à un jeune géant en sevrage.

Sa sœur, aussi étrange que lui, était une grande personne, qui abusait du privilége de ridicule, concédé aux vieilles filles d'Angleterre : tantôt coiffée d'un turban, ou armée d'une houlette; vêtue en Amaryllis ou en Sultane; suivie d'une camérière qui se conformait aux fantaisies de sa maîtresse et adoptait des costumes toujours analogues à ceux dont miss Popham avait fait choix; le couple excitait l'admiration universelle et arrêtait les regards de tous les passants. Cette double excentricité n'échappa point au jeune Mathews, qui commençait déjà sa collection d'originaux. Il les parodia et perdit leur protection. Ses articles critiques eurent moins de succès que ses caricatures : il choisit la *Princesse de Clèves*, roman de Mademoiselle de la Fayette, la traduisit pour une Revue; crut un moment, dit-il, que l'Europe entière pensait à lui, fut très-affligé quand ce rêve se dissipa; très-surpris que son nom restât aussi obcur qu'auparavant et qu'on ne le classât pas au nombre des Dryden, des Pope ou des Fielding. Il se rejeta sur le théâtre.

Un de ses amis nommé Lichtfield, passionné comme lui pour l'état d'acteur, lui propose de rompre enfin les barrières qui séparent leurs jeunes talents de la publicité et de la gloire. On s'arrange avec le directeur du théâtre de Richmond, qui permet aux deux aspirants de monter sur ses planches, moyennant la somme de vingt guinées. C'était tout leur petit pécule. Ils choisissent Richard III, drame de Shakspeare, qui se termine, comme on sait, par un combat singulier. Mathews avait pris des leçons d'escrime et tirait vanité de son adresse. Au lieu de se contenir dans les bornes imposées par l'action du drame, le voilà qui pousse des bottes, crible de coups son adversaire, l'accule sur la coulisse, n'écoute pas son murmure plaintif : « *J'en ai assez,* » et prolonge une heure entière le martyre du pauvre Lichtfield. « Finissez-en donc avec lui, cria un paysan ; s'il a la vie trop dure, prenez un pistolet et achevez-le! »

Ici commence l'Odyssée de l'auteur nomade. Il résiste à son père et quitte Londres pour Dublin, riche de quelques guinées et d'une promesse de directeur qui devait le payer *proportionnellement à son succès.* Triste marché dont Mathews fut la dupe. C'était bien l'échantillon le plus complet, c'est-à-dire le plus mince et le plus transparent de l'anglais asthmatique; il n'a-

8.

vait que le souffle, et sa bourse n'était guère plus solide que lui-même. Mais l'âme de l'artiste, l'esprit d'aventure, l'amour de la nouveauté, le soutenaient; c'était à la fois un acteur, un observateur, un aventurier; s'il ne s'agissait que d'une médiocrité de coulisses allant tenter fortune en province, les Mémoires de Mathews seraient peu intéressants et nous ne les analyserions pas. A peine débarqué à Dublin, il s'aperçoit qu'il a mis le pied dans un monde nouveau; ce jargon bizarre, ces expressions figurées, ces hyperboles populaires piquent sa curiosité et l'amusent beaucoup. Certains esprits vivent pour la curiosité ; la lanterne magique de l'humanité, ses couleurs bigarrées et ses figures diverses, les séduisent et les charment. Cervantes, Richardson et Lesage, ont dû savourer délicieusement cette vie de spectateur passif, assistant à la grande farce du monde. L'acteur d'ordre supérieur se rapproche de ces intelligences observatrices; au lieu de reproduire et de commenter le ridicule par des mots, il l'imite par des gestes et se transforme à son gré : talent inférieur, mais réel.

La plupart des acteurs vivent de tradition, non d'observation. Ils remplacent par l'habitude des planches la connaissance des hommes. Tel n'était pas né Mathews.

Son talent lui coûta cher; quel chagrin, de ne pouvoir développer encore cette verve et cette pénétration mimique! Il s'est engagé *pour tout faire* : il lui faut accepter un rôle insignifiant et vulgaire! Dans une comédie intitulée *Le citoyen*, il y avait un certain rôle d'amant, (rôle-cheville, s'il en fut jamais), et dont la seule utilité consistait à nouer la pièce par quelques mots de galanterie adressés à l'héroïne. On donne à Mathews une culotte courte beaucoup trop courte, un gilet jaune beaucoup trop long, un habit rouge râpé dont le poignet lui vient au coude, un coiffeur qui lui poudre une queue magnifique, un chapeau à plumet, et on le lance sur la scène. Vous savez quelle figure c'était ; vous connaissez sa bouche obliquement fendue, son allure d'apprenti, son corps mince et aplati, et sa physionomie qu'on ne peut regarder sans rire. Imaginez quelque chose de plus diaphane que Potier et une physionomie aussi gravement grotesque que la sienne. L'auditoire de Dublin, naturellement orageux, entre dans sa gaieté la plus folle.

« *Dites donc, moitié d'homme,* lui cria en patois un paysan, *qu'avez-vous fait de votre autre moitié? Pourquoi ne l'avez-vous pas apportée?* » Un autre recommandait à l'actrice de ne pas souffler trop fort, afin de ne pas renverser Mathews. L'actrice imita la galerie : le parterre imita l'actrice, et tout le monde se moqua de l'amant. Mathews tient tête à l'orage. C'est une des qualités indispensables de l'acteur et de l'homme politique, de ne rien craindre, de se faire une cuirasse de bronze, de s'avancer au milieu des sifflets et des éclats de rire. L'un et l'autre marchant sur des planches brûlantes, la délicatesse et la susceptibilité les rendraient inutiles et à jamais incapables.

Cette première épreuve du pauvre Mathews, qui venait de quitter la maison paternelle, était un peu dure. Il en fut malade. Mais il apprit à tout braver; le baptême de feu était subi.

Charles Mathews n'était pas au bout de ses peines. Le directeur ne le paya pas; il fallait vivre à Dublin.

Mathews vécut à peu près de l'air du temps. « Combien de fois, dit sa veuve, m'avoua-t-il qu'une journée sans déjeuner avait succédé à une journée sans dîner? Sa flûte et son violon le consolaient, et il étudiait ses rôles entre un morceau de pain et une bourse vide. Enfin, un beau jour, son hôte le mit à la porte, ou pour m'exprimer avec plus de justesse, il ferma la porte sur Mathews. Le pauvre acteur revenait du théâtre; il souleva inutilement le marteau. L'hôte au bonnet de coton mit la tête à la fenêtre, lui déclara qu'il gardait le violon du débiteur, et le pria d'aller chercher ailleurs un asile. » Un barbier charitable recueillit l'exilé, qui continua, comme il put, son stérile et maigre apprentissage.

Singulier courage! La maison de son père peut s'ouvrir à lui et lui donner abri contre la misère et la faim, il ne veut pas y rentrer; il continue, affronte les sifflets des Irlandais, les refus du directeur, et supporte tout pourvu que le théâtre et les coulisses lui restent. Il lui faut les planches; qu'il les touche seulement, et il oublie qu'il n'a pas dîné. On le voit errer de Dublin à Swansea et de Swansea à York, obscur, méprisé, riant, soumettant l'humanité à son observation caustique, toujours affamé, et chose assez curieuse, *heureux;* heureux comme on l'est d'une passion qui devient une étude, et d'une étude qui devient une passion. Pour s'achever il prend femme; une femme souffrante, attaquée de consomption, et qui n'a rien; — imprudente et mélancolique histoire de l'artiste, absorbé dans son art, multipliant les fautes de conduite, et marchant droit au malheur, sans regarder autour de lui. Ce talent de nature profonde ne pouvait percer et se développer qu'avec le temps ; il n'imitait pas, il créait ; il n'escamotait pas le succès, il l'étudiait. Le public avait besoin de s'accoutumer à Mathews. Encore ne pouvait-il le former, ce public mobile ; et son originalité, son étude approfondie, sa finesse d'observation, qualités perdues, s'éclipsaient au milieu des acteurs de métier, de convention et d'habitude, possesseurs du succès, maîtres des sympathies du public. Jetez je vous prie un regard de pitié sur cette redoutable quarantaine à laquelle l'homme de talent est soumis. Plus ce talent jaillit de l'instinct, s'éloigne du lieu commun, cherche la vérité, plus il la trouve ; — et plus il a de peine à se faire jour.

La plupart des directeurs et des amateurs niaient Mathews, qui ne ressemblait pas à ce qu'ils connaissaient. Le directeur du théâtre d'York, Tate Wilkinson, déclara que le jeune homme n'avait de succès à espérer que derrière un comptoir. La première fois que ce directeur l'avait reçu dans son cabinet, Tate qui s'occupait à polir et à nettoyer une boucle d'acier donnée par Garrick, boucle de soulier qu'il portait dans les grandes occasions, leva à peine les yeux sur le nouveau-venu :

— Comment vous appelez-vous ?
— Mathews.
— Ah ! Ah ! bonjour, monsieur *Mothers*.
— Monsieur, mon nom est *Mathews*.
— Vous venez de me le dire. Ah ! ça, vous êtes singulièrement long ; quelle perche ! Vous êtes trop *grand*, mon cher, pour les *petits* emplois.
— Il est vrai que je suis très-maigre.
— Comment diable avez-vous le courage d'oser vivre?
— Je fais de mon mieux pour cela.

— Et vous marchez?
— A peu près.
— Vous êtes bien hardi. Ah ça! monsieur *Mordens*, le premier coup de sifflet va vous renverser.
— Je tâcherai de ne pas le mériter.
— Vous tâcherez ! Garrick, le grand Garrick a été sifflé ; entendez-vous monsieur *Montague* ?
—*Mathews*, s'il vous plaît.
—Comme vous voudrez, monsieur *Mathieu Montagne*.
—Ce ne sont pas là mes noms.
—Avez-vous de la mémoire, monsieur *Mattocks* ?
—Oui, Monsieur ; et je me nomme Mathews !
—Nous verrons cela. Avez-vous femme et enfants ?
—Oui, monsieur !
—Tant pis, monsieur *Montaigne* ! »

Ce Tate était bien cruel. Mathews fit contre fortune bon cœur et se soumit aux tyranniques volontés de l'impertinent. Bénies soient les bonnes âmes qui épargnent le dédain et économisent l'insulte envers les débutants, dans toutes les carrières! ces âmes ont quelque chose de noble, de généreux et d'honnête : Talma et Goethe, Paësiello et Rubens ne se permettaient pas l'insolence qu'un sous-précepteur ou un directeur de Revues prodiguent ; petits despotes, que Shakspeare a flétris ; Nérons en herbe, Tibères de basse-cour, aussi abominables que les tyrans dont l'histoire a consacré les noms. Hélas! il y a dans la vie des férocités impunies et des bassesses inconnues, dont personne ne fait justice.

Notre acteur philosophe plie la tête ; en veillant, en jeûnant, en étudiant, en redoublant de sacrifices et d'efforts, il finit par s'assurer un revenu de vingt et

quelques francs par semaine. Tate Wilkinson commence
à s'avouer que Mathews est utile et qu'on peut se servir
de lui dans l'occasion. C'est quelque chose de gagné;
mais le chapitre des finances présente encore d'énormes
embarras. Les impositions personnelles réclament de
Mathews le montant de leur créance, qui dépasse de
quelques guinées le revenu de l'acteur nomade. Il s'a-
vise d'un expédient comique ; sur un énorme cahier il
établit la liste des dépenses exigées par sa profession
et prouve qu'elles diminuent effroyablement la somme
de ses gains. Les membres du comité des impositions
lisent gravement cette pancarte; « perruques rondes,
perruques rousses, perruques noires, perruques vertes
pour les naïades, perruque jaune pour les jocrisses ;
puis douze paires de souliers; quarante *item* de
moustaches *multicolores* ; toutes les sortes de rouges,
parfumeries à n'en plus finir.... » Jamais document
pareil n'avait été soumis aux membres du comité. Leur
gravité, d'abord trompée par le sérieux apparent de
l'énumération, finit par se déconcerter ; ils rayèrent
le nom de Mathews de la liste fatale.

L'acteur comique faisait de sa pauvre vie une comédie perpétuelle ; il faut lire dans ses Mémoires le
récit original des mille petits déboires sur lesquels
sa vive sagacité s'exerçait et qui n'altéraient pas sa
bonne humeur.

Cependant madame Mathews s'en allait mourante; elle
ne quittait plus le lit. L'acteur étudiait ses farces auprès
du chevet de la poitrinaire à l'agonie. Dans la même
troupe (Mathews se trouvait à York) une actrice belle,
encore jeune, Miss Jackson, spirituelle et bien accueillie
du public, avait acquis beaucoup d'influence sur l'esprit

de la mourante qui l'affectionnait particulièrement.
Miss Jackson ne tarda pas à vivre dans l'intimité du
ménage, beaucoup plus liée avec la femme qu'avec le
mari. Un jour, c'était peu de temps avant sa mort, madame Mathews la pria de venir la voir ; la mourante
semblait aller mieux ; elle se leva sur son séant, parla de
ses affaires et de celles de son mari, déploya beaucoup
de lucidité d'esprit et fit approcher Mathews de son lit.
Là se passa une scène intéressante que Miss Jackson elle-
même a racontée et qui dépasse, en fait de singularité
pathétique, beaucoup d'inventions romanesques.

— « Je me sens mieux, dit la mourante ; et la cause
de mon état meilleur, c'est la révélation que je suis déterminée à vous faire. Je sais que toute l'habileté du
monde ne me sauverait pas ; je regrette surtout de laisser sur la terre mon mari si jeune, qui se remariera
sans doute, peut-être à une femme incapable de comprendre les qualités de son cœur et de son esprit. Cette
idée me fait mourir très-malheureuse, et plus ma maladie augmente, plus je ressens vivement les angoisses qu'elle me causse !

— Cette préface nous affligeait beaucoup, dit Miss
Jackson, et nous nous regardions l'un l'autre avec anxiété. Elle s'arrêta, fatiguée qu'elle était d'avoir parlé, et
reprit ensuite : — Je ne puis espérer vivre longtemps.
C'est pour moi un devoir de vous ouvrir mon cœur.
L'amertume de mes derniers moments s'accroît lorsque je pense à l'isolement complet dans lequel je vais
laisser mon cher mari. Satisfaites donc mes derniers
désirs et promettez aussi de ne pas tromper l'espoir
d'une femme mourante. » Alors la poitrinaire prit la
main de son mari, la plaça dans la mienne, porta nos

deux mains unies à ses lèvres pâles et tremblantes et nous convia de la manière la plus solennelle à devenir époux après sa mort. Il serait impossible de décrire notre étonnement et notre embarras, à tous les deux. Je n'avais jamais ressenti pour M. Mathews qu'une amitié très-sincère, sans aucun mélange d'un sentiment plus vif. Lui-même, honteux de l'étrange situation dans laquelle il se trouvait placé, désapprouva hautement et même durement l'intention que sa femme venait de manifester. Je tombai à genoux aux pieds du lit, la priant de me pardonner et l'assurant qu'il m'était impossible de me soumettre à ses désirs. Elle reprit que j'avais tort et qu'elle était bien certaine que c'était là le seul moyen de préparer le bonheur des deux êtres qu'elle aimait le mieux au monde. Je résistai jusqu'au bout, ainsi que M. Mathews, et je n'oubliai rien pour la calmer. Depuis cette époque mes relations avec son mari devinrent plus froides et nous nous évitâmes mutuellement. »

Cette scène touchante, à laquelle je n'enlève point sa couleur primitive, décida de la destinée du pauvre Mathews. En dépit de sa répugnance à contracter un mariage aussi bizarre, il devint au bout d'une année le mari de miss Jackson ; sa prospérité date de cette époque.

Londres l'accueillit, le Hay-Market retentit enfin des applaudissements dus à ce comédien consommé ; on finit par comprendre cette piquante et énergique originalité d'un talent auquel il ne suffisait pas d'obéir aveuglément à un rôle, mais qui reproduisait des types et transformait son art en philosophie. Gêné par la réplique, et comprenant qu'il y avait en lui de quoi accomplir seul et sans aide cette imitation parfaite à laquelle il aspirait, il inventa ses *At Home,* représentations à huis-clos et à un seul acteur, dont nous avons déjà parlé.

Certain M. Arnold devina le parti que l'on pourrait tirer d'un tel homme, en l'affermant pour sa vie entière et en le chargeant de tous les périls de l'entreprise, dont l'entrepreneur se réservait les bénéfices. Arnold n'avait pas d'autres frais à faire que de payer le logement de Mathews, et de lui servir une petite rente. Quant à Mathews, véritable artiste sans prévoyance, il s'engageait corps et âme et consentait à payer un dédit considérable de 200 livres sterling, pour toutes les soirées où il négligerait ou refuserait de jouer. Arnold usa de son droit avec une sévérité de planteur. Mathews devint son esclave, sa victime et son nègre. Il ne put prendre un seul jour de repos, vit Arnold thésauriser, et resta lui-même dans la situation médiocre qu'il s'était ménagée et qui ne pouvait s'accroître. Tout le monde à Londres croyait que Mathews faisait fortune. Il en faisait bien une, c'était celle d'Arnold.

L'ennui, le chagrin, la fatigue, l'irritation, le mirent à deux doigts de la mort : la maladie pensa priver Arnold de la mine qu'il exploitait. Arnold sentit sa faute, et ne voulant pas tuer la poule aux œufs d'or, il accorda un peu plus de liberté à Mathews. Mathews en usa pour visiter l'Amérique et le continent, pour enrichir sa galerie de portraits vivants, et pour écrire le commencement de ses spirituels et agréables Mémoires, que sa veuve a continués.

J'ai vu Mathews à Londres en 1819. Ce n'était pas un acteur ; ce n'était pas un auteur comique ; ce n'était pas un peintre de caricatures; mais un produit mixte et fort curieux de la civilisation anglaise, de l'observation anglaise, et de l'analyse minutieuse que ce pays pratique et aime. Doué de la perception comique la plus vive et d'un talent mimique fort rare, sa pénétration ne s'arrêtait pas à la surface; son instinct était créateur; son observation était personnelle. Il a longtemps remplacé, par ses caricatures excellentes, la comédie qui manquait à l'Angleterre. Au lieu d'écrire des romans, il les faisait vivre; au lieu de dessiner les portraits, il prenait place dans le cadre.

L'étude de cet artiste singulier nous a semblé d'autant plus intéressante, que la France actuelle, (1) soumise à l'influence de ses mœurs nouvelles, prétendant à l'analyse et à l'examen, se rapproche aujourd'hui même de l'observation froide et de l'imitation ironiquement détaillée, qui caractérisaient Charles Mathews.

(1) Entre 1815 et 1850. Mais c'est un exercice fatiguant pour l'esprit; et la vieille France s'en est lassée.

ORIGINES DU THÉATRE

EN FRANCE

ORIGINES DU THÉATRE

EN FRANCE

Si je vous apprenais que la *Dame aux Camélias* remonte aux XIII° siècle, vous ne me voudriez pas croire.
Si je vous disais que M. Alexandre Dumas, second du nom, a emprunté son demi-monde au monde d'autrefois; que la *Traviata*, la femme hors du *rail* de la décence (je n'ai pas dit de la vertu), est vieille comme l'ère chrétienne; enfin que nos trisaïeuls l'ont applaudie sur la place du Châtelet, avec sa suivante, ses parfums, ses amis, et avec le reste;—vous ne me croiriez pas davantage.

Et ce serait commettre une grande injustice envers l'auteur moderne.

Cependant le fait est vrai.

Il est incontestable que ce personnage s'est fait applaudir sur nos théâtres, il y a quelque trois cents ans. Le repentir et la macération ne lui manquaient même pas, à cette dame aux camélias du treizième siècle; mais ce n'étaient pas le repentir physique, la torture du corps, le cerveau brûlant, la poitrine dévorée; c'était l'angoisse de l'âme qui la punissait au dénouement.

Ainsi le théâtre roule toujours dans un même cercle !
C'est toujours la même chose. Au commencement de
la vieille pièce, on voit paraître notre brebis égarée,
« la *Traviata*. » Très-bien disposée à jouir de la vie,
elle appelle sa camériste : « Allons, dit-elle. »

> Que l'on fasse chère joyeuse
> A chacun qui céans viendra !
>
> LA FEMME DE CHAMBRE.
>
> On fera la chère amoureuse
> Selon ce qu'on entretiendra !
>
> LA TRAVIATA.
>
> Je veuil estre à tout préparée.
> Ornée, diaprée et fardée,
> Pour me faire bien regarder.
>
> LA FEMME DE CHAMBRE.
>
> Dame à nulle autre comparée !
> De beauté tant êtes parée,
> Qu'il n'est besoin de vous farder.
>
> LA TRAVIATA.
>
> Apportez-moi tost mon miroir,
> Pour me regarder !
>
> LA FEMME DE CHAMBRE.
>
> Bien, Madame !
>
> LA TRAVIATA.
>
> L'esponge et ce qu'il faut avoir ;
> Mes fines liqueurs et mon basmes.
>
> UNE COMPAGNE (*jalouse*).
>
> Je croy qu'au monde n'y a fame
> Qui ait plus d'*amignonemens*.
>
> LA FEMME DE CHAMBRE.
>
> Voici vos riches onguemens,
> Pour tenir le *cuir* bel et frais ;
> Vos bonnes senteurs et pigmens,
> Qui fleurent comme beaux *cyprès*,
> Et n'ont pas été prins *cy-près* ;
> Le tout vient du pays d'Egypte.
>
> . . . .
>
> LA TRAVIATA.
>
> Dressez ces tapis et carreaux,

Répandez tost ces fines eaux,
Les bonnes odeurs par la place !
Jetez tout ! vuydez 'es vaisseaux !
Je veuil qu'on me suive à la trace.

Cette femme c'est Magdelène, la Madeleine de l'Evangile.

On ne peut toutefois s'empêcher de trouver la tendre et sainte aïeule de nos repenties au moins aussi intéressante que ses descendantes.

Oui, nos comédies, nos vaudevilles, nos farces se retrouvent dans les vieux Mystères. On y mettait tout : la lune, le soleil, le demi-monde, l'enfer, le paradis Barabas, saint Antoine, saint Christophe, Abstinence, Tempérance, Carême-prenant, Jupiter, la Madeleine, — et Pasiphaé. Dans une cathédrale du dixième siècle il y avait bien autre chose. On y mangeait, on y couchait, on y dressait des contrats. Le serf était affranchi par acte notarié, sur le coin de l'autel; le duc brouillé avec l'Eglise se tenait à la porte, pieds nus; il y avait des lits pour les paralytiques, de la musique pour les amateurs et des danses assez vives; tous les arts cultivés bien ou mal concouraient à l'édification des fidèles. On s'est scandalisé à tort de la fête des Fous et de la fête de l'Ane. C'est une inconvenance disent les profanes; rien de plus sublime, diront les autres.

Si l'on consulte l'abbé de Fleury, Grandcolas et les Cartulaires, mais surtout Hincmar, Alcuin ou Sirmond, on reconnaîtra que l'église était une étude d'avoué, une Agora, une salle de concert, un théâtre et même assez souvent un grenier. Les érudits peuvent se rappeler avoir lu dans Théodulfe (ou Théud-Wolf), cet élégant évêque du temps de Charlemagne, que les gens

9.

de la campagne entassaient dans l'église leurs foins, leurs blés, leurs récoltes, ce dont il était peu édifié. Il avait raison assurément. Je me contente de citer les faits et de signaler les changements des mœurs.

Il n'y avait de vie sociale, littéraire et même artistique que dans l'église. Tentures magnifiques, parvis jonchés de fleurs, vitrages éblouissants, richesse des ornements et des costumes ecclésiastiques, semblaient amener naturellement la représentation dramatique des récits sacrés. Les mages apparaissaient avec leurs tiares; et le fameux âne de Bethléem devenait un acteur nécessaire. Personne ne se formalisait de ses oreilles ou de sa *belle bouche;* pas plus que de Satan lui-même et des Péchés capitaux, qui sont de bons personnages de comédie. Vous pouvez les voir naïvement et trop curieusement sculptés sous le porche de la charmante église de *Freyburg en Brisgaw*, où depuis deux ou trois cents ans ils jouent leur drame assez leste. Le *demi-monde* y est aussi ; car il est partout, depuis l'origine des sociétés.

Le fond restait grave et profondément dramatique. « La Messe (dit un savant, M. Guérard, celui qui a le
« mieux éclairé ces siècles obscurs) n'était point ce
« qu'elle est devenue; ce n'était pas une affaire laissée
« au clergé seul. Elle tenait constamment le peuple en
« haleine et en émoi, et (si l'on peut se servir d'une
« comparaison profane) elle constituait un grand drame
« partagé en plusieurs actes distincts, dans lequel l'in-
« térêt, toujours croissant depuis l'introït, était porté
« au comble au moment de la consécration et de la com-
« munion, qui en formaient le dénoûment. » Comme le latin, plus ou moins corrompu, constituait la langue

vulgaire, on comprenait très-bien la succession des
scènes, la valeur des moindres paroles, le pathétique
des détails; toutes les âmes étaient émues; les cœurs
frémissaient; les larmes coulaient; et pour peu que
Caïphe se montrât dans ses habits de gala, ou Aaron
sous ses draperies pontificales, voilà un drame plus d'à
moitié fait. Aujourd'hui même, le Tyrol catholique a
de ces spectacles. On y voit la Sainte Vierge représentée par un jeune gars et le Père éternel par un précep-
teur de village. L'évêque protestant Heber assistait à
Madras à la transformation dramatique de tout l'E-
vangile, exécutée il n'y a pas soixante ans par de fervents néophytes; ce qui lui semblait une profanation
sauvage contre laquelle il tonnait avec beaucoup de
force.

Héber était un homme de mœurs élégantes et douces,
comme il y en a beaucoup dans l'épiscopat évangélique.
Il était lettré et faisait de bons vers, ce qui ne l'empêchait pas de faire de bonnes actions et d'avoir des idées
justes sur toutes choses, celle-ci exceptée. N'aurait-il pas
dû charitablement penser que ces pauvres diables expri-
maient leur piété comme ils pouvaient, et que, si on les
laissait mûrir, ils seraient aptes quelques siècles plus
tard à se créer enfin un théâtre moins mêlé d'Eglise, et
une Eglise moins embarrassée de drame? A un moment
donné la chose arrive chez tous les peuples. Le théâtre se
détache alors de la religion. Alors il devient parmi les
Grecs cérémonie nationale et lyrique; chez les Romains, traduction, déclamation, satyre; dans l'Italie
moderne, opéra, ballet, mascarade, pantomime; en
Espagne, intrigue, mouvement d'aventures. Le génie
de chaque peuple se libère, éclate, se met en pleine lu-

mière. Il se reconnait lui-même dans ce miroir grossissant qui prête plus d'intensité aux couleurs, plus de relief aux formes, plus d'activité aux désirs, et nous montrant la vie sous l'aspect qui nous passionne, nous force de la sentir doublement.¹

Le drame, peu à peu, sortit donc de l'Eglise. Tout se régularisa, tout se calma. Fût-ce à l'avantage de la foi? J'en douterais presque.

Le drame, longtemps contenu et sévèrement restreint par le clergé, dès qu'il trouva ses franches coudées, s'en alla joyeusement sur les places publiques ou dans les cours des Universités, et ne se gêna plus. Satan hurla, les anges chantèrent, Barabas parla son argot, l'âne sa langue. La Madeleine, en souliers à la poulaine et coiffée du clocher pointu d'où s'échappaient les voiles alors à la mode, fit de son mieux pour plaire à tout le monde.

Ce mouvement du drame, qui du onzième au seizième siècle, se sécularise progressivement, est commun à l'Europe entière; le concile de Trente ne fait que le consacrer d'une manière définitive. Comment ces cardinaux ont-ils agi sur l'art dramatique en le popularisant? Quelle différence tranchée s'établit après la réforme entre le théâtre né de la Renaissance, — théâtre classique, grec-latin, père du théâtre de Racine et d'Alfieri, celui des régions catholiques, d'un côté, — et le théâtre des protestants, théâtre nouveau, shakspearien, contraire à l'esprit régulier des Grecs?

Questions intéressantes.

Un autre point bien digne d'attirer l'attention est cette diversité de nuances que le théâtre se mit alors à revêtir à travers l'Europe. En Italie la pantomime s'établit. Des mascarades couvrent les ponts de Florence. Les *Canti a Ballo* retentissent, pendant que les symboles de la Gourmandise et de la Fourberie, de la Sensualité et du Pédantisme, font leur apparition sous les masques de nos amis Arlequin, Brighella, Truffaldin, Polichinelle; je ne dis rien de Pierrot, prétendu naïf, qui voit si clair; il est Français de race, Pierrot. Les Espagnols divisent leur drame en deux sections : dans l'une ils font *Acte de foi* envers leur Eglise, dont ils ne veulent pass'éloigner (*autos sacramentales*); dans l'autre, ils se livrent à leur goût humoristique et d'aventures. L'Angleterre se tourne surtout du côté des Moralités; elle choisit pour principal personnage *monseigneur du Péché*, qu'elle appelle *lord Vice*. Ce seigneur *Vice* est dans les Moralités anglaises un Scapin très-amusant. L'Allemagne, qui se débrouille tard, marche dans la route des Moralités et des Mystères. Reste la France.

Celle-ci n'était ni toute aristocratique ni toute cléricale. L'autorité des nobles et du clergé y eut de bonne heure pour contre-poids celle du corps judiciaire. Depuis Philippe-le-Bel, nos rois jugèrent que c'était chose commode, utile, politique, d'appeler à leur secours la puissante armée des légistes, suivie des troupes légères des jeunes clercs, procureurs, avocats, notaires, avoués et greffiers : la bourgeoisie ne s'en trouvait pas blessée. Une partie de cette jeunesse, surtout parisienne, qui depuis longtemps avait pris une part active aux Mystères de la Passion et joué dans les Moralités les rôles de Carnalité ou d'Abstinence, s'empara du théâtre, inventa des pièces de son crû, copia les mœurs et les vices populaires, ne fut ni trop décente ni même assez décente, se fit mettre à la raison bien souvent par les évêques, par messeigneurs du Parlement et par les rois, eut maille à partir avec les moines et les abbés, revint toujours sur l'eau en dépit de ses frasques, conserva son pouvoir malgré de passagères éclipses, et finit par donner à notre théâtre comique ébauché une tournure toute spéciale, — un ton particulier, un caractère gausseur et fin, spirituel et narquois, sceptique si l'on veut, mais clairvoyant; — taquin, chicaneur, médisant, graveleux, ergoteur, médiocrement moral, imprégné d'un sel âcre, parisien, je ne veux pas dire « attique, » et d'une causticité redoutable. Ici les clercs de la « Bazoche, » — d'un mot grec qui signifie « parlement, » lieu où l'on parle; — là les clercs du Châtelet, troupe rivale, se mirent à travailler sur les ridicules de tout le monde. Comme si l'on eut voulu favoriser cette invasion du théâtre par le barreau, on avait enrégimenté cette jeunesse, qui eut bientôt ses coutumes propres, sa juridiction, ses processions, son histoire, les documents légaux sur la *juridiction* de la bazoche, les *cérémonies*, les *festins*, les *coutumes* des bazochiens, leurs processions, leurs *montres*, leurs « causses grasses, » qui se rattachent au théâtre comique et satirique par un lien si étroit; sur les *plantations du mai* par les clercs; sur les démêlés de la bazoche avec l'autorité ecclésiastique ou laïque ; documents nombreux, irréfragables, et qui composent un dossier authentique. On voit naître la bazoche à la voix des premiers rois.

Idée ingénieuse; organiser et satisfaire à peu de frais une jeunesse remuante et railleuse, maligne et facilement apaisée ; instruite de bonne heure du dessous des cartes, accoutumée à rire dans sa manche du fort et du faible des choses humaines; —masse dangereuse, incandescente, aimant le tapage, et qui devient un amusement au lieu d'être un embarras.

Les étendards flottent donc dans les vieilles rues parisiennes, les bourgeoises s'attroupent sur le pas de leurs portes, les banderoles ondoient au son des rebecs et des trompes, le blason des bazochiens, « trois encriers de sable sur champ d'argent » reluit au soleil; et, pendant que les chevaux caparaçonnés piaffent en traversant la rue Saint-Denis, on chante en chœur :

>L'encrier, la plume et l'épée
>Etaient les armes de Pompée.
>La Bazoche est son héritière ;
>Elle en est fière.
>Soldat, clerc, le bazochien
>Est bon vivant et bon chrétien.
>Vive la bazoche !
>Dès qu'elle s'approche
>Tout va bien !

On se rend ensuite au Palais, au Châtelet, rue du Ponceau, à la Croix-du Trahoir. Là sont représentées les Farces, Moralités et Sotties, jouées et composées par ces Messieurs, qui font rire le peuple, quelquefois à leurs dépens. Qui ne sait que les avocats se ménagent peu les uns les autres, en public du moins?

Nos comédies modernes n'offrent pas beaucoup de traits plus plaisants que la vieille farce de « Jeannin Landore », dont l'auteur est anonyme, et qui porte la vive empreinte du Palais et de la Bazoche. Jeannin, brave paysan, est allé faire un tout petit voyage en Paradis, d'où il est revenu. Il rapporte de ce pays beaucoup de connaissances précieuses et rares, le don de prophétiser et la chiromancie. Sa femme, curieuse comme une femme, veut le mettre à l'épreuve :

LA FEMME.

« Eh bien ! dis-moi ce que j'ai fait pendant que tu n'étais pas ici ?

JEANNIN.

Moi ! je ne veux rien savoir. Un homme sage ne s'enquiert de sa femme que le moins qu'il peut. J'y verrais peut-être quelque chose qui ne m'irait point, et alors.....

LA FEMME.

Eh bien !..... alors.....

JEANNIN.

Jeannin se tairait?

LE CURÉ.

Sagement parlé. Voilà comme on évite les querelles.

LA FEMME.

Mais que fait-on au paradis ?

JEANNIN.

Les apôtres y disent leurs patenôtres.

LE CURÉ.

Pèche-t-on beaucoup là-bas ?

JEANNIN.

Jamais. On n'y plaide point ; nul procès, nulles querelles. Comme il n'y a qu'un seul avocat, les plaideurs manquent.

LE CURÉ.

Et des procureurs, en trouvera-t-on là-bas ?

JEANNIN.

Pas un. A ne pas mentir, ma foi, je n'en ai pas vu un seul. Il en vint bien un qui s'arrêta sur le seuil ; mais comme il était sur le point d'entrer, il se mit à bavarder si fort qu'il rompit la tête au bon Dieu. On le mit à la porte.

LE CURÉ.

Et des huissiers, le paradis en est-il bien pourvu ?

JEANNIN.

Corbleu ! je n'en ai pas aperçu du tout. »

Pas mal, pour un bisaïeul de Molière ; j'aime surtout ce mot d'une finesse si originale, où l'auteur semble indiquer que le plaideur naît de l'avocat, et non l'avocat du plaideur. Tout cela se passerait très-bien de l'accoutrement rhythmique et du pauvre vers de huit syllabes, dont les créateurs de notre théâtre affublaient leurs pensées :

JENIN.

Par ma foy,
Je ne veulx rien savoir, ma femme,
De paour de trouver quelque blasme.
Car s'en voz main je regardoye,
Peut-estre que je trouveroye
Quelque cas qui me desplairoit.
Et puis. . .

LA FEMME.

Quoy ?

JENIN.

Jenin se tairoit.

Un vers charmant! La femme continue.

LA FEMME.

Et auriez-vous bien le courage ?

JENIN.

Ma foy, ma femme, un homme sage,
Ne s'enquiert jamais de sa femme
Que le moins qu'il peult.

LE CURÉ.

C'est la *game !*

Cela évite maints courroux.
. . . .
. . . . . . , ...

LA FEMME.
Dictes, qu'i faisoient les apôtres ?

JENIN.
Ils disoient tous leurs patenôtres.

LE CURÉ.
En paradis fait-on excès ?

JENIN.
Il n'y a ne plet, ne procès,
Guerre, envie, ne desbat ;
Car il n'y a qu'un advocat,
Parquoy il n'y fault nulx plaideurs.

LE CLERC.
Combien y a-t-il de procureurs ?
Dictes-nous, s'il n'y en a point ?

JENIN.
Ma foy, je n'en mentiray point.
Je le diroi devant chascun,
Je n'y en ai veu pas un ;
La vérité vous en rapporte.
Il en vint un jusqu'à la porte ;
Mais quand vint à entrer au lieu,
Il rompit tant la teste à Dieu,
Qu'on le chassa hors de céans.

LE CLERC.
Çà, Jenin, quant est de sergens,
Paradis en est bien pourveu ?

JENIN.
Corbleu ? je n'y en ay point veu !

On ne se dit ces choses qu'en famille. Je ne doute pas, quant à moi, que l'auteur de *Jeannin Landore* ne fût un vrai *bazochien*, comme le furent au surplus Roger de Collerye, Henri Baude, Blanchet, Bouchet ; et Gringore, et Villon, et Marot ; et surtout cet observateur incisif qui a écrit ou remanié *l'Avocat Pathelin*.

On compte par centaines les bazochiens dramaturges,

les notaires auteurs de farces, les clercs de procureur et les procureurs associés aux Enfants Sans-Souci. C'est Villon, « expert, dit Colletet, *dans le style de la pratique* » — clerc de procureur assez longtemps pour apprendre dans l'étude beaucoup plus de choses qu'il n'en faut savoir ou pratiquer ; — c'est le notaire Jehan d'Abondance ; — c'est l'ingénieux Martial d'Auvergne, et André de La Vigne, et cent autres, ou plutôt tous les fournisseurs de nos premiers théâtres. L'anneau qui unit la comédie française à la bourgeoisie militante, plaideuse, laborieuse, éclairée, et au corps judiciaire qui la représente, est très-visible.

Le clergé a créé l'art dramatique espagnol ; — le peuple tout entier a fait le théâtre anglais ; — les gens de Palais ont modelé notre théâtre.

Je ne prétends pas que Pierre Gringore soit un Molière supérieur, ni Jehan d'Abondance un Térence amélioré.

Je dis seulement que la vieille coutume latine et grecque, la tradition antique des Térence et des Menandre, ont été brisées par les Enfants Sans-Souci et leurs prédécesseurs, et brillamment renouvelées, pour faire place à cette Bazoche et à la comédie gauloise.

Je ne dénigre point la civilisation romaine, à laquelle appartient Plaute et les satiriques latins. Je veux marquer le point d'arrêt, le moment précis, témoins de la naissance du théâtre comique moderne. J'ai voulu déterminer la ligne suivie par ce mouvement nouveau du drame. Il n'est plus *latin*, bien élevé, scolaire, antique, analogue aux enseignements du collége et aux bonnes traditions civilisées.

Il devient *autochtone*, tout à fait moderne; il a pour

point de départ l'observation originale et spontanée; il se fait français et même *Parisien.*

Et malgré tout, il a fallu que le théâtre en France revînt au *latinisme*, et que les essais de la Bazoche, modifiés par Jodelle, dégrossis par les prédécesseurs immédiats de Molière, reprissent enfin, pour être acceptés, la grâce classique et la forme romaine.

C'est une nécessité et une destinée pour notre race, qui se permet ici et là quelques écoles buissonnières, mais qui revient toujours à la civilisation de Jules-César, à la Louve romaine sa nourrice, et à cette *latinité* ineffaçable, dont les vestiges sont empreints sur toute l'Europe du midi.

« *Ladin* », en espagnol, a voulu dire « civilisé; » les fils des Goths avouaient ainsi leur dette envers Rome. On lit dans la *Cronica général* : — « Ce Maure (Alfarache) était si *latin* (bien élevé), qu'il semblait chrétien : *Tan ladino que semejava Cristiano.* Cervantes emploie le mot *latin* dans le même sens: « Qu'il nous serve d'interprète, puisqu'il est plus *latin* (mieux élevé) que nous, *como mas ladino.* » De l'Espagne gothique passez à l'Italie Lombarde; vous y retrouverez la même vénération pour le « latinisme. » « En Lombardie (dit Volpi) nous « appelons *ladin* ce qui est contraire à la barbarie. » Lorsque ce beau pays d'Italie hérita de la civilisation romaine, sa nouvelle langue fut encore pour l'Europe une sorte de *latin.* Dante appelle *discreto latino* tout discours italien « sensé et prudent. » La religion du latin vivait en Angleterre, lorsque Chaucer, parlant de *Cressida et Troïlus*, qu'il traduit, affirme que son original est *latin;* ce *latin*, c'est l'italien de Boccace.

Ainsi la civilisation romaine a conservé, à travers le temps et l'espace, sa puissance, sa longévité, ses larges bases. Dans l'Amérique centrale on vous apprendra, — qu'un latin (*ladino*) vient d'être supplicié pour avoir fomenté l'insurrection des indigènes opprimés. Les fils de blancs et de femmes mexicaines ou péruviennes s'appellent encore *ladinos* (latins).

Civilisation, organisation romaines sont indestructibles.

Nous les subissons encore, même en nous révoltant.

L'injustice est partout.

Fénélon blâme Molière.

Boileau jette des pierres au Tasse.

Voltaire traite Eschyle de barbare et Aristophane de baladin. Vaines iniquités ; tout reste à sa place.

HISTOIRE DE L'OPÉRA

HISTOIRE DE L'OPÉRA

Mazarin et Anne d'Autriche. — Naissance de l'Opéra en Italie.

Vers le milieu du xviie siècle, un cardinal italien, homme de lettres, doué de beaucoup de grâce et d'esprit, voulait plaire à une reine, dont les goûts étaient raffinés, et qui, sans cultiver les arts, les aimait passionnément. On voit qu'il s'agit de Mazarin et d'Anne d'Autriche.

Cet Italien et cette Espagnole introduisirent en France l'opéra, qui triomphait depuis longtemps en Italie. L'Espagne, qui le créa dès le xvie siècle, l'avait déguisé sous le nom de *Loa*, lui donnant le caractère de sa nationalité forte et sauvage. Il fallut au ministre beaucoup d'argent et de temps pour dépayser les musiciens de Florence et de Naples, les décorateurs de Venise et de Rome, et les danseurs Milanais ; enfin la colonie passa les Alpes. Armée des partitions à la mode, elle joua d'abord devant la reine, rue du Petit-Bourbon, *la Finta pazza*, opéra-bouffe dont la musique est de Strozzi. On y fit assez peu d'attention. Deux années après, toujours avec l'argent du cardinal, elle monta une pièce à machines, *Orfeo e Euridice*, qui plut davantage au public et à la cour; on pressentit ce que l'opéra pouvait un jour devenir.

Enfin en 1650 le vieux Corneille, auquel le terrible Richelieu avait accordé peu de faveur, reçut de Mazarin, esprit plus fin et plus élégamment cultivé que son maître, l'ordre de composer pour le nouveau théâtre un grand drame à machines. Corneille se soumit et écrivit *Andromède*. Les machines étouffèrent la musique et le poëme ; on n'admira que l'art des décorateurs italiens ; — la gueule du monstre s'ouvrait d'elle-même par des ressorts invisibles ; les flots de la mer bondissaient en mugissant ; le soleil se levait radieux, et les chars ailés traversaient rapidement les nuages. Tous ces mécanismes ingénieux, perfectionnés depuis deux siècles par la dextérité italienne, donnèrent à la France l'idée d'un spectacle nouveau et charmant.

La France devait à son tour, comme l'Italie, professer un culte d'adoration pour l'opéra. Toute nation qui a cultivé les arts et joui des prestiges de la peinture, de la musique, du drame, de la danse, ne peut manquer de réunir un jour tous ces plaisirs, — « pour en faire un plaisir unique » — comme le dit si bien Voltaire.

Les Grecs, nos maîtres en fait de goût, y avaient réussi à merveille; sur leur théâtre où rien n'est confondu, les enchantements de tous les arts trouvent déjà leur place harmonieuse. La tragédie plane sur leur scène et la domine ; le chant lyrique appelle et nécessite la musique ; la danse vient se mêler à l'ensemble et ne l'usurpe pas. C'est le chef-d'œuvre de l'harmonie, de la sagesse et de la volupté, que le théâtre grec.

Les Romains imitèrent le théâtre hellénique, comme ils imitaient tous les arts de la Grèce, avec plus de patient labeur que de goût naturel. Le fond du génie romain, qui se composait de l'agriculture et de la discipline, admettait avec peine ces doux et délicats plaisirs. Un gladiateur mourant, un cirque rempli de bêtes féroces et de chairs pantelantes, voilà leurs délices. Tel dilettante qui s'appelait Néron prenait sa lyre quand Rome brûlait, montait sur le toit d'un édifice élevé et du sein de cette mer de flammes, trouvant la scène digne de lui, commençait à chanter l'incendie de Troie : telle fut du moins la croyance populaire, et les historiens l'ont acceptée.

Rome n'eut donc pas d'Opéra ; elle eut le Cirque.
— Byzance n'en eut pas; elle eut l'Hippodrome.

A l'Italie splendide et sensuelle du xv° et du xvi° siècles, il était réservé de suivre les traces de la Grèce et de créer l'opéra moderne. L'Italie se montra, comme en tout, moins austère et moins pure ; mais elle apporta dans cette création brillante son génie particulier, sa facilité et sa verve. On vit naître chez elle, sous le règne des Médicis, un spectacle opulent et singulier, où toutes les féeries se donnèrent rendez-vous; la religion en fut exclue, l'amour y régna sous les formes les plus délicates et les plus enivrantes. On ne s'occupa ni de règles ni d'histoire. Réalité, profondeur, philosophie, majesté de l'antique poésie, — il n'en fut question ; les muses austères furent bannies. — Machiavel dit pourquoi.

A Florence ou à Rome un amphithéâtre s'ouvrait, brillant de fleurs naturelles, étincelant de marbres; le velours et la soie, l'or et les diamants resplendissaient sous les portiques ; les cristaux, les lustres, les miroirs de Venise à mille facettes, illuminaient les arabesques curieuses et les membres nus des statues d'albâtre. Nous n'avons plus, nous modernes, qu'une foule vulgaire, un cirque grossier, une rampe souillée, un parterre de tous les jours. C'était alors fête rare et attendue, à laquelle suffisaient à peine trois années d'un revenu de prince; les altesses rivales se ruinaient sans remords à de si beaux jeux. On appelait les meilleurs peintres ; on convoquait les plus belles danseuses ; on faisait largesse aux musiciens célèbres; on se disputait les poëtes. Pour créer ce plaisir des plaisirs, cette volupté suprême, Tasse et Politien, Vinci et Bramante n'étaient pas de trop ; les princesses y accouraient, et les cardinaux y étaient nombreux.

Ainsi est né l'Opéra, — le « grand œuvre » l'union de toutes les œuvres, car tel est le mot latin que les Italiens modernes ont choisi pour désigner ce genre de théâtre qui leur appartient. Leurs grands poëtes tragiques sont rares, et leurs poëtes comiques insuffisants; on ne peut leur refuser l'opéra moderne, qui émane d'eux seuls. Toute l'Europe, le monde entier, l'ont applaudi et adopté; il a prospéré depuis trois siècles ; vous le retrouvez à Odessa comme à Naples, à Boston comme à Dublin; il fait les délices de toutes les latitudes et du monde civilisé.

Malgré de si belles destinées, on ne peut guère lui consacrer une sérieuse histoire. Il est capricieux de sa nature, comme l'Arioste; je ne vois ni règles possibles, ni critiques supportables pour cette région de la chimère. Comment emprunter le style de Longin ou la plume de Boileau pour deviser sur ce pays des mensonges, où l'on danse en chantant, où l'on chante en tuant, où le vrai cesse d'être possible, où l'extase et le rêve amusent splendidement les peuples qui ont beaucoup vécu; — vieillards magnifiques qui appellent un soir tous les arts et toutes les voluptés dans leurs palais, pour les bercer et les endormir?

Quinault, esprit délicat, a bien compris le caractère de ce théâtre. Pour maître et le modèle de son œuvre, il choisit Arioste, fantastique et doux génie qui, prenant l'essor à travers les mers et les villes, les forêts et les royaumes, les espaces et les mondes, les éclaire tous de son sourire. Il n'y a pas de grands intérêts à traiter en opéra, si ce n'est pour rire. Timoléon tue son frère en gazouillant une ariette; les querelles de la république romaine sont discutées par une voix de basse, un ténor, un baryton et un soprano, réunis dans un quatuor. Donnez à l'opéra toute la passion que vous voudrez; les plus odieux des crimes lui conviennent comme les plus ravissants plaisirs; jamais de raisonnement, s'il vous plaît.

Le grand tort des Français est de raisonner partout. Ils ont fait des opéras didactiques; ils en ont fait sur l'histoire naturelle; ils en ont admiré de philosophiques. *Tarare,* étrange erreur de Beaumarchais, nous prouve que les hommes sont égaux. De mauvaises paroles que répète un chœur de paysans démontrent cette thèse, pendant que l'on danse :

> Tous nos amours sont pour nos foins,
> Notre soin pour nos pâturages.

Essais d'Opéra au moyen-âge. — Masques. — Triomphes. — Fêtes populaires.

Il y avait eu pendant le moyen-âge beaucoup d'essais épars, ébauches d'opéras qui tendaient à combiner la musique et la danse, ou la poésie et la peinture, ou la danse et la musique. Les nations gothiques avaient créé leurs *masques*, *mascarades* et *triomphes;* c'étaient surtout des plaisirs de cours et de princes. Les grands personnages y jouaient, en chantant et en dansant, des allégories à la mode du jour, des inventions facétieuses, des souvenirs de l'histoire et de la fable; tout était bon, pourvu que l'on pût *baller*, *caroler* et faire l'amour au son de la musique, dans des salles magnifiquement ornées, en se parant de beaux costumes.

La France ne fut pas la dernière à se distinguer dans ce genre d'opéra royal et princier; la cour de Bourgogne et celle du Louvre donnèrent le dispendieux exemple de ces amusements. Tantôt une jeune sauvagesse, couverte de plumes, entrait dans la salle en sortant des flots, tenant un rebec et chantant à demi voix les louanges d'Apollon et des Muses; les satyres l'assaillaient; Apollon descendait du ciel pour la défendre, et le docteur ès-lois Aristote l'emmenait triomphalement dans son chariot, attelé de douze cygnes. Tantôt un groupe de chasseurs éthiopiens, barbouillés de noir, — à leur tête monseigneur le duc d'Anjou, — rencontrait par hasard un groupe de nymphes dont l'une représentait la Vérité, l'autre la Chasteté, une troisième la Foi catholique, — toutes vêtues en amazones. Les chasseurs dansaient un pas de guerre ; la Vérité, la Chasteté, la Foi, remportaient un triomphe éclatant.

Du temps d'Isabeau de Bavière ces représentations théâtrales étaient devenues des bacchanales.

Le peuple s'en mêlait aussi. On peut lire dans le journal d'un greffier de l'Hôtel-de-Ville sous Louis XI comment Paris, en de certaines solennités, se transformait en véritable salle d'opéra. La musique faisait hurler les échos de nos vieux carrefours ; des ballets étaient organisés dans les places publiques ; place du Ponceau, de jeunes et belles sirènes versaient le vin et l'hypocras aux bourgeois ; leur costume passerait aujourd'hui pour peu décent, même en un jour de fête. Du haut d'échafauds dressés et décorés avec splendeur, représentant des arcs de triomphe, des cathédrales et surtout des forteresses, cent personnages allégoriques saluaient les rois et les princes qui faisaient leur entrée dans la bonne ville ; un orchestre, caché sous les fleurs du monument, accompagnait leurs refrains ; de jeunes « galloises » dansaient en rond au pied de la citadelle, et de jolies comparses, passant la tête par les créneaux, versaient sur les arrivants « fleurettes et eaux de senteurs. »

La trace des coutumes populaires est si longue à s'effacer que, sous Louis XIII, Buckingham venant chercher la jeune Henriette de France, que Charles 1er d'Angleterre prenait pour femme, trouva la route de Paris à Amiens jonchée de fleurs, couverte de musiciens et de danseuses ; — partout le même genre de décorations et de fêtes que nous appelons *ballets*, et les Anglais, *masques*. Milton, dans sa jeunesse, composa pour les habitants du château dont il était l'hôte ce bel opéra symbolique intitulé *Comus*, — chef-d'œuvre gothique, — opéra mêlé de danse.

Le premier Opéra. — Orphée. — Les Pastorales. — Louis XIV. — Le marquis de Sourdeac.

Au moyen-âge tout cela était d'un luxe excessif et barbare, même en Italie. Le xve siècle ouvrit l'époque de la Renaissance; et les fils de cette contrée prédestinée, étudiant de nouveau les anciens, se mirent à les adorer; l'un des rénovateurs fervents de l'antiquité grecque, Ange Politien, poète remarquable, composa à l'instar des Grecs son *Orphée*, premier opéra moderne, qui fut représenté devant Laurent de Médicis.

Cette imitation de l'antique ne pouvait pas être complète; l'idée religieuse était absente.

Politien avait voulu seulement créer une œuvre gracieuse et sévère, musicale et poétique ; sa création se détourna bientôt de son origine et inclina vers l'amour, le luxe et la volupté ; elle suivait la pente naturelle des habitudes italiennes. Les drames *bergeresques*, peintures raffinées de mœurs impossibles, toutes mêlées de chants et de danses, quelques-uns véritables opéras, naquirent ensuite en l'Italie. L'Italie en inonda l'Europe ; on distingue encore aujourd'hui dans cette foule trois ou quatre œuvres lyriques, d'une grâce exquise : « Phyllis de Sciros, Aminte, le Pasteur fidèle, » — œuvres à la Watteau, mollement métaphysiques, cadencées et voluptueuses, — élégantes et ingénieuses, — que l'Europe entière imita.

Machines, décorations, duos, trios, quatuors, déjà

tout s'y trouvait; l'opéra était inventé! Il ne restait plus qu'à perfectionner cet ensemble, lorsque Mazarin appela l'opéra en France, où il devait prospérer.

Le succès de l'opéra se décida lentement chez nous; il ne prit pas feu dès le premier moment, comme on l'a vu. Heureusement le jeune roi Louis XIV avait de la grâce, le cœur haut, les goûts magnifiques, et un extrême penchant à la galanterie. Ce théâtre pompeux le charma; bien fait et élégant, il dansait volontiers dans les ballets, intermèdes adaptés aux drames musicaux et qui en remplissaient les entr'actes. Il devint protecteur de la troupe italienne, et après avoir commandé à son poète Benserade un ballet épique et mythologique intitulé *Cassandre*, il y dansa en personne, l'an 1651, au palais Cardinal; la fortune de la troupe italienne fut assurée désormais.

Alors se présenta, comme dans toutes les grandes circonstances, un enthousiaste de la nouveauté qui s'annonçait. C'était un membre de la vieille maison de Rieux, qui possédait des châteaux en Normandie, beaucoup de fortune, le besoin de la dépenser et le génie de la mécanique en même temps que celui de la magnificence. Il s'appelait le marquis de Sourdeac. Ce gentilhomme remplit son château de machinistes, de peintres, de charpentiers, de serruriers, de décorateurs; il travailla longtemps pour imiter le ciel, la mer, les montagnes, les forêts, le tonnerre, les éclairs; — et quand il fut content de son œuvre, il appela à lui Pierre Corneille, son compatriote. Le docile vieillard composa la *Toison d'Or* pour les machines du marquis, — comme il avait écrit *Andromède* pour les danseurs de Mazarin.

La troupe du Marais, que l'on paya fort cher, vint chanter et jouer la *Toison d'or* au château de Neubourg. Toute la province, c'est-à-dire les gentilshommes et une partie de la cour se rendirent à l'invitation du généreux marquis de Sourdeac, qui logea et entretint pendant deux mois entiers plus de mille personnes, leur donna plusieurs représentations de son chef-d'œuvre, et finit par en faire don à la troupe du Marais ; celle-ci revint le jouer à Paris ; et Paris d'applaudir. — Le marquis était ruiné ; l'opéra était créé.

L'Opéra depuis 1669, — Quinault, — Lully, — époques de l'Opéra.

Une fois ruiné, le marquis de Sourdeac s'associa au maître de musique de la reine, Cambert, et à un abbé *Perrin*, celui même qui a traduit si ridiculement Virgile. Les trois associés en 1669, obtinrent le privilège d'une « Académie Royale de musique » qu'ils établirent rue Guénégaud ; ils y firent représenter *Pomone* et les *Peines et les plaisirs de l'amour*, qui eurent grand succès. Un intrigant italien, homme d'esprit, bon musicien, ancien marmiton, profitant de l'ineptie de Perrin et de sa brouille avec le marquis, sollicita le privilège, évinça le pauvre abbé ; et, s'alliant à Viganoni, machiniste de son pays et bon architecte, fit reconstruire, rue Vaugirard, une fort belle salle pour l'opéra.

Le marquis meurt. Quinault débute avec Lully par les fêtes *de l'Amour et de Bacchus*. Bientôt, Molière étant mort, la salle du Palais-Royal fut concédée à

Lully et à l'Académie royale de musique. Il faut reconnaître Lully comme créateur musical de l'opéra, dont le marquis de Sourdeac avait créé les décorations et les machines. Les symphonistes, peu français, peu exercés, avaient la tête dure; Lully les disciplinait à coups de violon, si la chronique est vraie; et l'on prétend que ce terrible général, pour faire marcher une armée, qui ne serait aujourd'hui que le plus petit bataillon de nos immenses orchestres, détruisit soixante-quinze instruments et endommagea douze têtes.

Quinault, trompé par lui en matières d'intérêt, fournit au nouveau théâtre des drames intéressants, œuvres toujours mélodieuses, souvent passionnées, remarquables par l'habile emploi de la langue française et dont Boileau n'a pas assez compris le mérite.

Depuis cette époque, Paris ne put vivre sans opéra.

L'opéra traverse la famine de 1701, la banqueroute de 1730, les troubles parlementaires de 1768, la révolution de 1789, l'invasion ennemie de 1815 et les journées de juillet 1830; il survivra probablement à d'autres chances. Il s'est teint plusieurs nuances et a revêtu plusieurs caractères, — chaque époque de notre histoire a laissé de lui son empreinte.

Sous Mazarin on entrevoit son berceau : — tout alors est italien à l'Opéra: ballets, danseurs, chanteurs et machinistes.

Louis XIV lui impose son style de magnificence mythologique. De la Régence date sa vraie gloire. Le voluptueux fils de la Palatine le fait ce que nous l'avons vu; et c'est en définitive son ère éclatante et spéciale, la phase qui lui convient le mieux. Ce règne de volupté continue comme un triomphe jusqu'en 1789,

Alors de terribles mécaniciens politiques entrent en scène; on n'entend plus le coup de sifflet du décorateur; et l'opéra languit.

Bonaparte empereur recommence Louis XIV ; l'opéra se relève aussitôt, retrouve la sévérité pompeuse du grand règne, et l'exagère quelquefois.

Enfin avec la révolution de 1830 l'opéra redevient populaire, fantasque et varié. Il retourne à son origine, et c'est ce qu'il peut faire de mieux ; cette fusion de tous les arts au profit de la volupté ne comporte rien de sévère.

Les annales du lieu de féerie forment donc quatre époques distinctes :

L'époque de Louis XIV ;

La Régence ;

L'Empire ;

Et l'époque présente.

Vrai caractère de l'Opéra — ses transformations.

En 1763, sous la régence du Duc d'Orléans, le feu prit à la salle de l'Opéra qu'il consuma tout entière. Le régent le fit reconstruire avec magnificence, et l'a-grandit de plusieurs maisons, qui étaient sa propriété particulière.

Ce fut pour l'opéra, nous l'avons dit, l'époque de la splendeur et surtout de la volupté. Noverre réforma les ballets. La musique avait fait en Italie bien plus de progrès qu'en France ; les mélodies italiennes, molles et caressantes pour l'oreille, alternèrent avec la mélopée devenue surannée de Lully, de Rameau et de Mondonville. Jean-Jacques Rousseau donna son *Devin de village*. Gluck et Piccini se disputèrent la scène lyrique. Incendiée une seconde fois en 1781, la salle de l'opéra fut de nouveau détruite. En soixante-quinze jours on éleva près de la porte Saint-Martin une salle nouvelle ; pendant la Révolution française l'Opéra transféré en 1795 rue Richelieu, se traîna plutôt qu'il ne vécut.

Napoléon releva ce théâtre, qui retomba, sous la Restauration, dans une nullité complète. Un prince du sang fut assassiné sous son portique, et la salle démolie fut reportée rue Lepelletier, où l'architecte Debret la reconstruisit ; cette translation ne guérit pas l'Opéra de sa langueur ; il n'en sortit qu'après la révolution de juillet.

Tout changeait alors. L'Opéra devint bourgeois. Un homme d'esprit devina que la bourgeoisie, après Louis XIV, le régent et Bonaparte, aurait besoin de son Académie de musique. Ce fut la fortune de M. Véron, homme de beaucoup de tact et d'habileté. Pour une fortune il suffit d'une idée ; on peut la faire à moins.

Le poëte de la première époque fut Quinault ; le musicien, Lully.

Dans la seconde époque brillent tour à tour Rameau, Mondonville, Gluck, Piccini, Anfossi, Paesiello, Sacchini, pour la musique ; — Fontenelle, Lamotte, Campistron, le poëte Roy pour les vers ; — Marcel, Sallé, Camargo, les deux Vestris, pour la danse ; — Sophie Arnould, Larrivée, Legros, Rosalie Levasseur,

Laïs, madame Saint-Huberti pour l'art du chant. C'est assurément la brillante phase de l'Opéra.

Sous l'empire, MM. Jouy, Esménard; — Spontini, Lesueur, Kreutzer, Catel, Persuis en assurèrent la gloire. Les grands et légitimes succès de ce temps appartinrent à M. Jouy et à Spontini. *La Vestale, Fernand Cortez, les Bayadères et le Triomphe de Trajan* déployèrent une magnificence intelligente, quelquefois passionnée. Entre tous les poëmes lyriques, le mieux entendu depuis Quinault, le plus grave, le plus fécond, si ce n'est en spectacles variés, du moins en motions tendres, le mieux disposé, le mieux écrit, est assurément la *Vestale* de M. Jouy.

Madame Branchu, Dérivis, Nourrit père, furent alors les principales gloires, du chant; Gardel, mademoiselle Bigattini brillèrent parmi les danseurs.

L'Opéra, sous l'Empire, tout en accroissant la magnificence du spectacle, abusa de la sévérité et de l'héroïsme; il serait difficile de supporter aujourd'hui l'ennui splendide des *Bardes* ou la majesté processionnelle du *Triomphe de Trajan.*

En 1738, Chassé, l'un des premiers sujets de l'Opéra et l'un des plus rétribués, avait pour appointements trois mille livres, plus mille livres de gratification ordinaire, douze cents livres à Pâques et deux cents livres d'indemnité pour pain, vin et « entretien de chaussure. »

Cette indemnité, pour pain, vin et « entretien de chaussure » était réservée aux sujets hors de ligne. Neuf seulement en jouissaient en 1738; c'étaient les feux de cette époque.

Mademoiselle Chartier, premier sujet du chant, recevait les mêmes appointements que Chassé; plus six cents livres de gratification extraordinaire à Pâques. Elle jouissait, du reste, de l'indemnité de deux cents livres pour pain, vin et « entretien de chaussure. »

L'Opéra coûte à l'État à peu près soixante fois ce qu'il coûtait alors. A l'origine, le personnel tout entier se composait de soixante personnes ; sous Louis XIV il s'éleva jusqu'à cent soixante ; il est aujourd'hui de plus de sept cent quatre-vingt personnes.

Quant aux détails intimes, aux mœurs secrètes de ce royaume des féeries, je n'ai pas à les expliquer ici.

Vu de près et observé dans les coulisses, un théâtre d'opéra est toujours peuplé des mêmes passions et se ressemble dans tous les pays ; si vous lisez les mémoires de l'Italien Gozzi, ceux d'Iffland et d'Hoffmann, ceux de Cibber et de Garrick vous retrouvez partout les mêmes rivalités de femmes, les mêmes mœurs bizarres ; — jeunes danseuses de quarante-cinq ans, jeunes diplomates de soixante, — mêlés et confondus dans cet aimable dédale de petits scandales ; mœurs qui se disent amoureuses et ne sont que commerciales, — voluptés dangereuses, — plus amusantes à voir qu'agréables à partager.

Récemment une lueur vive et spirituelle est venue éclairer le labyrinthe des petits mystères de notre Opéra moderne ; on y voit le diadème de coton de notre époque bourgeoise cacher les mêmes habitudes, que se plaisait à décrire, il y a quelque deux cents ans, un grand compositeur, homme d'esprit, Marcello de Venise.

Son petit volume sur les acteurs et les actrices de son tems — *il Teatro alla moda* — est devenu très-rare.

C'est un curieux livre. Alors Venise se targuait de moins de décence que nous. On se haïssait plus rudement, on s'aimait plus lestement; toute espèce de liberté était plus vive; la demi-vertu et le demi-vice, dont le xixe siècle aime aujourd'hui l'ambiguité solennelle, n'avaient pas usurpé au nom de la décence le trône de la vertu.

Mais, au fonds, c'était bien la même chose.

Quant à composer savamment les Annales systématiques d'une création de fantaisie et de plaisir telle que l'Opéra, il faut y renoncer. Quiconque essaye de réduire en système ces voluptés délicates et fugitives leur fait outrage et les détruit.

COMMENT L'OPÉRA DE DON JUAN
FUT CRÉÉ

COMMENT
L'OPÉRA DE DON JUAN
FUT CRÉÉ

§ 1ᵉʳ.

Venise avant la Révolution. — Gozzi et da Ponte.

Cher et bizarre Gozzi! —Vénitien des derniers temps, véritable poëte de décadence! — curieux de l'expression, vif de trait, observateur profond, peintre capricieux, philosophe enfantin et resté enfant parmi le philosophes; que d'heures charmantes j'ai passées, me laissant aller avec vous à l'oubli de mon temps et de moi-même, bercé par vos discours, entraîné par votre génie mélancolique et burlesque, — un génie unique, sombre et gai, semblable à vos gondoles, tombeaux qui glissent sous leurs draperies et cachent tant de voluptés! Il n'y a pas deux Charles Gozzi (1), qualités et vices. Vous êtes seul. Un rêveur attristé qui sourit et qui pleure au milieu des Ridotti et des femmes masquées, des Bagni et des filles de théâtre, — seul rêveur dans cette ville mourante et enivrée, qui était à

(1) Voir sur Gozzi notre volume d'*Études sur l'Espagne et l'Italie*.

l'Europe ce que les *Jardins de plaisir* sont à Vienne; — pareille chose ne se retrouvera pas.

A la même époque, et, beaucoup plus jeune que vous, pendant que votre grande personne maigre se promenait, la tabatière à la main et la perruque mal attachée, sur la place Saint-Marc, il y avait dans la même ville un poëte moins original et moins brillant que vous, qui faisait des stances élégantes, tournait le madrigal, troussait coquettement le sonnet satirique, et sans un *zecchino* dans sa poche, la plume sur l'oreille, bohémien de bonne humeur et de bon goût, se mêlait aux groupes, entrait dans les cafés, médisait de la Seigneurie, vivait de l'air du temps, ne s'affligeait guère, trouvait des ressources sans trop s'abaisser, des protecteurs sans trop s'avilir, des bonnes fortunes sans trop leur donner de son avenir et de son honneur. Ce n'était pas un sage, tant s'en faut. Les idées de délicatesse morale se transforment singulièrement dans certains milieux de civilisation. Mais enfin l'étourderie, la passion, l'oubli du moi méritent indulgence. Pauvre Lorenzo Da Ponte! ami de Mozart et ami généreux, on ne peut s'empêcher de vous aimer, ce qui ne veut pas dire que l'on vous approuve.

Da Ponte est né à Ceneda, petite ville du territoire vénitien, et après avoir passé sa première jeunesse dans les études classiques accoutumées, n'ayant pas de fortune, il se mit à donner des leçons de ce qu'il savait à peine. A vingt ans il quitta le collége où il était professeur, et s'en vint à Venise.

Tout à l'heure nous entrerons de plain-pied dans sa jeunesse étourdie; nous verrons ensuite par quel côté sérieux il se rattache à l'histoire des arts et de la littérature européenne au dix-huitième siècle.

Voici donc Venise en 1797. Gozzi l'avait vue et peinte en 1760 et 1780, au moment où la courtisane moribonde, encore charmante, vive, énergique dans ses regrets, séduisante et couverte de fleurs, se livrait à ses derniers ébats. Le temps a marché vite, et l'Europe plus vite que lui. En 1797 le souffle de la philosophie française, qui effrayait Gozzi, a envahi l'Italie et s'est insinué dans les esprits de la jeunesse. Le sang des Doria, des Dandolo et des Mocenigo coule dans des veines que les émotions du jeu, les chances du hasard, les intrigues de bal et les faciles amours ont seuls le droit de faire battre. Les espions sont bien payés, les cantatrices aussi, les danseuses surtout. On s'amuse languissamment, et l'on s'étonne de ne plus s'amuser autant, soit des vices grossiers qui paraissent trop sauvages, soit des plaisirs ordinaires qui sont épuisés. Parmi les lettrés chacun rêve un sonnet, arrange une rime, commente Pétrarque, sait son Virgile et son Horace par cœur; on aime ces poètes, on les goûte, on les imite. Il y a une arrière-saveur de bonne littérature qui rappelle les vieux parfums de l'amphore ou l'odeur des roses, quand une jeune femme avec son bouquet a passé devant vous. Rien de sérieux; dans la frivolité même un allanguissement. Toutes les fois qu'il arrive de France et d'Angleterre une bouffée de vent républicain ou d'idées libérales, les *Perruconi*, comme dit Lorenzo da Ponte, les vieilles « Perruques » des sénateurs se défrisent et se hérissent. L'ordre leur tient au cœur, et ils ont raison. Mais ils tiennent aussi à leurs habitudes qui ne sont pas des plus chastes; ceux-ci jouent beaucoup; ceux-là vivent d'emprunts; d'autres de quelque chose de pis; il y en a dont les sœurs sont jolies et les femmes avenantes ; tout sert, l'argent est rare, le commerce ordinaire ne produit rien. Certains enseignent l'art d'aimer à la jeunesse des deux sexes, comme fit le seigneur « Paphos, » transformé en *Baffo*, lequel tirait de cette île « Cyprine » son nom et sa généalogie, s'en vantait, honorait Vénus comme sa déesse unique, et imprimait à soixante-cinq ans, sénateur, patricien, et des plus considérables, le glorieux monument de ses quatre monstrueux volumes d'impudicités, devenus le Manuel de leur genre, et qu'il signa.

— Tout, d'ailleurs, dans ce monde à part, était merveilleusement arrangé pour les passions, ouvert aux caprices et commode à la fantaisie. Il n'y avait pas d'idée morale bien arrêtée; les saintes délicatesses du cœur n'inquiétaient personne. Le plus clair et le plus évident du code social, c'est qu'il ne fallait pas offenser la Seigneurie ni donner occasion à l'Inquisiteur d'État de se coiffer du « bonnet » orné du zecchino vénitien, comme c'était son usage quand il intimait l'ordre d'arrêter un coupable.

Jeu toujours ouvert, l'or roulant sur les tables, masques et demi-masques, des bourgeois honnêtes qui attendaient l'occasion pour imiter les nobles; — ainsi qu'il arrive dans ces civilisations usées, beaucoup d'escrocs, de Mercures, de Ganimèdes, de maris accommodants, de frères complaisants; dans le peuple, comme il arrive encore, retour aux qualités sauvages, bon cœur, bonne humeur, bonne grâce; — enfin une vie charmante, énervante, enivrante, sans force, sans principe, sans vergogne, pleine de poisons, de parfums et de délices. Les gens qui vivent dans cette atmosphère en jouissent et y meurent sans savoir de quoi ils meurent.

Les souvenirs de Venise à cette époque ne nous manquent pas. Baretti, Goldoni, Casanova, Charles Gozzi, son frère Gaspard, Ferrari, Alfieri, da Ponte, tous Italiens et contemporains, la plupart nés à Venise ou dans ses domaines, nous ont laissé des Mémoires curieux ou des notes de voyages, documents presque oubliés, perdus pour l'Europe inattentive, et que devrait bien classer et mettre en œuvre quelqu'un de ces Italiens lettrés et pleins de goût qui se trouvent dans toutes les villes d'Europe.

Lorenzo da Ponte, le seul dont je m'occupe ici, roturier, fils d'un brave bourgeois de Ceneda, petite ville des États-Vénitiens, celui qui devait être l'ami de Mozart, causer familièrement avec Joseph II, rivaliser en fait d'opéras, de poésie de cour et d'intrigues de coulisses avec ce malin abbé Casti, Voltaire de dixième ordre; courir de Venise à Trieste, de Trieste à Londres, de Londres à Vienne, mourir à New-York et enfin résumer dans ses Mémoires le coin le plus frivole et le plus curieux du dix-huitième siècle; Lorenzo da Ponte que nous allons connaître et qui nous amusera fort et nous intéressera, avait vingt-deux ans quand Gozzi son compatriote en avait soixante.

Ce n'était point un esprit philosophique et humoristique, brodant comme Gozzi des arabesques d'or sur un fond noir et les caprices du rêve sur les profondes tristesses de la vérité; — ni un Casanova, Vénitien aussi, satyre sous forme de chevalier errant, Cupidon déchaîné pour la conquête du monde, sans style (la débauche est trop molle, trop paresseuse, trop dissolue pour avoir un style), mais d'une verve de narration sans égale dans l'histoire interminable de ses péripéties d'amour ; — ni un Alfieri, enfiévré de misanthropie égoïste; — ni Goldoni ou Ferrari, qui n'écoutaient au monde que l'écho de leurs comédies ou de leurs romances; — ni Baretti « l'Aristarque chasse-bœufs » (*Aristarcho scannabue*), critique habile, qui écrivait avec une fermeté incomparable, mais à qui son âpre colère ne permettait pas de juger les hommes. Gozzi, Casanova, Alfieri, Goldoni, Baretti, Ferrari ne remplaceraient pas pour nous da Ponte, un homme de talent, d'esprit, et même quelque chose de mieux, accessible aux passions, connaissant le bien, ne le faisant guère, étourdi et généreux, absurde et aimable, regrettant fort les erreurs de sa jeunesse, jetant sur elles un coup-d'œil mêlé de remords, hélas! et de tendresse, et tout prêt à recommencer si jeunesse reparaissait. Ses Mémoires sont naïfs, d'une naïveté vénitienne, écrits en italien excellent et doux, n'ayant de l'originalité du pays qu'une légère et piquante saveur, moins semés de pantalonades excentriques et de poétiques imaginations que les inimitables *Memorie inutili* de Gozzi. Pour comble de bonheur, (je parle ici aux curieux que la grande comédie de l'humanité trouve attentifs), l'historien ingénu des mœurs de Venise et de ses propres fautes est précisément l'auteur de *Don Juan*, le collaborateur de Mozart, celui qui a créé le plus beau libretto d'opéra ; — le poëte facile et mélodieux, qui a prêté des accents si vrais et si tendres à dona Elvire et à dona Anna. Ses

Mémoires en trois volumes ont été publiés à New-York, et je ne connais, sauf erreur, qu'un écrivain, le pauvre vénitien Scudo, mort trop jeune, qui, dans sa *Biographie de Mozart*, morceau excellent et du talent le plus rare, ait signalé avec l'honneur qu'il mérite da Ponte le librettiste-voyageur.

§ 2.

Les Mémoires de Da Ponte. — La Vénitienne et la Napolitaine.

Suivons-le. Que les farouches s'humanisent un peu. Nous avons affaire à des enfants passionnés, et l'histoire humaine, surtout dans ces vieux pays où la Bohème, après les grandes phases de l'histoire traversées, reparaît un beau jour dans toute sa splendeur, est pleine de telles misères. Que de vices! et comme ils s'ignorent eux-mêmes! Quel abaissement pour les races nobles que l'état embrassé par le gentilhomme *Barnabò* que nous allons avoir l'honneur de vous présenter! Quel étrange mélange de fierté suzeraine et de bassesse courtisane chez sa sœur! Écoutons da Ponte que je reproduis, comme cela est nécessaire, avec fidélité :

« Étant, dit-il, dans l'ardeur de l'âge, d'un tempérament vif, et avenant de ma personne, à ce que tout le monde assurait, je me laissai emporter aux coutumes, à la facilité des mœurs, à l'exemple général, aux voluptés et aux divertissements, oubliant ou négligeant presque tout à fait la littérature et les études. J'avais conçu la plus violente passion pour une des plus belles, mais aussi des plus capricieuses personnes de cette grande ville.

« Elle occupait tout mon temps aux ordinaires frivolités de jalousie et d'amour, en fêtes, déguisements et plaisirs, et sauf une heure ou deux de la nuit que je donnais par habitude à quelque lecture, je ne crois pas que, pendant trois années que dura cette servitude, j'aie rien appris qui ne me fût connu ou qui fût digne de l'être. C'était un terrible péril qui menaçait ma vie, et dont apparemment la Providence avait dessein de me délivrer. Malgré toutes les jalousies et tous les caprices de la dame, j'avais conservé le bon usage d'aller le soir dans un certain café où les plus doctes et les plus lettrés de Venise se réunissaient ; aussi le nommait-on *le Café des gens de lettres*.

« Un soir que je m'y trouvais sous le demi-masque, entre un gondolier qui promène ses regards sur tout le monde, les arrête sur moi, et me fait signe de sortir. Une fois dans la rue, un nouveau geste m'invite à le suivre. Nous marchons jusqu'au bord d'un canal voisin où se trouvait une gondole amarrée ; croyant y trouver celle que j'aimais (souvent elle venait me prendre dans le même endroit), j'y entrai tout bonnement et je m'assis. Les ténèbres étaient profondes. Jusqu'à ce moment un fanal allumé à quelque distance nous avait montré la route ; quand je fus dans la gondole, le batelier laissa retomber la draperie, comme cela se pratique, et je restai dans une obscurité complète. Moi et la personne qui se trouvait à mes côtés nous nous saluâmes à la fois, et chacun de nous, au au son d'une voix qui nous était inconnue, comprit qu'il y avait erreur et que le gondolier s'était trompé.

En m'asseyant, j'avais pris une main que je portais à
mes lèvres, selon la coutume vénitienne, et qui était
plus potelée que celle que j'avais cru saisir. A l'instant,
elle essaya de la retirer ; je la retins avec une douce
violence et je l'assurai vivement qu'elle n'avait rien
à craindre de moi. Elle me répondit avec grâce et
courtoisie, me priant toutefois de la laisser. Il était
évident qu'elle n'était pas de Venise ; elle parlait le
toscan le plus charmant du monde, et je devins extrêmement curieux de savoir qui elle était ; j'employai
toute mon éloquence à lui persuader de me permettre
de l'accompagner jusqu'à son logis. Après beaucoup
de difficultés elle consentit à prendre des rafraîchissements, me faisant promettre que je sortirais de la gondole sans chercher d'autres renseignements sur son
compte. Notre gondolier s'en va donc au café voisin et
nous rapporte des glaces, armé d'une lanterne. Sous
cette lumière inattendue je découvris la plus merveilleuse et la plus jeune beauté imaginable, et de très-
noble apparence : elle n'avait pas dix-sept ans ; elle
était vêtue avec infiniment de goût ; l'âme et l'esprit
respiraient dans tous ses gestes et dans toutes ses paroles. Il se fit entre nous un silence de quelques minutes. Il me semblait qu'elle me regardait avec un
sentiment assez analogue à celui que j'éprouvais moi-
même en la regardant ; et prenant courage je lui dis
tout ce que, en pareilles rencontres, on dit ordinaire-
ment aux belles personnes. Je lui demandai de nouveau la permission de l'accompagner jusque chez elle
ou de me faire savoir au moins avec qui j'avais la
bonne fortune de causer. Voyant que je la traitais avec
toute la délicatesse et tout le respect qu'elle méritait

et qu'il appartient aux gens bien élevés de conserver avec les femmes, elle en parut contente et me parla ainsi :

« Les circonstances bizarres dans lesquelles je me
« trouve m'empêchent de condescendre à ce que vous
« désirez ; il est possible qu'elles changent, et dans ce
« cas-là nous nous reverrons, je vous en donne ma
« parole ; si vous demandez quelque chose de plus,
« j'ajoute que je désire et que je ne négligerai rien
« pous y réussir. »

« Je lui dis alors qui j'étais, et nous choisîmes ce même café et cette même heure pour notre prochain rendez-vous. Quelques minutes après nous nous séparâmes. Je ne sais si ce fut la curiosité ou l'espoir que cette aventure pourrait briser ma chaîne et me délivrer de l'esclavage où me retenait une passion violente et funeste, qui me conduisit chaque soir au même café dont j'ai parlé. Au bout de quelque temps, fatigué d'y retourner sans résultat, j'imaginai que je ne retrouverais jamais la personne de la gondole. Cependant ma cruelle passion pour l'autre augmentait de jour en jour, ainsi que l'affreuse tyrannie qu'elle me faisait subir. Elle avait un frère qui, mettant à profit le pouvoir de sa sœur, faisait de moi son esclave, son confident et son banquier. Je pris tout à coup le parti violent de quitter Venise, espérant que l'éloignement servirait à me guérir ; ce fut le contraire. L'absence accrut ma faiblesse et le désir de la revoir. Je n'eus pas la force de résister. Après huit jours du combat et des tortures les plus inouïs, je revins à Venise, et j'acceptai pour mon malheur l'offre que me fit la dame de venir demeurer chez elle. Cela ne m'empêcha pas d'aller le soir même au café, où j'appris non sans chagrin, qu'un gondolier était venu me demander et que le maître du café lui avait répondu que j'étais parti. Je n'espérais plus recevoir jamais aucune nouvelle de la belle inconnue. Cependant, quelques jours plus tard, comme je passais sur la place Saint-Marc, je me sentis tirer par la basque de mon habit et l'on m'appela par mon nom. C'était le batelier de la gondole qui, d'un air tout joyeux, me dit en dialecte vénitien :

« Je suis heureux que vous soyez revenu ; je vais
« rendre ma maîtresse (*parona*) bien heureuse. A ce
« soir. »

« Il partit sans attendre ma réponse, et revint en effet avec la belle jeune fille. A peine entrés dans la gondole :

« — Me voici, dit-elle, je viens dégager ma parole. »

« Après les compliments accoutumés, elle ordonna au batelier de me conduire chez elle. Nous arrivons ; l'on me fait entrer dans une chambre élégante. Elle me quitte un moment, passe dans un cabinet voisin et reparaît vêtue et ornée avec une grande et simple élégance. »

Assise près de da Ponte, l'inconnue lui raconte ses aventures, beaucoup trop longues pour que nous ne les abrégions pas. C'était une Napolitaine, fille du duc de Macerata, que son père, marié à une femme du commun, avait voulu contraindre, pour plaire à cette dernière, d'épouser un vieux sénateur membre de la Seigneurie, de la dernière décrépitude. Sur son refus, on l'avait enfermée dans un couvent, d'où sa vieille nourrice l'avait fait évader. La jeune fille, livrée ainsi à elle-même et protégée seulement par le frère de la nourrice qui avait obtenu du duc les diamants de sa fille, s'était réfugiée à Padoue, puis à Venise, où l'usage du masque lui faisait espérer de rester cachée. A cette Odyssée de dix-sept ans les incidents ne pouvaient manquer, ils se présentèrent bientôt.

« De peur d'être reconnue, continua-t-elle, je m'étais habillée en garçon; je pris place dans le bateau qui mène de Padoue à Venise. Il n'y avait là que trois passagers : deux pauvres femmes, et un jeune seigneur que les bateliers traitaient avec respect; ses manières étaient distinguées, sa personne était agréable. Je me donnais pour malade, je parlais peu et je tenais mon mouchoir sur ma figure pour que l'on ne me vît pas. Malgré cela, quand nous eûmes passé deux heures ensemble, il se douta de ce que j'étais et me le dit simplement. Ma rougeur, une confusion qu'il me fut impossible de cacher augmentèrent ses soupçons et le rendirent plus hardi. Il fut assez aimable pour parler bas et ne rien laisser entendre de sa conversation aux deux femmes qui étaient avec nous. Dans l'impossibilité d'échapper à cet embarras, je le priai de se taire et je lui promis de satisfaire sa curiosité, une fois arrivée à Venise. Il me dit qu'il appartenait à la famille des Mocenigo, l'une des premières de la ville. Quand nous fûmes arrivés, il voulut m'accompagner jusqu'à une auberge; gagnée par ses bonnes manières, outre que, dans la situation où j'étais, j'avais besoin d'être protégée par une personne qui eût de l'autorité et du crédit, je lui avouai une partie de mes malheurs, et peu de jours après j'achevai cette confidence. Au bout de huit jours notre liaison était un mélange d'amitié et d'amour; je n'étais pas encore éprise, mais je le de-

venais. Il avait du feu, de la vivacité, et il était bien élevé. Il me sembla que j'étais tombée en bonnes mains. Je louai cette vieille maison, et j'y vécus très-retirée. Cependant j'étais triste, et Mocenigo s'en aperçut : « — Je vois, me dit-il un jour, que vous êtes in-
« quiète ; devenez ma femme, je crois que c'est le
« moyen de retrouver le calme. Je ferai tout ce que
« vous voudrez. » Je lui demandai quelque temps pour réfléchir, bien que la proposition ne me déplût pas. Un soir, à une heure assez indue, il vint me demander, à titre de prêt, cent sequins à rendre le lendemain. Je n'hésitai pas à les lui donner et aucun soupçon ne me traversa l'esprit. Il ne discontinua pas ses visites ; pendant quelques jours il ne me parla pas de cet argent. Un matin son domestique m'apporta un billet par lequel il m'en demandait cent autres. J'avais encore beaucoup de doublons d'Espagne, outre ma cassette pleine de diamants, qui sont, je crois, d'une grande valeur ; je me fis donc un plaisir de disposer encore de ces autres cent sequins que je lui envoyai. Je ne pouvais néanmoins m'empêcher de soupçonner que le pauvre petit cavalier était joueur, vice commun à tous les nobles de Venise , et je lui avouai franchement mes soupçons. Il convint de son péché ; pendant le carnaval, il avait fait des pertes énormes qu'il n'était pas facile de réparer. Il promit de ne plus jouer ; hélas ! je ne fus pas longtemps à m'apercevoir que ses promesses étaient promesses de joueur. Ses visites devenaient moins fréquentes et moins longues qu'auparavant ; il était mélancolique et pensif, et il avait toujours des excuses toutes prêtes pour ne pas sortir avec moi, bien qu'il sût qu'en aucune occasion je ne sortais sans

lui. C'est à cela que je dois le plaisir de vous connaître ; il devait se trouver au même café où vous étiez le soir de notre dernière entrevue ; comme vous lui ressemblez assez pour la taille et le costume, et que d'ailleurs vous portiez aussi le demi-masque, mon gondolier vous prit pour Mocenigo, et vous amena dans ma gondole.

« Cependant la passion du jeu l'entraînait, et comme je savais les maisons qu'il fréquentait, j'allai le surprendre ; dès lors je jugeai prudent de rompre toute relation avec lui. Soit qu'il fût épris d'une autre femme, ou que la passion du jeu ne laissât point de place chez lui à d'autres sentiments, son amour me parut affaibli ou éteint. Il consentit sans peine à ce que je lui demandais et alla passer quelque temps à la campagne. C'est alors que je vous renvoyai chercher ; j'appris que vous aviez quitté Venise et j'en fus désespérée. Enfin vous voici près de moi ; vous connaissez ma vie et ma situation ; si votre cœur est libre, ce qui à votre âge me paraît difficile ; si vous êtes capable de quitter votre patrie ; si les belles choses que vous m'avez dites la première fois que je vous ai vu sont vraies, je vous fais don de moi-même et de tout ce que je possède, et j'estime que cela nous suffira pour vivre honorablement dans quelque pays que ce soit. Il s'agit de trouver un lieu où je puisse rester libre. Quant à ma tranquillité, elle me semble assurée si je demeure avec vous. »

« Quelque belle que me semblât une offre si généreuse, je n'eus pas le courage de l'accepter sans réfléchir quelque temps. Je lui demandai trois jours seulement pour me décider, et il me sembla qu'elle ne me les accordait qu'avec peine et de mauvaise grâce. On aurait dit que la pauvre enfant avait le pressentiment intérieur du malheur qui la menaçait. Je passai deux heures près d'elle. De retour à la maison, j'y fus accueilli par une tempête jalouse qui me donna beaucoup à réfléchir et à méditer.

« Il était difficile de dire laquelle de ces deux personnes était la plus belle. La Vénitienne, assez méchante, était petite, délicate et élégante, blanche comme la neige, avec deux yeux languissamment doux, et sur les deux joues les plus charmantes pommettes qui ressemblaient à deux roses fraîches ; tout chez elle d'ailleurs était régulier ; si elle n'avait pas l'esprit très-cultivé, elle était dotée d'une telle grâce de manières et d'une si charmante vivacité de discours, que non-seulement elle s'insinuait dans les âmes, mais encore qu'elle charmait tous ceux qui approchaient d'elle. La Napolitaine était plus grande que petite et de l'air le plus distingué et le plus noble ; un peu brune, les yeux et les cheveux noirs; et sans que ses proportions et ses formes fussent irréprochables, il y avait dans toute sa personne quelque chose de majestueux qui ravissait. Ces beautés étaient animées des grâces d'un esprit cultivé et soutenues par une bourse pleine de doublons et une cassette de diamants qu'elle ne fit pas difficulté de me montrer. J'étais avec moi-même dans un état de lutte épouvantable. Je sentais que mon cœur penchait vers la première que j'aimais déjà depuis longtemps ; ma raison se déclarait en faveur de l'autre qui me plaisait aussi extrêmement et avec laquelle j'étais certain de vivre heureux. Pendant que j'étais irrésolu sur mon choix, un nouvel accès jaloux de la Vénitienne me détermina en faveur de sa rivale.

« Il y avait huit jours déjà que j'étais de retour à Venise, et je ne manquais pas d'aller tous les soirs rendre visite à Mathilde la Napolitaine. Un soir que j'étais resté près d'elle un peu plus longtemps que de coutume, elle me dit en me quittant : « Cher da Ponte, « il faut en finir ; ou demain nous quitterons Venise, « ou j'entre au couvent. » Je lui jurai que le lendemain je la satisferais et que je lui dirais mes intentions. A la maison je trouvai le diable déchaîné ; la Vénitienne se précipita sur moi, un stylet à la main ; je ne sais si elle voulait me frapper ou se frapper elle-même. Je réussis à la désarmer et son action me fit horreur. Après avoir brisé l'arme, je me retirai dans ma chambre. Une minute après elle vint m'y trouver et la paix fut faite. Cependant, je me levai tout doucement, me r'habillai, sortis et allai droit au logement de la Napolitaine, résolu de partir avec elle et de lui proposer comme asile ou Genève ou Londres. Deux heures après minuit n'étaient pas encore sonnées; je frappai plusieurs fois à la porte avant que l'on vînt m'ouvrir ; enfin une vieille qui lui servait de femme de chambre descendit et me raconta en pleurant que presque immédiatement après mon départ, le ministre des inquisiteurs d'État, accompagné de quelques sbires, avait fait sortir du lit cette pauvre enfant, enlevé tous ses effets et l'avait fait monter en gondole. Ma douleur fut excessive. Le mystère dans lequel ce tribunal diabolique ensevelissait toujours ses sentences barbares et despotiques, et la terreur qu'inspiraient généralement à Venise ses redoutables arrêts me faisaient désespérer non-seulement de lui porter secours, mais de découvrir jamais ce qui lui était arrivé. Il me semblait en quelque manière avoir été cause de son malheur par ma ridicule irrésolution ; ce qui redoublait mon remords et mon chagrin. Il fallut plier la tête sous la violence et me contenter de donner quelques larmes au destin cruel de cette belle jeune personne dont il me fut impossible d'avoir aucune nouvelle pendant douze années entières. Enfin, le chevalier Foscarini, ambassadeur de la république vénitienne auprès de l'empereur d'Autriche m'entendant raconter cette histoire, m'apprit, après beaucoup d'exclamations réciproques, que Mathilde, par ordre de sa marâtre, avait été enfermée dans un couvent de filles pénitentes ; que lui-même avait été fort lié avec elle ; et qu'il avait enfin réussi, après six années d'emprisonnement, à la faire sortir du couvent pour la rendre à son père, devenu veuf, et qui avait enfin ressaisi le gouvernement de la famille.

« Je retombai dans mes premières chaînes, qui pendant deux années furent plus dures et plus cruelles que jamais. La Vénitienne était joueuse, passion qui la dominait horriblement. J'ai déjà parlé de son frère, le noble comte Barnabò, de souche patricienne, le plus dangereux, le plus avide, le plus méchant des hommes, et, ce qui n'était pas peu dire, encore plus vicieux qu'elle. Il fallait lui faire bonne mine, tantôt par courtoisie et tantôt parce qu'il m'obsédait ; je lui servais de second et je finis par devenir joueur. Nous n'étions riches ni l'un ni l'autre ; bientôt nous perdîmes tout notre or. Alors nous commençâmes à faire des dettes, à vendre, à mettre en gage ; presque toute notre garde-robe y passa.

« C'était à cette époque qu'était ouverte à Venise la célèbre maison de jeu pour les nobles que l'on appelait le *Ridotto*, et où tout gentilhomme riche avait le privilége de se ruiner avec son argent ; les pauvres achetaient celui de se ruiner avec l'argent des autres, au bénéfice des enfants d'Abraham. Nous y allions chaque soir ; chaque soir nous rentrions chez nous, maudissant le jeu et celui qui l'avait inventé.

« Nous nous trouvions au dernier jour du carnaval, et nous n'avions ni argent ni moyens de nous en procurer. Emportés par nos habitudes vicieuses et bien plus encore par cette fallacieuse espérance qui anime toujours les joueurs, nous mîmes en gage ou nous vendîmes quelques vêtements qui nous restaient ; cela nous valut dix sequins. Nous allâmes à la Redoute ; en un clin d'œil tout fut perdu. On peut imaginer dans quel état d'esprit nous quittâmes le jeu. Nous nous acheminâmes silencieusement vers le lieu où nous avions coutume de monter en gondole ; le gondolier me connaissait, souvent je l'avais traité généreusement. Nous voyant mélancoliques et muets, il se douta de la vérité et me demanda si j'avais de l'argent. Je crus qu'il plaisantait et je lui répondis sur le même ton : « Certainement ! J'ai cinquante sequins. » Il sourit, me regarda, ne dit plus un mot, conduisit sa barque en chantant par intervalles, et s'arrêta devant les prisons. Là il descendit, et revenant quelques minutes après il me glissa dans la main cinquante sequins, murmurant entre ses dents, toujours dans le dialecte des lagunes : « Allez, jouez, et sachez ce que c'est qu'un « barcarol vénitien. (*Andè, zioghèle imparè à cognoscer i barcaroli veneziani !*) »

« Je ne revenais pas de ma surprise. A l'aspect de cet argent ma tentation fut si grande que je n'eus pas le temps de faire les réflexions que dans toute autre circonstance la délicatesse m'aurait inspirées. Nous retournâmes à la Redoute à l'instant même. En entrant dans la première salle, je pris une carte, m'approchai de celui qui faisait le jeu, hasardai la moitié de l'argent que je possédais, le doublai aussitôt. Je passai à d'autres tables, et pendant plus d'une demi-heure je jouai avec un bonheur si étonnant, que je me trouvai en peu de minutes chargé d'or. J'entraîne ma compagne avec moi, la précipite du haut de l'escalier, cours à ma gondole, rends au gondolier son argent avec un bon supplément, et lui dis de me conduire à la maison. J'avais à peine vidé mes poches et couvert la table de tout cet or, que nous entendîmes frapper à la porte. C'était le frère de madame. Il voit l'argent, pousse un long hurlement d'allégresse, étend ses doigts crochus sur le trésor, en met la moitié dans sa poche et en fait deux autres parts qu'il enveloppe dans deux mouchoirs ; alors a lieu entre nous le dialogue suivant :

BARNABÒ.

« Vous avez gagné cet argent au jeu ?

DA PONTE.

Oui, Excellence.
— Vous l'avez compté ?
— Non, Excellence.
— Avez-vous envie de le doubler ?
— Oui, Excellence.
— Je vais à la Redoute et je fais sauter la banque !
— Oui, Excellence.

« Comme mes réponses l'étonnaient et que cela ne lui paraissait pas clair, il se mit à rire, en me montrant toutes ses dents qui étaient d'une grandeur démesurée.

— *Oui, Excellence! Non, Excellence!* Le voulez-vous ou ne le voulez-vous pas ?

DA PONTE.

Oui, Excellence.
(A quoi m'aurait servi de dire *non?*)

BARNABÒ.

C'est bien ; donnez le bras à ma sœur, et partons.

DA PONTE.

Oui, Excellence.

BARNABÒ.

Ne vous faites pas attendre.

DA PONTE.

Non, Excellence.

« Il descend l'escalier et je le suis avec sa sœur, me grattant la tête et maudissant Son Excellence, le Livre d'or, ses terribles ancêtres et ses furieuses prétentions. Une fois à la Redoute, il jeta tout son argent sur la table et se mit à mêler les cartes. La foule des joueurs accourut, entre autres ceux qui avaient perdu en jouant avec moi. Comme ils n'ignoraient pas nos relations, ils se doutèrent de ce qui s'était passé, ce qui accrut chez eux le désir de regagner cet or. Minuit était sonné, tous les banquiers avaient déposé leurs cartes. On joua donc d'une manière désespérée. Aux deux premières tailles la fortune lui fut favorable et une montagne d'or s'entassa devant lui. J'étais assis à sa droite, sa sœur à sa gauche ; nous n'osions parler ; mais nous lui faisions mille signes avec les yeux, avec les mains, avec les pieds, pour qu'il cessât de jouer. Tout fut inutile. Il se mit à tailler une troisième fois, ne finit pas le jeu : au milieu ou à peu près, tout était parti. Il déposa ses cartes avec un sang-froid merveilleux, me regarda, sourit et secoua la tête. Puis reprenant sa sœur par la main, il me souhaita le bonsoir et disparut. Je ne saurais dire dans quel état je restai. Je me retirai dans la chambre des *soupirs* (on appelait ainsi un cabinet solitaire où amants et joueurs malheureux allaient causer, soupirer ou dormir) ; je m'y endormis et ne m'éveillai que le matin.

Tout le monde était sorti, excepté quelques pauvres diables qui dormaient comme moi. A mes côtés était assis un homme masqué qui me voyant éveillé me demanda « deux sous. » Après avoir fouillé inutilement dans mes goussets, je mis la main dans une petite poche de côté de mon habit, et quelles ne furent pas ma surprise et ma joie, d'y trouver plus de cent sequins recouverts d'un mouchoir ; qui m'avait empêché de les en tirer quand son Excellence le suzerain-bourreau me les avait demandés ! Je dissimulai de mon mieux ma joyeuse surprise, et n'ayant pas d'autre petite monnaie sur moi, j'offris à mon voisin l'un de ces sequins. Il commença par refuser, puis me regardant fixement :

« — J'accepte, me dit-il, à condition que vous me
« permettrez de vous les rendre chez moi. »

« En parlant ainsi, il écrivit sur le dos d'une carte le nom de la rue et le numéro de la maison qu'il habitait, m'assurant que je ne me repentirais pas de lui avoir rendu visite. Comme j'avais la tête remplie de cet argent que j'avais sauvé et encore plus de celle que j'aimais, je mis la carte dans ma poche sans y faire attention, et j'allai d'un trait à la maison. A... était à la fenêtre qui m'attendait ; elle me fit signe de ne pas frapper, descendit, ouvrit la porte, et, sans me laisser dire un mot :

« — Allez au café voisin, me dit-elle, et ne venez « que si je vous appelle. »

« Elle referme la porte, puis je la revois à sa fenêtre. Je ne savais que penser. J'allai au café, où, après avoir attendu deux heures, je vis entrer le domestique qui me fit signe de le suivre. Il me conduisit à une petite rue peu fréquentée, au bout de laquelle elle m'attendait. Nous prîmes une gondole ; elle éclata en sanglots et en larmes dont je ne pouvais imaginer le motif.

« — Si c'est à cause de l'argent perdu, lui dis-je, « que vous pleurez, consolez-vous !

« — Non, non reprit-elle en m'interrompant, je « pleure ma cruelle destinée et l'injustice affreuse de « mon frère. Il ne veut plus absolument que je vous « voie, ni surtout que vous demeuriez avec nous. Le « monstre qui m'a ruinée en se ruinant lui-même, et « qui croit n'avoir plus rien à tirer de vous parce qu'il « croit vous avoir tout pris, veut m'amener un homme « riche, un homme qui d'ailleurs est votre ennemi « mortel. »

« Les larmes tombaient de ses yeux, et, persuadé qu'elles sortaient d'un cœur sincère je m'empressai de la tirer de peine en répandant sur ses genoux une poignée de sequins retentissants. L'éclair d'un sourire illumina sa figure, sa joie augmentait à mesure que les sequins pleuvaient.

« Je lui racontai alors l'histoire de ces « deux sous, » qui venaient de me rendre cent sept sequins ; nous les comptâmes avec le plaisir que l'on peut imaginer. Son Excellence le noble Barnabò avait déjà donné l'ordre de vendre mon lit, et le domestique qui avait plus de penchant pour moi que pour lui, s'était contenté de l'engager pour dix sequins qu'il lui apporta. Barnabò alla aussitôt les jouer. Comme je connaissais les endroits qu'il fréquentait, je me hâtai de m'y rendre et me mis à jouer près de lui. Il ne me salua pas quand j'entrai. Je lançai quelques sequins sur table sans avoir l'air de m'apercevoir qu'il était là. La vue de l'or l'électrise. Il se retourne, se lève, me salue aussitôt avec une tendresse et une grâce pathétiques, me serre la main et me dit :

« — Nous sommes amis ! »

« A son sourire succéda bientôt la demande qu'il me. fit tout doucettement (*pianpiano*) de dix sequins; au lieu de dix je lui en donnai vingt, avec lesquels il eut la bonne fortune d'en gagner cinquante. Il était hors de lui de plaisir. Il voulait me rendre ce que je lui avais prêté, je l'invitai à garder cet argent, comme argent heureux. Après le jeu nous partîmes de compagnie et nous nous dirigeâmes vers sa maison. Il me fit mille excuses sur l'argent perdu la nuit dernière, et mille questions sur celui que j'avais si miraculeusement gardé.

« — Peu m'importe, lui répondis-je, celui que j'ai
« perdu; et si vous voulez être discret et ne jamais me
« demander ce que je ne peux pas vous dire, j'aurai
« toujours quelques sequins à votre service ! »

« Il m'embrassa cordialement, jura qu'il n'aurait jamais osé me demander aucun de mes secrets, et me priant de l'attendre dans la boutique d'un libraire où

il avait coutume d'aller, courut chez lui, conta mille belles choses à sa sœur, envoya reprendre mon lit, et revint me trouver aussitôt. Je dois avouer que cet argent fut d'un bonheur extraordinaire. Nous jouâmes uelques semaines de suite sans jamais perdre, et la bonne humeur régnait à la maison. Il est vrai que tout ce que je gagnais au jeu disparaissait dans l'abîme des innombrables vices qu'avait à sa disposition le noble et sublime Barnabò. . . . .
. . . .

« Tout ce que je viens de dire peut paraître singulier; ce qui va suivre l'est encore davantage et n'en est pas moins vrai. Le premier dimanche de carême, comme je tirais de mes poches quelques papiers que j'y avais laissés, je retrouvai par hasard la carte à jouer que m'avait donné cet homme masqué, auquel j'avais prêté « deux sous. » Comme j'avais l'esprit tranquille, la curiosité me vint d'aller le trouver et de voir la fin de cette histoire. Arrivé à la maison dont il m'avait donné le numéro, l'extérieur de l'édifice ne me sembla pas promettre de bien grandes aventures. Je frappai plusieurs fois avant que l'on m'ouvrît ; enfin, on tira le cordon. La porte s'ouvrit et je montai au second étage, où je frappai à une autre porte qui me fut ouverte de même. Au moment où j'entrais dans la première chambre, j'entendis, venant d'un appartement voisin, une voix qui me pria de m'asseoir et d'attendre un instant. Quelques minutes après sortit d'un cabinet latéral un petit vieillard que je crus reconnaître ; il était habillé décemment et simplement, avait l'air trèsdoux et vénérable. Sa parole qui allait au cœur y faisait naître des émotions charitables et bienveillantes. Il me salua, me prit par la main et me fit passer de la chambre où nous étions, laquelle n'avait que deux chaises et une vieille table, dans un petit cabinet orné de livres de tous les côtés et meublé avec la coquetterie la plus charmante. Il me pria de m'asseoir sur un sopha, s'assit auprès de moi, et tenant toujours ma main dans la la sienne, il me parla ainsi :

« — Je vous remercie, aimable jeune homme, de
« l'honneur que me fait aujourd'hui votre visite, et je
« désire beaucoup que les résultats, si cela est possible,
« nous en soient agréables à l'un et à l'autre. »

« Je voulais répliquer; il m'en empêcha, et me priant de l'écouter en silence, il reprit en ces termes :

« — Je suis très-vieux, comme vous le voyez; dans
« quelques jours j'aurai accompli ma soixante-dix-
« huitième année. Selon l'ordre naturel des choses il
« me reste peu de temps à vivre ; avant de quitter ce
« monde je voudrais achever une œuvre qui depuis
« bien des années absorbe tous mes soins et est l'objet
« de toutes mes sollicitudes. C'est sur vous que j'ai jeté
« les yeux pour l'accomplir.

« — Sur moi ?

« — Oui, sur vous. Ne m'interrompez pas. Ma si-
« tuation, si j'excepte le poids des ans et l'anxiété que
éprouve relativement au désir que je vais vous ex-
« primer, est aussi heureuse que possible. Ne me jugez
« pas d'après les « deux sous » que je vous ai demandés
« à la Redoute et sur l'apparence de cette maison. Je
« suis riche, sain d'esprit et de corps et je n'ai ni re-
« mords, ni dettes. Comme je veux que vous soyez in-
« formé de tout avant de rien décider, je vous dirai ce
« que j'étais à une autre époque et ce que je suis main-

« tenant. Livourne est ma patrie ; mon père, négociant
« noble et riche de cette ville, mourut et me laissa à
« vingt-deux ans unique héritier de cent cinquante
« mille écus. J'avais en outre reçu de ce père aussi
« tendre que prévoyant la meilleure éducation : J'ai
« fais mes études dans le collége le plus célèbre de
« Florence. Mon intention était de m'adonner à la
« médecine ; la nécessité de continuer, au moins pour
« quelque temps, les affaires de mon père, me fit
« échanger malgré moi, le collége contre le magasin.
« Je m'aperçus après quatre années que je m'étais em-
« barqué sur le plus dangereux des océans. Je me lais-
« sai aller à la facilité d'un cœur naturellement bon et
« charitable : je prêtai, fis crédit, devins la dupe de
« tous ceux qui voulurent abuser de mon inexpérience,
« et à la fin de la cinquième année, l'argent que m'avait
« laissé mon père suffit à peine à payer les dettes que
« j'avais contractées par mon imprudence. Je conçus
« alors une insurmontable aversion pour les affaires,
« de quelque espèce qu'elles fussent ; non pour les
« hommes, mais pour le commerce de ceux chez qui
« je n'avais trouvé dans mes nécessités aucune com-
« misération, de reconnaissance encore moins. Je
« quittai Livourne en secret ; j'allai à Bologne, deux
« mois après à Venise. Peu de jours après mon arrivée,
« je tombai malade d'une fièvre lente qui me dévora
« par degrés et me réduisit à la dernière extrémité.
« Sans vêtements, sans argent, sans amis, je me vis
« forcé de demander l'aumône pour soutenir un reste
« de vie qui semblait prêt à m'échapper. Ce métier me
« réussit. Pendant trois ou quatre ans, je rentrai tous
« les soirs avec dix-huit ou vingt livres dans ma poche,

« c'est-à-dire avec deux ou trois fois la somme dont
« j'avais besoin pour vivre. Malgré cela, j'eus souvent
« l'idée de quitter ce métier, qui ne me semblait pas
« convenir à une âme noble. La crainte de retomber
« dans de nouveaux malheurs par les défauts et la fai-
« blesse qui m'avaient perdu, surtout l'incertitude où
« j'étais quant à l'état qu'il me faudrait choisir me re-
« tinrent dans cette situation durant quarante-sept
« années consécutives; long espace de temps pendant
« lequel non-seulement je recouvrai la santé, mais à
« force de veilles, de sobriété et d'exercice, je devins
« extrêmement robuste. A cinquante ans, les aumônes
« de mes bienfaiteurs s'étaient accrues au point de me
« rendre maître de dix mille ducats, sans en compter
« huit mille autres, qui me servirent à vivre frugale-
« ment, à me composer une collection de livres de
« quelque valeur, à secourir ceux qui en avaient be-
« soin, et en assez grand nombre; charités que m'in-
« diquait mon directeur. Je fus alors tenté de retourner
« à Livourne où je me sentais attiré par la tendresse
« que j'ai toujours ressentie pour les cendres de ma
« famille ; mais je ne pus me résoudre à quitter Venise,
« où j'avais trouvé des cœurs si charitables envers les
« malheureux, encore moins une certaine jeune per-
« sonne dont je vais vous dire un mot tout à l'heure.

« Il faut que vous sachiez que peu de temps après
« mon arrivée ici, j'avais pris un petit logement dans
« la maison d'une veuve chez laquelle je demeurai
« vingt-deux ans. Elle n'avait qu'une fille de quelques
« mois quand je la connus. Elle était pauvre, et cela
« suffisait pour que mon cœur parlât en sa faveur.
« L'enfant que pendant quelques années je traitai avec

« la tendresse d'un père, grandissait sous sous mes
« yeux ; à quatorze ans non-seulement elle était femme,
« mais c'était une merveille d'esprit et de beauté. Sa
« mère lui donnait l'éducation que l'on donne aux
« filles, et je prenais plaisir à cultiver son intelligence.

« Je commençai lorsqu'elle avait dix ans, et à dix-
« sept, je ne puis vous dire combien elle avait profité.
« Elle écrivait bien en prose et en vers. Je ne suis pas
« de pierre; je m'épris si vivement qu'il me fut impos-
« sible de vivre sans elle. Il y avait entre nous trente-
« cinq ans de différence, ce qui rend une passion plus
« calme sans doute, mais ne l'étouffe pas ; un soir,
« étant seul avec sa mère, je la lui demandai, et elle
« me l'accorda. Je louai cette petite maison et j'y vécus
« parfaitement heureux avec ma femme qu'une longue
« maladie m'enleva, me laissant, pour consoler ma
« vieillesse, une fille unique. Elle est bonne, bien éle-
« vée, et à mes yeux elle paraît belle. Voyez-là, jugez-
« en, l'amour paternel peut me tromper ; bientôt je
« vous en dirai davantage. »

« Il sortit de la chambre et reparut bientôt amenant
avec lui sa fille qui avait vraiment l'air d'un ange.

« — Annette, reprit le vieillard après les premières
« politesses, ma chère fille, voici la personne dont je
« t'ai parlé ! je te l'offre pour mari, si tu lui conviens. »

« La surprise me rendait muet. Voyant que je ne
répondais pas :|« Venez, me dit-il, je veux vous encou-
rager. » Il me mena dans une troisième chambre, et il
ouvrit une grande caisse de fer :

« — Je vais vous montrer, me dit-il, ce que per-
« sonne avant vous n'a vu ni touché. »

« Des écuelles de bois remplies d'or, des bourses de

plusieurs grandeurs contenant diverses monnaies, et tout au mileu un grand sac rempli de sequins :

« — Voici, me dit-il, les quarante mille sequins que
« je vous donnerai le jour où vous épouserez ma fille ;
« à ma mort, ou peut-être plus tôt, vous aurez tout ce
« que je possède, pourvu que vous me promettiez de
« vous souvenir toujours des pauvres. Je vous en crois
« capable. Depuis bientôt deux ans je pense à vous;
« votre personne m'a plu dès que je vous ai vu. Ce qui
« a augmenté mon estime et mon vouloir à votre égard,
« c'est l'aumône que vous m'avez faite à plusieurs re-
« prises au pont Saint-Grégoire, où je me tiens depuis
« quelques années sur la dernière marche et où vous
« passez tous les jours. Cette aumône que vous me
« donniez me semblait une chose merveilleuse, sachant
« votre situation. Votre cœur paraît fait pour la bien-
« faisance, qui est le comble de toutes les vertus et
« l'âme de la vraie religion. »

« J'étais étourdi de ce discours : je le fus bien davantage quand j'appris qu'il savait mon nom, mes études, les événements de ma jeunesse, enfin mes aventures avec la dame que j'aimais. On peut croire aisément que j'étais embarrassé de lui répondre. Outre la véhémente passion qui me tyrannisait et qui m'empêchait d'accepter une offre avantageuse de tout point, un autre obstacle qu'il m'était impossible de lui découvrir m'arrêtait. Je me tirai par la politesse de ce pas difficile, et je refusai ma fortune et une fort jolie femme. J'aurais sacrifié le monde et ma vie future comme la vie présente à l'indigne lien qui me tenait enchaîné. »

. . . .

§ 3.

Un monde d'enfants.

Ainsi allait Venise.

C'est exactement le même état de mœurs que Gozzi a dépeint aussi, — pleurant les anciennes splendeurs de sa patrie; et Casanova, lorsqu'il fut ennuyé, mais non pas las de ces interminables conquêtes féminines qu'il cherchait encore à soixante-dix ans, « *quærens quem devoraret.* »

Au moment dont nous parlons, en 1797, lorsque da Ponte hésitait entre la fugitive Napolitaine, fille de duc, et notre Vénitienne protégée par son frère, c'était pis encore. Le sillon s'était creusé; on glissait sur la dernière pente. Les âmes étaient détrempées, les esprits, comme disaient nos bons anciens, « aménuisés, » réduits à la plus subtile finesse et à la plus exquise impuissance de l'énervement. Voyez ce mendiant gentilhomme, et qui ne rougit pas d'avoir tendu la main toute sa vie; — cette ingénuité et cette aisance dans les plus ignobles pratiques; — cette ignorance profonde, ou plutôt cette incompréhension totale de ce qui constitue, je ne dirai pas la haute vertu, mais le plus simple honneur; — cette sœur, ce frère, cette exploitation à frais communs du novice venu de son village, pauvre petit paysan perverti, encouragé dans sa folle passion par les deux vautours de vieille race qui vivent de lui; — ces scènes de jeu, ces meubles vendus, ces vêtements mis en gage, cette incertitude des cœurs, cette absence de dignité, cette lâcheté des esprits, cette foi au hasard !

Cela n'a pas besoin de commentaires.

Certaines qualités primitives de l'âme humaine ont reparu sur les ruines de toutes les vertus viriles. Voilà pourquoi la lecture de Da Ponte nous charme.

Bohémiens sans doute, joueurs, vicieux, mais point sophistes; ces Vénitiens n'arrangent pas de phrases sur leurs infamies, ne brodent pas leurs folies ou leurs infirmités, et ne nous prouvent pas avec recherche que le blanc est noir, et la perfidie loyauté. Enfants mutins, sensuels, gourmands, moqueurs, taquins, aimables, étourdis, passionnés, facilement émus, facilement apaisés, et très-rusés pour leur bénéfice; voilà tout; — âmes d'ailleurs charitables, cœurs faciles, mains généreuses; — je ne sais si Dieu les jugera avec rigueur.

Je les préfère à ces vertueux prétendus, à ces grands érudits de l'esthétique immorale, aux hypocrites qui poussent le tour de force de leur rhétorique jusqu'à enjoliver le meurtre.

Da Ponte appartenait à ce monde d'enfants; — non comme Gozzi, sévère conservateur et partisan du passé; — mais, en jeune étourdi et poëte, qui ne veut pas perdre une occasion d'épigramme, une femme, un plaisir ou un sonnet. Nous allons le voir jouer un nouveau jeu avec une étourderie aussi niaise qu'il a joué puérilement le jeu de ses folles amours.

Il sera homme politique, adversaire des *Perruconi* de la vieille Venise, des *Hochgeboren* de Vienne, et des *Signorine Cantanti e ballanti* du théâtre de Joseph II. Il ne s'en tirera guère à son honneur.

A la fin de sa vie fort accidentée il écrira ses Mémoires où ne se trouvent ni renseignements philosophiques ou métaphysiques, ni documents statistiques sur les guerres, les hommes, les événements et les révolutions; mais seulement les courses errantes de ce charmant et pauvre poëte et ses voyages aventureux. C'est une feuille détachée du vieux laurier de Pétrarque. Mille traits curieux et tristes vont nous dire dans quelles langueurs les peuples finissent et comment les plus belles races s'éteignent.

§ 4.

Da Ponte révolutionnaire. — Son procès. — L'État de nature. — Mouvement du XVIII° siècle.

Le croirait-on? La révolution française et les systèmes de Jean-Jacques vont précipiter cet aimable étourdi, que nous avons vu tout occupé de ses amours de dupe, à travers une odyssée plus aventureuse que celle d'Ulysse. Dupe il le sera toujours. C'est sa nature. Il fera au hasard, aimant, rimant et chantant, ses mille expériences de la vie, et n'en tirera que deux ou trois libretti d'opéra charmants, tout imprégnés des passions et des langueurs insensées de sa jeunesse. Pauvre réformateur du monde, qui n'a jamais eu rien de sérieux absolument, c'est ce qui le rend plus facile à embraser : le feu prend vite à la paille — et ce sont les cerveaux légers que les théories vaines séduisent.

Venise, comme toute l'Europe, sans compter l'Amérique, ou plutôt comme la civilisation entière dans ses fractions jeunes ou vieilles, avait été touchée de ce magnétisme des idées nouvelles ; électrique et invincible puissance, aussi profondément cachée qu'elle est profondément active et qui force un siècle entier de graviter dans le même sens. L'Italie ne donnait plus, elle recevait l'impulsion. Du Nord tombait la lumière, comme le disait Voltaire, ou si l'on veut « Arouet », nom celtique par excellence (*Ar-wed*).

Cet Arouet, ce vrai Gaulois, ce type primitif, complet, unique, définitif, éclatant, de sa mobile et ardente race, voyait la lumière poindre au Nord et jaillir sur le Midi que la demi-ombre des décadences enveloppait. D'où vient l'Idée, là est la source de naphte, le jet de la vie. Où l'Idée meurt, où la matière exploitée et appliquée se montre seule, la source tarit et la mort vient. Il se trouve alors que les nations qui ont enseigné et élevé les autres deviennent élèves à leur tour.

Le dix-huitième siècle allait expirer, ce n'était plus le temps où l'Europe entière, l'Espagne comprise, venait recevoir à Bologne et à Padoue les reflets de la lumière antique. Jamais le Latium, tout épuisé et énervé qu'il fût par ses vices, n'avait cédé complétement aux barbares; incapable de conserver la liberté vraie et intime qui n'est compatible qu'avec la force des âmes, l'Italie avait réussi à fonder une fausse mais brillante et orageuse liberté ; — liberté de forme, de tradition, d'apparence ; — organisation républicaine pleine d'éclat, sinon de vie et de durée; forme qui fut absorbée et détruite à Florence par le pouvoir d'un seul; à Venise, par un patriciat consommé dans les arts de la politique. De là cette précocité de l'éclosion italienne au moyen âge. Elle reçoit de l'antiquité, non pas les lumières les plus saines, mais les rayons derniers, les lueurs de décadence et les subtils résultats. Elle reprend et recommence dans un autre sens une civilisation très-avancée et très-corrompue. Elle a six universités au douzième siècle. Dès l'époque de Boccace et de Pétrarque elle nous inonde son génie. Au quinzième, ses « mignardises », dont Henri Estienne critiquait amèrement l'introduction, nous arrivent au moment des guerres de Charles VIII. Nos communes, écrasées, comme dans le reste de l'Europe, ont peine à lever la tête; l'impolitesse des mœurs et la barbarie des coutumes règnent dans nos châteaux suzerains, quand l'Italie voit des palais de jaspe s'élever à la voix des Chigi « marchands d'alun » et les patriciens de Venise s'asseoir à des banquets ornés de fleurs, au son des instruments, sous le ciel ouvert, rafraîchis par les molles brises de l'Adriatique. « On saisissait la viande *à tout* (avec) des *fourquettes* (fourchette (*forchetta*) d'argent, dit un brave Flamand qui voyageait dans ces parages en se rendant au tombeau du Seigneur et qui ne revenait pas de sa surprise, tant l'invention de la « fourquette » lui semblait miraculeuse (1). » On dînait sur une terrasse couverte, d'où « ceux qui estoient à table voyoient *bien plain* (jusqu'à l'horizon) la mer. » Le plafond, brodé d'arabesques à l'orientale et « doré de fin or », n'offrait pas un espace sans ornement ; « il n'y avoit rien de *vuit* (vide), dit le voyageur. » Dragées et tartes, desserts et confitures, scènes masquées, trompettes et clairons, rien n'y manquait, pas même les danseuses; et « il y faisait bien plaisant », ajoute le bonhomme, qui allait d'é-

(1) *Voyage de Jacques Lesage.* Ed. Duthilloeul, 1849. Donay, p. 53.

tonnement en étonnement. C'est une remarque profonde de M. Guizot, que le quinzième siècle italien ressemble à s'y tromper à notre dix-huitième siècle. Les deux civilisations avaient touché le même point ; même sensualité molle, même activité ardente de l'esprit; mêmes rapports familiers et d'égalité délicate entre les grands et les gens de lettres; même place réservée dans les palais de marbre aux railleurs et aux philosophes; Pulci et Marsile Ficin, Lamettrie et d'Argens. Le dix-huitième siècle de la France correspond évidemment au quinzième siècle de l'Italie des Médicis. J'ai développé cette donnée dans un de mes Essais (1).

Quand l'Italie eut fait l'éducation du monde nouveau, elle eut le droit de se reposer. C'était cependant une si féconde terre, une si féconde et si forte race que, de la tradition politique passant à la tradition des arts, de l'étude des manuscrits à la peinture, de la sculpture à la musique, elle ne s'arrêta pas un moment. Tout à la fin du dix-huitième siècle on la vit produire une nouvelle armée, — les observateurs microscopiques de la nature, Spallanzani, Galvani, Volta; si l'autorité sur les faits lui échappait, elle n'avait point perdu sa sève. Les Scapins et les Colombines de la comédie italienne venaient d'inspirer Watteau : une école de peinture séduisante, imitée du Guarini, émanée des factices et enivrants jasmins du *Pastor Fido* venait d'éclore en France; elle n'est pas morte aujourd'hui même. Ce fut peut-être la dernière influence, morale

(1) *Études sur le seizième siècle* (1845, Amyot). Histoire de la langue française pendant le seizième siècle, l. I, § I. *Le Quinzième siècle en Italie; Philosophes et libres penseurs.*

ou immorale, de la belle, sensuelle et luxuriante Italie, qui jouait pour nous le rôle de la Grèce antique et donnait fleurs sur fleurs, moissons sur moissons. Arioste après Dante, Raphaël après Ange de Fiesole. Galilée après Buonarotti, Galvani après Vico. Dieu lui criait : « Repose-toi, mère de tant de génies! Il faut que le Nord ait son tour; ses idées sont en marche. La France qui les recueille, va s'en servir et les répandre sans en profiter ; la terre des Keltes est la terre propagatrice par excellence. Quant à vous qui comptez vingt-cinq siècles de gloire, vous recevrez l'impulsion, vous ne la donnerez plus. La marche des choses est irrésistible ; tous les points de la sphère doivent être frappés de la lumière tour à tour et la renvoyer plus active. »

Au XVIIIe siècle rien n'est curieux comme le phénomène intellectuel et social offert par la propagation des idées que l'on peut nommer révolutionnaires, philosophiques, rationalistes, (comme il plaira), qui jaillissaient d'un fond calviniste, anglais, et que Voltaire d'un côté, Rousseau d'un autre, ces deux moitiés qui se complétaient par leur antagonisme, concoururent à répandre. La propagation s'opéra et opéra diversement. Cela devait être ; les causes du mouvement étaient multiples comme ses effets. Au même instant le diacre Pâris se faisait adorer à Saint-Médard et Voltaire à Ferney, Washington montait à cheval, Cagliostro se mêlait au procès du Collier, Pitt se levait pour parler à la chambre, Mirabeau entrait au fort de Joux, Gœthe écrivait Werther, Cesarotti le « Congrès de Cythère. »

Les races germaniques du Nord étaient emportées par une force ascensionnelle, les races romanes du

Midi cédaient à un mouvement d'affaissement. La France prenant part aux deux directions oscillait entre l'une et l'autre. Pendant que l'Angleterre fondait ses caisses d'amortissement et ses caisses d'épargne, l'Université de Salamanque répondait gravement à Feyjoo qui lui demandait d'abdiquer ses vieilles doctrines et d'adopter celles de Newton et de Descartes : « *Newton n'a rien d'utile pour un logicien ; Aristote nous suffit, et nous le gardons, sans rien changer de ce que lui et les saints Pères admettent.* » Les autorités italiennes ne résistaient pas moins obstinément que les autorités espagnoles. Les classes inférieures de ces beaux pays croupissaient dans l'ignorance, un matérialisme grossier ou de frivoles utopies s'emparaient des esprits cultivés. Ni rois ni seigneurs n'échappaient à cette influence philosophique, qui envahissait toutes les cours et qu'ils admettaient dans leur for intérieur alors même qu'ils la combattaient dans leur intérêt. L'électricité de la pensée trouvait partout des conducteurs involontaires et irrésistibles. Quelques-uns, et Louis XVI entre autres, occupaient une situation singulière et jouaient un rôle étrange ; ils détruisaient en essayant de le réparer le vaisseau qui allait les engloutir. D'autres, comme les nobles Vénitiens, se contentaient de dormir en tenant le timon de l'Etat, d'abaisser sur leur front un masque de gravité solennelle et de dire comme Louis XV : « Après moi la fin du monde ; mon successeur aura bien du mal (1). »

(1) On peut consulter sur l'état des cours européennes du Midi, entre 1750 et 1800, le voyageur Swinburne, qui les a toutes visitées et fort bien décrites. (V. nos *Études sur l'Angleterre au dix huitième siècle*, t. 2.)

Revenons à Da Ponte. C'était un fils de Jean-Jacques Rousseau. Tous tant que nous sommes, — soit que nous voulions en convenir ou non, — nous relevons de Voltaire ou de Jean-Jacques.

Le bataillon des ironiques, des opulents, des gentilshommes, des gens du monde et des beaux esprits narquois appartient à Voltaire. L'âme ardente et enfiévrée de l'ouvrier génevois, fils de réfugiés, bohémien dans sa jeunesse, et dont les déclamations revenaient battre en brèche la France qui avait exilé ses pères, devait appeler à elle les esprits malades, enthousiastes, poétiques et les existences vagabondes. Des attractions identiques s'exercent à travers le monde. Da Ponte fut séduit (cela devait être), non par la causticité lumineuse et la finesse élégante de Voltaire, mais par les idées de liberté complète, de vie à l'abandon, de *far niente* poétique, et d'indépendante rêverie, si « plaisante » (comme disaient nos aïeux), aux faciles cœurs et aux esprits légers. L'*état de nature* le captiva surtout; c'était le grand cheval de bataille de Rousseau et de ses partisans. La belle chose que l'état de nature! Et comme Voltaire s'en moquait à cœur joie! Faire ce que l'on veut, voilà toute la loi. Un habitué des cafés vénitiens devait trouver cette législation très-complète ; aussi, quelque beau soir, se promenant près de la « marine, » y rêva-t-il fort sérieusement; — sérieux comme la clarté fantasque qui dorait les ondes, argentait les coupoles et pétillait à petites lueurs sur les lagunes endormies. Voici le beau commentaire philosophique et politique dont notre poëte inspiré crut devoir enrichir le *Contrat social* et le fameux *Discours* de Jean-Jacques sur l'inégalité des conditions : il appelait cela donner une « frottée » (*Frottola*) aux patriciens et à leurs acolytes. Notre révolutionnaire radical était, on va le voir, assez peu dangereux.

FROTTOLA.

« Si j'étais Ricciardetto, si au fond d'une vallée ou dans la plaine, je trouvais le faune obscène surprenant la nymphe ; si je délivrais l'immortelle en tuant son ravisseur ;

« Je demanderais à celle qui me devrait l'honneur, qu'elle changeât mon être et le transformât. Je deviendrais Briarée aux cent bras, Typhée, Alcide, un géant redoutable.

« Je voudrais l'hippogriffe de Roland, son manteau, son miroir, son bouclier, son épée, son anneau, son cor magique ;

« Et porté sur la croupe de l'animal je ferais le tour du monde, depuis les bords où naît le soleil, jusqu'aux rives où va se perdre sa lumière.

« Défiant au combat toutes les nations que l'astre éclaire, je deviendrais seul monarque du monde entier,

« Et du haut de mon trône, sous peine de mort, je ferais publier au son des trompettes ma loi universelle ;

« Une loi qui mettrait à fin toutes les lois, et détruirait de fond en comble propriétés et richesses, tout ce qui rend les citoyens esclaves !

« Bartole, et Justinien et Accurse, je les mettrais tous avec leurs volumes dans un grand four très-chaud, très-chaud, et ils n'en sortiraient plus ! Avocats, juges et douaniers s'en iraient dans quelque lieu immonde, bavarder et parler de leurs droits. Je les laisserais sans pitié parmi les fous et les voleurs ; et Gloses et Pandectes et Codex, éternelles sources de débats, je les bannirais pour toujours comme autant de flèches perdues.

« Le genre humain est si insensé ! il se fait esclave de celui-ci ou de celui-là ; il change, à la volonté d'un autre, d'habits, de coutumes et de pays.

« Tel qui voudrait toute sa vie n'apercevoir ni épée ni lance est forcé d'aller à la guerre ; c'est la loi !

« Toi, tu aimes une jolie fille, belle, aimable et gentille ; mais le père a pour lui le droit civil... tes noces ne valent rien !

« Moi, je vivrais en riant et en chantant, plus heureux qu'un roi, si la loi n'était pas là pour me crier :
— Travailles, si tu veux du pain !

« Nature qui m'a créé ne m'a donné qu'une loi ; et je la suis : c'est de ne faire et de ne rien dire que ce qui me plaît !

« Cette loi unique vivra toujours dans ce cœur qui bat si vite ! Imposez un frein sévère à qui voudra le recevoir ; pour moi, ce que je cherche c'est le bonheur. »

Donnons la reproduction textuelle de l'italien, de cette langue à laquelle le caprice va si bien ; la glose philosophique de notre ami se comprendra mieux. Qu'on lise dans l'original la *Frottola* du poëte ; ce reflet lointain et brisé de l'incendie qui bouillonnait en France vous apparaîtra dans sa puérile et insouciante gaieté.

FROTTOLA

S' io trovassi in colle o in piano
    Quella Ninfa che trovò
Ricciardetto a un Fauno in mano,
    E uccidendol lei salvò,

Dalla Ninfa un altro dono
    Vorrei certo domandar ;
In altr' uom da quel ch' io sono
    Vorrei farmi trasformar.

Io per lei di Briareo
    Chiederei le braccia aver,
Et la possa di Tifeo,
    E d'Alcide o d'altro Fier ;

E la pelle ch' ebbe Orlando,
    E il cavallo volator,
E lo specchio, e l' elmo, e il brando,
    E l' anello, e il corno ancor.

E girando intorno intorno
    Sulle groppe a quel caval,
Da quel lido u' nasce il giorno
    Fino al lido occidental ;

Oserei sfidar a guerra
    Quanta gente scalda il sol,
E del mar, e della terra
    Diventar monarca io sol.

Farei quindi dal mio trono,
    Sotto pena capital,
Pubblicar di trombe al suono
    Una legge universal ;

Una legge onde nel mondo
    Ogni legge avesse fin,
Che ogni bene mette in fondo,
    Che fa schiavo il cittadin.

Giustinian, Bartolo et Baldo
    Metterei co' libri lor
In un forno caldo caldo,
    Senza più carvargli fuor.

I fiscali e gli avvocati
Nel bordel farei garrir ;
Sol tra pazzi, e disperati
Lasciereigli ancor piatir.

Glose, codici, e pandette
Fonti eterne di question,
Bandirei come saette
Dallo mia giurisdizion.

Si puo dar più strana voglia ?
Servo farsi a questo e a quel,
E cangiar quand' altri il voglia
Veste, stato, e casa e ciel !

Tal vorria de schiappo e spada
Star lontan tutti i suoi dì;
Ma convien che a guerra vada,
Che la lendge vuol così.

A te piace una fanciulla
Bella, amabile, gentil ;
Ma le nozze el padre annulla
Col poter del jus civil.

Io vivrèi tra il riso e il canto
Senza invidia ad un sovran ;
Ma la legge grida intanto :
« Al lavor chi vuol del pan ! »

La natura che m' ha fatto
Una legge sol mi diè,
Di non far in detto, in fatto,
Quel che poi non piace a me.

Dunque ognor in questo seno
Questa legge a me vivrà :
A chi vuol da un duro freno,
Cerch'io pur felicità.

Des vers latins, hexamètres et pentamètres, tournés comme les Révérends Pères jésuites savaient tourner ce joujou moderne des anciennes études, sortaient aussi de la facile plume de Da Ponte qui donnait quel-

ques répétitions en ville, et qui apportait à ses élèves
de belles compositions dans le goût du Père Vanière, où
il louait l'Amérique, *(novam Lacœdemonem)* et le grand
Franklin *(Franklinium)* ; car il n'était pas homme à
résister à un seul des engouements de la mode et du
moment. Se laisser bercer mollement au cours de
l'opinion et à la brise qui enfle nos voiles, n'est-ce pas
chose charmante? Cela exige peu de force d'esprit; et
comme on ne cesse point de penser avec tout le
monde, on pense toujours au mieux.

Plusieurs fragments de ces chefs-d'œuvre, inspirés
par la même pensée, nous ont été conservés par Da
Ponte lui-même. Je remarque entre autres une belle
élégie latine commençant par ce vers qui s'applique
aux États-Unis, dont la déclaration d'indépendance ré-
cente faisait tressaillir toute l'Europe :

Ergo ego semotæ tactus telluris amore, etc.

Vient ensuite une satire magnifique contre les patriciens de Venise, satire dans laquelle il se gausse à
son aise du « bonnet ducal, » et de ses deux « cornes
« dorées *(corne aurate).* » — « Que d'autres (s'écrie le
fier Spartiate) courbent la tête au bruit des fers ! Moi,
je ne crains pas les faisceaux du consul irrité! (Comme
s'il y avait encore des consuls !) Moi, d'un même regard je contemple le roi sur son trône et le mendiant
haillonneux auquel je donne un peu de monnaie pour
payer le nocher du Styx. (Comme s'il y avait un Styx !)
Quand nos seigneurs causent entre eux, remplis d'orgueil et faisant étinceler au soleil leurs *cornes dorées*
(voilà ces cornes, les deux pointes du bonnet) ; quand
la foule respectueuse leur rend hommage, je passe

sans me troubler; et d'un sourcil inaltérable, recueilli en moi-même, les yeux fixés sur la grue passagère et les nuages errants ou abaissés sur les statues de Marforio et de Pasquin, je ne fais pas plus d'attention à leurs vains murmures, qu'au souffle du vent qui frise l'onde agitée! »

Cela est écrit en vers assez agréables et que l'on répétait volontiers. A Venise, à Trieste, à Padoue, dans ce doux pays de Trente, la Touraine de l'Italie, Da Ponte avait réputation de poëte et même d'improvisateur. Depuis longtemps il était libre de sa chaîne amoureuse ; il avait brisé violemment des liens qui d'ailleurs s'étaient trop appesantis. La patricienne et son frère, encouragés par la faiblesse du poëte, ne s'étaient plus arrêtés dans leur exploitation violente ; et l'ignoble situation où ils le plaçaient était devenue intolérable. Certain soir la demoiselle lui avait lancé à la tête une bouteille d'encre qui l'avait blessé dangereusement; effrayée du sang qui coulait, elle s'était d'abord apaisée ; puis, la nuit suivante, elle était revenue abattre d'un coup de ciseau tous ses cheveux qu'il avait fort beaux : « ce qu'elle exécuta si dextrement, dit-il, que le matin seulement je m'aperçus du rôle de Samson que me faisait jouer cette Dalila. » Un autre jour, le seigneur Barnabo, frère de cette personne, vint le poignard à la main le forcer de remplir sa bourse : « sous prétexte, ajoutait-il, que Da Ponte faisait de l'or et que l'alchimie lui était familière. »

Désillusionné, il finit par se sauver dans sa ville natale de Cénéda, et de là à Padoue où lui et son frère occupèrent quelque temps deux chaires de belles-lettres assez bien rétribuées et commentèrent à loisir, pour l'édification de leurs élèves, l'*Emile* de Jean-Jacques et le *Phocion* de l'abbé Mably, qu'ils traduisaient en vers et en prose. « Il n'est pas facile, dit alors ce Da Ponte, dont le cœur étourdi est vraiment tendre et excellent, d'exprimer quelle fut ma joie de me trouver près de mon frère que je chérissais, et libre de mes honteuses chaînes, car elles l'étaient vraiment. Pendant trois années entières cette femme m'avait tenu captif; l'éloignement même ne m'empêchait point de l'aimer avec ardeur ! » Sa paisible solitude de Trévise, où il se livrait sans trouble à ses compositions philosophiques, fantastiques et sociales, fut troublée par un incident presque tragique. La furieuse et douce Vénitienne, cette fille noble aux traits fins, à la bouche petite et rose, qui lui avait jeté une bouteille d'encre à la tête et qui de rage d'être quittée, l'avait tonsuré si habilement, essaya de le faire assommer par le nouvel amant qu'elle s'était donné. J'ai de la peine à le suivre dans cette triste et vulgaire aventure d'escaliers nocturnes et de coups de bâton, où apparaît la bonne figure aux cheveux blanchissants d'un vieux domestique barcarol qui le tire par la basque de son habit, en lui criant : « *Sior paronsin, nò andè là drentò, per carità !* (Seigneur, mon cher maître, par charité, n'entrez pas!) » Il entre, puis s'en va tout courant. Certaine histoire de manteau que lui vole un abbé n'est pas plus noble.

Ce genre de vie s'ébruite; ses rivaux en tirent parti, ainsi que de ses compositions et de ses effusions politico-radicales, notre poëte finit par être cité, comme corrupteur de la jeunesse, par-devant ce qu'on appelait à Venise les *réformateurs des mœurs et des études*. C'étaient gens qui, sans mentir, auraient eu besoin de se réformer eux-mêmes, et qui par parenthèse étaient mordus la plupart de cette même maladie philosophique qu'ils étaient chargés de juger et de condamner chez notre étourdi. La triste comédie de Figaro se joua donc ici, comme elle se jouait à travers toute l'Europe; on entendit encore ce : *Silence, messieurs!* qui fait rire ceux même que la comédie a fait pleurer.

Juges de s'assembler; lecture des pièces du procès; grands bras élevés en l'air par les avocats, furieuses déclamations contre le jeune destructeur de la société et des lois; au fond, tous ces graves *Pantalons*, ainsi les nomme l'irrévérencieux, en riaient dans leurs barbes. Ils étaient criminels comme lui. Chacun lisait sa petite édition de Voltaire à ses heures, sans compter Crébillon fils et le curé Meslier.

Sentiment du juste! Vérité profonde et sainte! quand vous disparaissez, l'âme même des sociétés s'évanouit; quand la justice rendue est une farce, la toge un costume de carnaval, il n'y a plus rien à attendre. Ces Memmo, ces Giustiniani, ces Barberigo qui vivaient comme Da Ponte dans les intrigues et l'orgie, avec bien moins d'excuses que Da Ponte, jeune ardent, sensuel et pauvre, et qui pensaient exactement comme lui sur tous les points, ne savaient trop comment le châtier. On l'aimait à Venise et à Padoue. Gaspard Gozzi, poëte et prosateur élégant qu'il ne faut pas confondre avec Charles son frère, le protégeait : après tout son seul crime était d'avoir plaisanté les *cornes dorées*.

A ce passage de la lecture, il se fit un terrible murmure; les *Perruconi* se sentaient blessés. Comment tout concilier? Hélas! le ridicule concilie tout. Da Ponte fut déclaré « coupable au premier chef »... et condamné à *ne plus professer dans les États de Venise!* »

La solennité de cette montagne accouchant de cette souris, après tant d'éclats et de menaces, composait déjà une assez grotesque comédie. Ce ne fut pas tout. Un de ses propres juges, un brave voluptueux, qui avait été « inquisiteur d'État » dans son temps et qui se nommait Memmo, quelque descendant des Memmius antiques, se prit d'une si belle passion pour le jeune accusé, qu'après les débats du procès, il vint l'embrasser, le mena chez lui, le fit dîner, lui donna la table et le logement dans son palais et rit comme un enfant de la Seigneurie, du jugement et des juges. C'étaient, on doit en convenir, d'assez bons diables que ces inquisiteurs. Da Ponte s'en alla vivre chez Memmo, sans autre titre que celui de poëte et de bon vivant; le patricien « orgueilleux » que la poésie spartiate du jeune homme avait si bien drapé reçut de lui toutes sortes de petits services indescriptibles et de complaisances aimables que nos mœurs n'admettraient guère. L'intérieur de ce palais de Memmo offre des curiosités. Entrons-y.

§ 5.

Le palais d'un patricien.

« Cette maison fut pour moi, dit Da Ponte, un asile charmant où je passai quelques mois dans les délices de l'hospitalité et de la philosophie. Je fus présenté aux plus illustres citoyens de la république, et la connaissance qu'ils avaient de mes aventures, surtout l'autorité de mon aimable protecteur les engagèrent à me combler de bienveillance et de caresses ; toutes mes disgrâces passées, je les oubliai; en fait d'honneur littéraire et d'intérêt personnel, j'avais ce que peut désirer l'ambition la plus vive. La bourse de Memmo était ouverte à toutes mes nécessités honnêtes qu'il ne manquait jamais de prévenir avec une générosité singulière ; je marchais d'égal à égal avec les plus grands, soit en fait de rang, soit en fait d'esprit et de littérature. Les belles de Venise se disputaient l'honneur de me combler de faveurs et de louanges; toutes voulaient me voir, écouter mes vers; toutes étaient heureuses de rire avec moi de mes juges, dont par parenthèse l'un était sourd, l'autre boiteux, et un troisième borgne. O l'heureuse vie !... et que rien jamais ne m'a rendue ! »

Ce paradis que, notez-le bien, il ne gagnait d'aucune façon, il le trouvait précisément chez un des patriciens infâmes que tout à l'heure il poursuivait de ses épigrammes. Et le Spartiate ne s'apercevait pas de son ridicule. Il se laissait bercer doucement par le flot oisif de cette vie charmante qui lui coûtait peu de labeurs. Comme un véritable Italien bien doué, il devint improvisateur ; les observations qu'il fait à cet égard sont trop curieuses, au point de vue littéraire, pour que nous ne les traduisions pas ici : « J'eus occasion de connaître, dit-il, quelques improvisateurs célèbres, l'abbé Lorenzi, Stratico, l'Albanesi. Mon frère et moi nous voulûmes les imiter, et nous y réussîmes. Admirable langue assurément, que celle dont les grâces, les mélodies et les douceurs enchanteresses permettent à tout homme bien organisé d'exprimer avec délicatesse et avec force des sentiments et des idées qui dans les autres langues exigeraient du poëte un temps et un labeur infinis. A nous seuls appartient cette facilité de versifier, d'improviser, même de chanter en bons vers et sur tous les rhythmes, comme l'oiseau chante, notre tendresse ou notre joie. Je le répète, cet art naturel, Dieu ne l'a donné qu'à nous. J'ai entendu les Gianni, les Mollo, et même des femmes, la Bandinelli et la célèbre Corilla improviser des vers; — non-seulement des vers bien tournés et agréables, mais d'une force, d'un éclat et d'une saillie à surprendre et à ravir ceux qui les écoutaient.

« A mesure que je devenais plus habile improvisateur, mes vers écrits devenaient pires. Je dois avouer que je regarde la poésie improvisée comme tout à fait contraire à la poésie écrite, et l'on ne doit pas s'étonner du très-petit nombre de grands poëtes doués de la faculté d'improviser. »

. . . .

Ne croyez pas que ce dernier passage, dans lequel Da Ponte remet à sa place l'improvisation qu'il vient de combler d'éloges succède immédiatement au panégyrique que nous avons rapporté. Non. Il n'a pas l'esprit si philosophique. L'instinct le mène; il va de çà et de là, la tête au vent, et nous fait sans aucun ordre ses confidences dans un style doux et délicat qui honore la langue italienne de son temps. Ses deux jugements contradictoires sur le talent d'improviser sont séparés l'un de l'autre par vingt feuillets.

Revenons aux mœurs intimes, singulièrement privées de dignité, de cet aristocrate Vénitien qui accueillait chez lui à bras ouverts le jeune mauvais sujet qu'il venait de condamner comme destructeur de la république. Pauvre république! morte depuis longtemps.

Il y a néanmoins tant de bonhomie, un amour des arts et de la poésie si candides, chez ce brave Memmo, qu'on lui pardonne volontiers sa faiblesse, son aveuglement, même son avilissement. On étend cette bienveillance sur Da Ponte lui-même, malgré ses faits et gestes. « Mon talent d'improvisateur en se développant, me gagna, dit-il, le cœur du Memmo qui ne songea plus qu'aux moyens de me faire du bien. Ce sentiment devint presque la cause de ma ruine. Tout illustre, riche et puissant que fût ce seigneur qui n'avait pas d'égaux dans la république pour le savoir et la générosité, il était l'esclave et le serf de la passion la plus aveugle, inspirée par une jeune fille assez peu jolie, maîtresse de tous les artifices dont une méchante femme peut disposer et qui exerçait sur lui et sur sa maison un empire despotique. »

Rien de plus commun dans l'Italie de cette époque que les *Serve Padrone* dont la Thérèse du Memmo offrait un échantillon. Celle-ci eut des amants ; Da Ponte servit, puis desservit ces amours ; de là jalousie de pouvoir et d'autorité. Thérèse voulait gouverner le Memmo, Da Ponte y prétendait aussi. On se jouait mille mauvais tours, on écoutait aux portes pour surprendre les secrets de l'ennemi; et le « Pococurante » qui donnait son argent à tout ce monde, outre celui que les parents de la Thérèse lui volaient, vivait dans l'ignorance béate de ce qui fermentait et s'agitait autour de lui. Un casuiste habile pourrait déterminer ici le degré d'indulgence ou de sévérité que mérite ici Da Ponte, plus léger que criminel, et que les mœurs du temps et la pauvreté réduisaient à une situation inacceptable pour une âme fière; notre affaire n'est pas de le juger. Battu, et cela devait être, par la femme, notre homme partit sans être congédié, mais aussi sans être retenu par le bonhomme que ce train de vie n'empêchait pas de lire son Horace, d'être aimable, lettré, spirituel, généreux et de tenir une agréable maison.

Da Ponte sortant de chez le Memmo n'avait pas sa fortune faite, ce qui parle en sa faveur.

« Quand je quittai le Memmo, dit-il, j'avais juste vingt sous de Venise à dépenser par jour, pendant un mois. *Dii meliora ferant*, m'écriai-je! et j'attendis patiemment. Huit sous pour mon lit, cinq pour une tasse de café que je prenais tous les matins, le reste pour mon pain quotidien. J'eus la constance de me nourrir pendant quarante jours de pain et d'olives noires, très-salées, qui me faisaient boire beaucoup d'eau et me maintenaient en excellente santé. Je cachais à tout le monde ce beau régime et cette parcimonie plus que poétique, dont un fait bizarre amena le dénouement.

« Un jeune homme qui avait la prétention de jouer aux dames mieux que personne fit afficher dans un café un défi public par lequel il provoquait les plus forts à ce jeu. Je ne m'y croyais inférieur à personne. Je voulus m'essayer contre lui ; je lui fis faire l'offre d'une somme que nous fixâmes, ainsi que le nombre des parties à jouer. Je n'avais d'argent que pour payer la première, si j'avais le dessus. Je gagnai ; nous continuâmes ; et en peu d'heures les dix parties convenues furent à moi ; parties dont dix étaient doubles. Il me paya aussitôt vingt-deux piastres et s'avoua vaincu. Quelques jeunes étudiants qui avaient assisté au combat pensèrent à venger leur camarade et à regagner ces piastres. Ils me proposèrent une partie au jeu de l'hombre ; l'usage du pays est de ne jamais refuser de telles propositions, qui serait discourtois. Me voilà donc obligé d'accepter le défi, assez contre mon gré. J'eus la bonne fortune de gagner encore, et minuit n'avait pas sonné que je rentrais chez moi, après avoir bien soupé ; trente-six piastres dans la poche. Ce changement imprévu était d'un heureux présage pour l'avenir ; je continuai à jouer pendant quelques jours, gagnant sans cesse. Cette manière de vivre ne me plaisait pas beaucoup. Il est vrai que j'avais occasion de causer avec les plus nobles personnages de la ville et les hommes de talent les plus célèbres. J'eus spécialement le plaisir de causer avec *Cesarotti* l'incomparable, et j'en eus le cœur ravi !... »

Heureux Bohémien ! Ne le croyez pas.

Il vous dit que cette vie lui pesait ; mais il n'en pense rien. « L'incomparable Cesarotti » (gracieux comme Casti et moins spirituel) a écrit *le Congrès de Cythère*, une de ces œuvres érotiques et froides qui infestent les décadences. Son style n'est pas sans grâce, sa fécondité a de l'élégance. Quant à la pensée, elle lui manque absolument, et cette absence ne l'empêche pas d'être « incomparable » aux yeux de notre ami.

Da Ponte, ce qui n'est pas noble, rentre en grâce auprès de Thérèse, reprend sa place chez Memmo, et s'étant lié avec le Pisani, un grand légiste qui commandait à Venise l'avant-garde esthétique et philosophique des penseurs à la suite de Raynal, continua sérieusement son attaque contre le vieux patriciat, et rédigea sous le toit même de l'honnête sénateur (qui lui donnait du pain!) de magnifiques sonnets en langage des lagunes contre le sénat, sonnets qui eurent grand succès. Le feu ainsi ouvert une fois, il eut été courageux de rester à son poste et de ne pas quitter ses batteries. Da Ponte, en situation de bien savoir ce que lui ménageait la police vénitienne, puisqu'il demeurait chez un inquisiteur, eut vent de certaine dénonciation qui allait le faire comparoir devant le tribunal *della Bestemmia*. La peur le prend, il ne songe plus qu'à *batter la sella*; et il part pour Goritz, la bourse bien garnie par le Memmo, en maudissant *l'ingrata patria*.

Ingrate! — Elle lui devait tant!

§ 6.

Don Juan fugitif. — Goritz.

Arrivé à Goritz, l'élève de Rousseau fait la cour à la première hotellière venue. Le tableau est vif, trop vif, et les austères peuvent ici passer quelques feuillets ou fermer les yeux. Supprimer ces couleurs, serait mutiler le portrait. Le *farfallone amoroso* qui devait écrire « Don Giovani » a toujours brûlé ses petites ailes à tous les feux follets de la route. Il y est mort, pauvre poëte! D'ailleurs c'est son triomphe et sa supériorité d'écrivain, que ce genre de peintures molles et engageantes, si ce n'est lascives; Da Ponte n'est pas pour rien contemporain de Boucher; il s'arrête sur la dernière limite de la sensualité avouable, avec un goût que n'avait point Casanova :

« Goritz, dit-il, est une jolie, antique et noble ville

du Frioul allemand, située sur les rives de l'Isonzo, à douze milles du Frioul vénitien. Quand j'y arrivai, le 1ᵉʳ septembre 1797, je n'avais pas encore vingt-neuf ans. Je ne connaissais personne dans la ville ; et n'ayant aucune lettre de recommandation, j'allai droit à la première auberge que je trouvai, portant sous mon bras un petit paquet qui contenait quelques habits, un peu de linge, un petit Horace (*Orazietto*) que je gardai trente ans dans ma poche, que je perdis à Londres et que je retrouvai à Philadelphie ; — un Dante avec mes notes et un vieux Pétrarque. Cet équipage n'effraya pas la maîtresse du lieu. A peine fus-je entré dans son auberge, elle me jetta une œillade qui ne me déplut pas et qui m'en apprit bien long sur l'avenir ; puis elle me conduisit dans une bonne chambre. Cette personne était belle, jeune, fraîche, et paraissait vive au delà de toute expression. Elle était vêtue à la mode allemande, avec une coiffe brodée d'or sur la tête, un collier d'orfévrerie de Venise du plus beau travail, qui faisait trente tours au moins autour d'un col d'une rondeur exquise et plus blanc que l'albâtre ; les cercles, s'élargissant l'un après l'autre, retombaient enfin sur une poitrine charmante qu'ils recouvraient en partie ; un jupon bien ajusté accusait des formes faites au tour et retombait avec une lascive élégance ; enfin, de jolies chaussettes de soie blanche, que terminait un escarpin rose, découvraient à l'œil ravi la forme admirable du plus petit pied imaginable. Six heures n'étaient pas sonnées encore ; mais comme je n'avais pris de toute la journée qu'une goutte de vin et un peu de pain, je demandai à dîner. Malheureusement pour moi, elle ne parlait que l'allemand et je ne parlais que l'italien.

Cependant la douce langue des signes nous servit à
entendre, et bientôt... »

. . . .

Il faut lire dans la prose de Da Ponte lui-même
ces préludes curieux d'une vie de Don Juan, plus léger
que coupable, plus voluptueux qu'immoral. La jeune
hôtesse, entourée de ses servantes, presque toutes jeunes
et fraîches, enseigne l'allemand et l'amour à Da Ponte;
la déclaration se fait au moyen d'un dictionnaire italien-allemand, où le doigt muet de la jeune femme et
de son nouvel hôte indique les mots révélateurs d'un
penchant mutuel et partagé. On se comprend enfin et,
sur l'ordre de la maîtresse, les servantes disparaissent;
puis elles reparaissent apportant des mets délicats;
enfin elles se mettent à chanter en chœur avec toute
la naïveté germanique :

Il est du pays d'Italie,
Celui que mon cœur a choisi!

C'est quelque chose d'adorable, que cette première
rencontre et cette harmonie de dissonnances, qui s'établit entre le Vénitien et la fille de la Germanie; entre
l'abandon voluptueux et la sincérité sentimentale, entre
la vieille intrigue vénitienne et la jeunesse de cœur.
On voit ici jaillir la première étincelle d'où la partition
du Don Juan de Mozart doit éclore.

Dès que Da Ponte a touché cette terre de l'indépendance personnelle, lui qui vient de la terre magique de
la poésie et du libre amour, il semble que son âme s'épure et qu'un souffle vivifiant pénètre dans sa vie morale. Déjà il n'est plus Vénitien du XVIII° siècle, homme
des Ridotti et des maisons de jeu. Sa bourse est vide;

il refuse les dons de son hôtesse. Il loue une chambre dans un faubourg de Goritz, d'où il adresse à l'Empereur, à l'Impératrice et à tous les grands des odes médiocres; ressource plus ou moins légitime de la mendicité littéraire.

Grâce à ce procédé les gens d'état lui trouvent du talent; on lui envoie quelques écus. Marcolini, le premier ministre, qu'il a appelé Richelieu, le fait venir à Vienne, puis à Dresde. Da Ponte est lancé sur la route de la fortune. A Dresde, déjà pénétré du « Gemüth » allemand, il reconnaît avec surprise qu'il est amoureux à la fois de deux femmes, de la mère et de la fille; il s'arrangerait assez bien de ces deux amours, si la mère, à laquelle l'unité conviendrait mieux, ne venait le prier de se décider soit à droite soit à gauche. Peu à peu il s'accoutume aux mœurs germaniques, joue moins, s'analyse un peu lui-même, et s'achemine vers une demi-sincérité, presque chrétienne, dont les mœurs de Venise ne lui avaient pas donné l'idée. Le père Hubert, grand contrapuntiste, lui prête une *Imitation du Christ;* lui conseille la vertu, et l'envoie à Vienne.

§ 7.

Colonie italienne. — Mozart. — Création de *Don-Juan.*

On n'a pas écrit l'histoire de cette colonie d'exilés volontaires; — italiens qui au xviii° siècle se sont répandus sur toute l'Europe; colonie à laquelle appartenaient Casti, Salieri, Metastase. Ces grands enfants, la plupart spirituels et même bienveillants, se disputent les faveurs de la cour, intriguent, se nuisent et de temps en temps se servent. C'est un Coblentz. La colonie française protestante, chassée par Louis XIV et établie à Berlin, leur ressemble ; seulement l'idée religieuse, par sa sévérité contenait un peu cette dernière. A Vienne, autour de Marie-Thérèse et de Joseph II, à quelles manœuvres, à quels manèges ne se livraient pas ces exilés, le jaloux Salieri, le cynique Casti et même le doux *Trapassi*, qui s'était métamorphosé en Athénien et que la postérité connaît encore aujourd'hui sous le nom bizarre de *Metastasio* (*Meta* (tra) — *Stasio* (passus) — !

Ce fut au milieu de leurs cabales, dans cette mêlée furieuse et sourde d'intrigues envenimées, que se trouva jeté le pauvre Da Ponte. Il fut là fort misérable, ayant un peu moins de vices que les autres. Là il rencontra un jeune allemand ou plutôt un demi Italien des Alpes-Tyroliennes nommé Mozart; celui-ci tout jeune, disgracié comme Da Ponte, ne pouvait pas se faire le moindre protecteur.

Ame simple, Mozart était embarrassé dans les embûches de la vie sociale ; il avait une autre sensibilité que celle de Da Ponte ; celle-ci toute chrétienne, mystique, point sensuelle. Bientôt ces deux parias de la société civilisée s'entendirent. Tous deux adoraient les femmes et d'une manière différente.

Un peu de la légère flamme de Da Ponte s'empara du génie de Mozart. Da Ponte ne fut pas insensible au charme de la naïve et religieuse tendresse dont Mozart avait le don. Ces deux génies se modifièrent pour ainsi dire l'un l'autre ; l'âme légère agissant sur l'âme profonde, et celle-ci prenant des ailes plus agiles.

Da Ponte avait compris le génie musical de Mozart;

il eut le premier l'idée de changer le Don Juan de
Molière en opéra-comique. Mozart accepta ce thème
avec enthousiasme; et Da Ponte, pauvre comme
Mozart, se mit à écrire Don Giovanni, le chef-d'œuvre
des Libretti.

« La nuit, dit-il, et en général à minuit sonnant,
« je travaillais à l'œuvre destinée à Mozart. Une
« bouteille du meilleur vin de Tokay se trouvait à ma
« droite ; le meilleur tabac de Séville, dans une taba-
« tière, à ma gauche ; et le *Dante* dont je lisais quelques
« pages pour monter mon inspiration restait ouvert
« devant moi. Ma verve poétique venait-elle à se re-
« froidir, j'agitais la sonnette et je voyais paraître une
« charmante enfant, fille de la maîtresse de la maison
« et que j'aurais bien voulu aimer seulement comme
« un père; elle avait seize ans. Tantôt, de l'aveu de
« sa mère, elle m'apportait un biscuit, tantôt une tasse
« de café; quelquefois aussi la seule et souriante
« gaîté de son doux visage : cela suffisait pour rani-
« mer ma poésie. Pendant deux mois, et grâce à ces
« interruptions ravissantes, je m'habituai à travailler
« douze heures par jour sans que le travail me pesât.
« Elle, dans la chambre voisine, auprès de sa mère,
« occupée à broder, à coudre ou à lire, elle attendait
« avec l'énergique patience féminine, qu'un coup de
« sonnette l'appelât pour quelques services d'intérieur;
« quelquefois elle entrait; et me voyant très-occupé, ne
« voulant pas me déranger de mon travail, elle s'asseyait
« un peu loin, immobile, les yeux attachés sur moi pen-
« dant que j'écrivais ; s'abstenant même de remuer les
« paupières, respirant doucement, souriant gracieuse-
« ment — et comme prête à fondre en larmes, quand

« elle me voyait trop fatigué de travail. Il m'arrivait
« alors de relever la tête et de la contempler; je vis
« que cela me faisait perdre mon temps, et je finis
« par sonner moins souvent.

« Entre la tabatière, la sonnette, le vin de Tokay
« et la jeune allemande, ainsi s'acheva mon libretto. »

. . . .

Le doux tableau! Da Ponte, croyait n'être qu'un aventurier et un homme de plaisir. Il se trompait et valait mieux.

Une transfiguration morale s'était opérée en lui. Les lignes que nous venons de transcrire sont pleines d'un sentiment nouveau et pur, du divin respect pour l'innocence. Bientôt, lorsque Mozart aura touché le drame de sa baguette magique, on verra naître de ce mariage inattendu la merveilleuse partition, *Don Giovanni*.

§ 8.

Don Giovanni. — Dramma Giocoso.

Dramma giocoso!
Ainsi parle le titre... drame joyeux! Cela est bon à dire. Mais quelle œuvre de théâtre a ému plus de cœurs, fait verser plus de larmes, et laissé des traces aussi vives dans l'âme des nations?

Le destin de cette idée est vraiment merveilleux. Il fallait qu'elle ressortît des profondeurs modernes, qu'elle fût européenne et chrétienne par-dessus toutes les idées, pour faire une telle fortune, parcourir une telle route, inspirer de telles créations. *Don Juan!*...
Prononcer ces deux mots, c'est évoquer la foule des

noms magiques, des belles actrices, des mélodies qui enchantent, des harmonies qui ravissent, des poésies qui enivrent, des ironies qui menacent.

C'est la Malibran, Mainvielle-Fodor, Schrœder-Devrient, Grisi, Catalani, Sontag, Lablache, Rubini; ce sont tous les enchanteurs de nos oreilles et de nos sens.

Puis viennent les philosophes et les poètes ; — Lord Byron et Mozart ; — Molière et Hoffmann.

Remontez plus haut : voici l'espagnol Gabriel Tellez, moine satirique, qui ne créa pas la fable de *Don Juan*, mais qui en devina la profondeur, en sentit la puissance et l'orna des premières fleurs de l'art dramatique.

Don Juan traîne donc après lui la France, l'Espagne, l'Allemagne, l'Italie, l'Angleterre, le monde moderne tout entier ; la satire, l'élégie, le drame, le sermon, le caprice se groupent autour de lui. Tous les talents qui ont traité cette légende ont fait un chef-d'œuvre. Dans nul poëme de lord Byron sa verve sombre et railleuse n'éclate avec une grâce, une liberté, une variété plus capricieuse et plus souveraine que dans son *Don Juan*.

Le chef-d'œuvre de Tirso de Molina, c'est *Don Juan* ou *El combidado de Piedra*.

Don Juan ou *le Festin de Pierre* est, dans le théâtre de Molière, l'œuvre la plus profondément philosophique.

Enfin, quelle partition de Mozart peut se comparer à *don Giovanni* ?

Et les pages critiques d'Hoffmann sur le même sujet ne sont-elles pas un chef-d'œuvre ?

Même notre Italien Da Ponte, philosophe sans pensée

versificateur agréable sans poésie, a senti se relever
son talent, et sa puissance grandir, dès qu'il a touché
cet admirable thème. Dans ce moment de bonheur
poétique et d'innocente extase qu'il a décrits, Da Ponte
a créé le libretto de *Don Juan*, œuvre excellente dans
son ordre, pleine de coloris, de franchise, d'adresse et
de vivacité.

§ 9.

La légende. — Tirso.

La légende primitive de *Don Juan*, fille du catholicisme espagnol, se rapporte à la volupté reine, à la
tyrannie et à l'enivrement du plaisir, elle frappe la
sensualité armée contre le ciel.

Don Juan Tenorio a tué le commandeur d'Ulloa dont
il a déshonoré la fille. Poursuivi par la loi, il ose
chercher asile dans le couvent même des Franciscains,
où sa victime repose. Il y périt : les franciscains répandent le bruit que la statue érigée sur la tombe a
vengé l'insulte du commandeur, et que cette statue de
pierre a entraîné l'audacieux en enfer. — S'il faut en
croire quelques historiens, les moines auraient accompli
seuls l'œuvre de vengeance et se seraient chargés de
satisfaire eux-mêmes la justice divine.

C'était, après tout, une terrible invention que cette
statue de l'insulté, s'animant pour punir le seigneur
féodal! Les couvents d'Espagne exploitèrent la légende;
ils en firent une moralité dramatique, un *auto;* et
souvent, quand ils ouvraient à la foule des fidèles leur
enceinte sacrée, cette représentation de l'athée Don

Juan, puni par la statue vengeresse, frappa le cœur des assistants d'un effroi salutaire.

Au commencement du xviie siècle, un homme de génie, Beaumarchais en capuchon, qui s'appelait Gabriel Tellez et se faisait nommer Tirso de Molina, reprit en sous-œuvre la légende et en fit un drame puissant. Don Juan Tenorio, qui tue un vieillard et enlève une fille, devint pour lui le symbole de la volupté sensuelle, du besoin de jouir, de l'égoïsme voluptueux. Il ne s'agit plus pour Tirso d'une seule maîtresse aimée, abandonnée, séduite; mais du vrai Don Juan qui veut l'amour de toutes les femmes. Armé de richesse et de pouvoir, il concentre sur lui-même tout ce que la terre et le ciel donnent ou promettent de jouissances. Filles de pêcheurs, marquises, princesses, bourgeoises, toutes lui conviennent. Il rit de Dieu et des hommes; — ne songeant pas à l'un; — écrasant les autres.

Cependant il a déshonoré une vierge et tué le père. On le poursuit; il cherche asile dans une église. C'est là que s'offre à ses yeux la statue du père outragé.

— « *Barbe de pierre*, lui dit Don Juan, soupe avec moi ce soir. Je t'invite! »

Et le marbre muet devient vivant et parle :

« — Je viendrai! »

Le soir même, le convive est ponctuel; le convive de pierre (*El combidado de piedra*) fait honneur au festin du jeune homme; puis à son tour il invite Don Juan à venir souper dans l'église qu'habitent les morts sous leurs tombeaux. Don Juan, qui ose s'y rendre, trouve la table dressée sur la tombe. — Alors l'abîme s'ouvre et l'engloutit.

Telle est l'œuvre du Moine.

C'est un chef-d'œuvre en son espèce; Gabriel Tellez y a semé la verve railleuse, l'ironie incisive, les élans lyriques. Son drame fit frémir et trembler l'Espagne, passa les Pyrénées avec Anne d'Autriche, et fut froidement imité par Villiers en 1659, sottement par Dorimon en 1661, avec une supérieure habileté en 1665 par Molière.

§ 10.

Molière.

Ce dernier grand homme retravailla de sa puissante main l'idée et le personnage de Don Juan. Il transforma en raisonneur le jeune homme ardent et sensuel, en athée le voluptueux qui ne compte que sur le présent. Il fit de l'Espagnol luxurieux un Français ironique, brillant, plein d'esprit, aimant à jouir; homme qui croit « que deux et deux font quatre et rien de plus », — athée philosophe.

C'est là une magnifique création.

Avec Molière la fécondité et le pouvoir de ce beau sujet ne sont pas épuisés!

A la fin du xviiie siècle et au commencement du xixe, deux grands poëtes, — un maître des émotions musicales — un roi de la fantaisie poétique, — Mozart et Byron vont saisir Don Juan au passage. Je ne parlerai pas ici du pair d'Angleterre, qui, fatigué de vivre, de jouir, d'aimer, de séduire, de braver les femmes et de conquérir la gloire, s'enfermait le soir dans son caveau des environs de Pise et créait les strophes chatoyantes de ce poëme de *Don Juan*, qui a fait rire et pleurer l'Europe.

Ne nous occupons que de Mozart.

§ 11.

Mozart.

Da Ponte esquissa pour Mozart ce libretto qui, je l'ai déjà dit, est un chef-d'œuvre. Les contours en sont variés et bien fondus; les contrastes hardis et bien ménagés; tout y est harmonieux, facile, entraînant. Il a livré au grand compositeur une charpente excellente; Mozart en a fait un palais de féerie. Entrons-y et qu'un autre homme extraordinaire nous serve de guide, — Hoffmann, ce musicien, conteur et peintre, que l'ivresse du vin et la flamme des arts dévorèrent trop tôt.

La belle ouverture de Mozart jette d'abord cette âme et ces sens impétueux à une double ivresse.

« L'*andante* se fait entendre, dit-il, l'effroi me saisit;
« le terrible et souverain royaume des morts laisse
« s'exhaler des accents qui me glacent. L'horreur m'en-
« vironne. Bientôt éclate la fanfare joyeuse placée à la
« septième mesure de l'allegro; elle résonne comme les
« cris de plaisir d'un criminel; je crois voir des démons
« sortir de la nuit profonde, puis des figures animées et
« gaies danser à la surface d'un abîme sans fond. Le
« conflit de la nature humaine avec les puissances in-
« connues qui l'entourent s'offre clairement à mon es-
« prit. Enfin la tempête s'apaise, le rideau se lève. »

Voici venir Leporello, le charmant poltron, le compagnon de Don Juan, le Gracioso qui n'a pour aubaine que les coups de bâton et les algarades, tant des ennemis de son maître que de Don Juan lui-même.

Notte e giorno fatigar!

« Triste métier que celui de valet d'un roué ! Peu de bénéfices, beaucoup de peines ! Pour lui tous les plaisirs, à moi tous les chagrins ! »

« Don Juan se précipite sur la scène ; — derrière lui accourt dona Anna, retenant le coupable par son manteau.

« Quel aspect, dit Hoffmann ! elle eût pu être plus légère, plus élancée, plus majestueuse dans sa démarche : mais quelle tête ! des yeux d'où jaillissent, comme d'un point électrique, l'amour, la haine, la colère; le désespoir ! des cheveux aux anneaux noirs, qui flottent sur le corps d'un cygne ! une mousseline blanche qui recouvre et trahit à la fois des charmes qu'on ne vit jamais sans danger ! Son sein encore soulevé par l'émotion s'abaisse et s'élève violemment. Et quelle voix ! écoutez-la :

Non sperar, se non m'uccidi ! »

« A travers le tumulte des instruments s'échappent comme par éclairs, les accents infernaux. Le crime va se commettre. Le vieux père accourt, tire l'épée et paie de sa vie son hasardeux courage contre un si terrible adversaire. Il tombe ! Don Juan et Leporello s'avancent ensemble sur le devant de la scène.

« Don Juan, se débarrassant de son manteau, se montre en costume de satin rouge richement brodé. Oui certes, voilà une noble et vigoureuse stature ! Son visage est mâle, ses yeux sont perçants, ses lèvres mollement arrondies ; quelle puissance dans ce front ! quelle magie dans ce regard ! Il semble que les femmes, dè qu'elles en ont subi la magique étincelle ne puissent plus s'en détacher et soient contraintes d'accomplir leur ruine. — Couvert d'une veste rayée de rouge et de blanc, d'un petit manteau gris et d'un chapeau blanc à plumes rouges, Leporello contraste fort avec son honorable maître. Il y a chez lui un singulier mélange de bonhomie, de finesse, d'ironie et de gravité. Ils escaladent les murs, ils fuient.

« Mais des flambeaux reluisent! dona Anna et don Ottavio paraissent : un petit homme paré, maniéré, de vingt et un ans tout au plus. Comme fiancé d'Anna, il demeure sans doute dans la maison, puisqu'on a pu l'appeler si promptement : il a entendu le bruit tout d'abord, et avec un peu plus de promptitude, il aurait pu accourir — peut-être sauver le père ; mais auparavant il fallait qu'il se parât, et le délicat fiancé craint la fraîcheur de la nuit :

« *Ma qual s'offrece, o Dio!*
« *Spettacolo funesto*
« *Agli occhi miei!* » —

Tout est douleurs, terreur, épouvante. Ce n'est pas assez pour Don Juan d'avoir déshonoré la fille, il a tué le père.

« Ainsi s'ouvre ce beau drame : la grotesque douleur de Leporello, l'aventureuse joie de Don Juan, la pâle et douce tristesse du fiancé se combinent et se croisent dans l'habile et vigoureuse trame des premières scènes. Et quel effroi vous saisit, quand le pied de la jeune fille heurte le cadavre ensanglanté de son père.

Elle le baigne de ses larmes, elle appelle sur le meurtrier inconnu la colère céleste. Quel duo et quel récitatif !

Ce n'est point assez d'une seule victime. Bientôt la triste Elvire approche, sacrifiée aussi à l'égoïsme de la volupté. « Elle porte encore, dit Hoffmann, les traces d'une grande beauté, mais d'une beauté flétrie, et vient se plaindre du traître ; elle le cherche, elle le poursuit avec cette rage désespérée de la femme qui sait qu'elle n'est plus aimée. » Le compatissant Leporello la console :

— « Que pouvez-vous attendre, madame, et que pouvez-vous espérer ? c'est un homme à jamais perdu pour vous ! Quoi ! vous irez le chercher dans cet océan de femmes, princesses, duchesses, camérières, de quinze à quarante ans, de la zône torride et du pôle ! Allons, faites-en votre deuil ! » Puis il lui débite ce catalogue si bien détaillé par Lablache, des blondes et des brunes, des veuves et des jeunes filles que le nouveau Joconde a inscrites sur ses registres.

Madamina, il catalogo e questo...

« Six cent quarante et une en Italie ; deux cent trente et une en Allemagne, cent en France ; quatre-vingt-onze en Turquie ; en Espagne, seulement mille et trois.

Cento in Francia ; in Turchia novantuna ;
Ma in Spagna son gia mil e tre. »

Madame, des beautés qu'il aime
Je tiens l'inventaire moi-même ;
Noms de famille et de baptême,
La liste est complète, je crois.

> En Allemage, cent quarante :
> L'Italie en a deux cent trente ;
> En France, quatre cent cinquante ;
> Et chez les Turcs rien que soixante...
> Mais en Espagne, oh ! mille et trois !
> Vous y trouverez des comtesses,
> Des bourgeoises, des altesses,
> Des grisettes, des duchesses,
> Jusques à des chanoinesses !. .
> Des femmes de mille espèces,
> De tout âge et de tout rang.
> Mon maître est tout à chacune ;
> Dans la blonde il voit la lune,
> La comète dans la brune;
> C'est un culte qu'il leur rend.
> En décembre il voit la grasse,
> En juin à la maigre il passe ;
> La petite a plus de grâce,
> La grande en éclat l'efface, etc.

Mais voici Zerline, puis Mazetto ; ce joyeux chœur de paysans, cette farandole pastorale tranchent merveilleusement sur le fond sombre et passionné du drame inventé par Da Ponte.

De princesses, de comtesses, de grandes dames don Juan en a vraiment assez. C'est à la paysanne Zerline qu'il adresse ses hommages; elle va se marier au pauvre Mazetto, et elle l'aime; mais Zerline est faible, elle est femme ; don Juan lui offre sa main, sa fortune, son cœur; elle va céder à la séduction, quand Elvire paraît à temps. Elvire, la douairière de ces beautés délaissées, arrache la jeune villageoise aux étreintes du séducteur.

Bientôt tous ceux que l'égoïsme voluptueux de don Juan a blessés se groupent pour le punir. Anna d'abord lui demande secours contre le meurtrier de son père; elle ignore que ce meurtrier est don Juan lui-même. Mais n'est-il pas gentilhomme? N'est-ce pas à lui qu'il appartient de défendre le faible, de protéger la femme opprimée, de secourir l'innocence, de venger les victimes? N'a-t-il pas la grâce des formes, la séduction des manières, l'apparente franchise, la riante affabilité?

C'est précisément cette séduction qui fait sa force; tous ces dons éclatants de la civilisation et de la nature lui servent à exercer et à étendre sa tyrannie voluptueuse et son égoïsme sensuel. Les ressources de l'esprit, l'audace du courage, l'emploi de la richesse le rassurent. Rien ne l'étonne, rien ne le terrasse ou ne l'accable. Il évite les uns, trompe les autres et emploie à cela Leporello, valet digne d'un tel maître.

Tout à coup au milieu de ce grand massacre de bonheurs féminins l'ennui le prend; il veut, pour se désennuyer, une fête peuplée de femmes; alors il « épanche, comme le dit très-bien Hoffmann, son mépris pour ses semblables, dont il ne fait que des instruments de plaisir », et sa voix éclatante et souple fait retentir l'air brusque et coupé :

Fin che dal vino....

« Le bal va s'ouvrir; avant le bal il faut à don Juan un passe-temps et une distraction; la naïve Zerline a piqué sa curiosité blasée; il veut savoir ce que vaut la résistance d'une fille rustique; il presse son triomphe et n'est pas loin de le remporter, quand son audace est arrêtée en beau chemin par la présence incommode du niais et jaloux Mazetto.

« Enfin la fête commence, et de terribles masques apparaissent. Ce sont Anna, Elvire, Ottavio déguisés;

leur trio est une prière qui monte en accords purs et douloureux vers le ciel. Bientôt le fond du théâtre s'ouvre. La joie éclate : le choc des verres retentit ; les paysans et tous les masques que la fête de don Juan a réunis dansent et forment des groupes animés. Notre petite Zerline, vive et amoureuse, console par des traits charmants le pauvre Mazetto que la jalousie poignarde.

« Mais les trois masques conjurés pour la vengeance s'avancent lentement ; tout devient solennel. Une demi-clarté mélancolique s'épand sur les grands arbres et sur les vastes pelouses du vieux château. Les masques pénètrent dans la salle de danse. On se remet à danser jusqu'au moment où Zerline, que don Juan veut enlever, échappe aux tentatives du séducteur. Grand scandale dans le bal. Don Juan s'avance l'épée haute, et marche au devant de ses ennemis. Il fait sauter le fer des mains du rival, se fraie un chemin à travers la multitude qu'il met en désordre, et triomphe en riant de l'indignation générale. »

Le beau final ! et que ce mouvement de passions contraires est ardent, facile à comprendre, puissant d'effet, énergique et entraînant ! Da Ponte a bien servi le compositeur. Jamais trame mieux tissue, jamais canevas mieux préparé ne furent offerts à un homme de génie par un homme de talent.

Au commencement du second acte, le Sancho de don Juan, ce bon Leporello au manteau rayé, voudrait de tout son cœur quitter son maître. Il a peur que l'enfer ne châtie bientôt un voluptueux qui sacrifie le monde à ses plaisirs ; il a peur aussi, poveretto, de prendre sa part de cette punition méritée. Cependant les arguments de don Juan sont d'une grande puissance sur l'esprit du valet; ils prennent la forme de piastres fortes, et comme don Juan ne les épargne pas, Leporello se laisse convaincre. Une nouvelle fantaisie amoureuse porte don Juan à essayer des femmes de chambre.

— Voilà donc le valet qui troque ses habits contre ceux de son maître, endosse le manteau brodé du seigneur, et lui prête son accoutrement de valet, sans prévoir que tout à l'heure il va lui-même être dupe de celui dont il a servi les ruses.

Notre ami Leporello, transformé en don Juan, est fort embarrassé de sa splendeur; c'est une comédie que don Juan se donne à lui-même. Il y a chez le héros de Da Ponte du Voltaire, du Beaumarchais et du Casanova de Steingalt. Le personnage a grandi depuis le moyen âge, époque où l'on ne voyait en lui qu'un mauvais sujet qui a des maîtresses et se bat souvent en duel. Le nouveau don Juan s'amuse de tout; le but unique de la vie humaine lui paraît être de railler la vie et les hommes. Comment ce manant va-t-il se comporter sous l'écorce du gentilhomme? Comment écoutera-t-il les douloureuses plaintes des femmes sacrifiées par don Juan et qui prendront le valet pour le maître? De quel air recevra-t-il leurs caresses? Et de quelle peur sera-t-il saisi, au moment où don Juan reparaîtra lui-même et viendra lui demander ses comptes?

Cette comédie se joue au bénéfice de don Juan qui, pour la rendre complète, va, la mandoline en écharpe, soupirer sa romance amoureuse sous la fenêtre d'une femme de chambre qui lui a paru jolie.

Bientôt le paysan Mazetto accourt accompagné de ses amis; le village est en rumeur; les paysans brandissent leurs bâtons : chacun s'apprête à tirer vengeance de ce séducteur auquel princesse et fille des champs ne résistent jamais. Où trouver le coupable? Mazetto le cherche partout et ne trouve que le faux Leporello, c'est-à-dire don Juan lui-même ; c'est à lui qu'il confie sa fureur jalouse et sa conspiration. Là-dessus don Juan, vrai gentilhomme, le rosse d'importance.

Zerline reparaît ; elle console Mazetto, et lui chante un joli petit air! Elle possède un remède, un remède admirable, un remède excellent, agréable, *buonino, c naturale...* et les apothicaires ne le font pas :

*E lo speziale
Non lo sa far, no.*

Puis elle s'en va trottant et chantant, la main de Mazetto sur son cœur :

*Sentilo battere
Toccami qua!*

Heureux Mazetto!

Ce petit air, fort bien écrit par Da Ponte, respire la malice égrillarde et l'esprit libertin de sa jeunesse. Leporello cependant, vêtu comme son maître, tombe entre les mains des vengeurs qui cherchent don Juan de tous côtés : Ottavio, Zerline et Anna mettent la main sur lui. Hélas! ce n'est que Leporello qu'ils rencontrent; il tombe à genoux, prie, supplie, demande grâce, se sauve à toutes jambes et retrouve son maître.

Rapide, légère, passionnée, la musique de Mozart a couru jusqu'ici à travers tous les caprices de ce joli drame lyrique. Elle va s'élancer d'un pas plus terrible, plus grave, non moins vigoureux. L'orchestre annonce, par de sourdes et lointaines préparations, que la vengeance passera des mains impuissantes des hommes aux mains toutes-puissantes de Dieu.

Voici les tombeaux; une enceinte fermée, de grands murs, la grave statue d'un vieux guerrier à cheval, la clarté de la lune qui tombe pâle sur le visage pâle, sur le coursier blanc et immobile.

Don Juan a continué ses fredaines amoureuses ; il en prépare de nouvelles. Il s'enivre de ces plaisirs qui ne tarissent pas pour lui ; à la sensualité il joint l'ironie. Environné de ces sépulcres, il imagine de nouveaux moyens de plaisir et rêve des intrigues originales, quand tout à coup la statue parle ! La menace et l'anathème tombent de ses lèvres de marbre. Le commandeur, le père d'Anna, le vieillard dont l'épée de don Juan a traversé la poitrine, lui dénonce la vengeance de Dieu.

« Invite-le à souper ce soir, dit don Juan à Leporello, ou je te tue ! »

Leporello frissonne. D'une voix tremblante il invite le commandeur. La statue répond à l'invitation, en abaissant avec lenteur sa tête de pierre. Leporello voudrait se cacher dans le centre du globe.

« Ah ! tu as peur, s'écrie don Juan ; eh bien ! ce sera moi qui l'inviterai !

« — Commandeur ! viendras-tu souper ?

« — Oui ! »

Il viendra ; et sa promesse ne sera pas vaine. Entendez retentir cette harmonie audacieuse, bravade jetée à l'enfer :

Gia la mensa e preparata!

Tout est illuminé chez don Juan ; il veut recevoir dignement son hôte qui arrive du royaume des morts.

« Il s'assit, dit Hoffmann, faisant sauter les bouchons les uns après les autres, et livrant passage aux esprits impétueux qui frémissaient de leur joug. C'était dans une chambre profonde, avec une haute fenêtre gothique, qui laissait entrevoir la lune sous les sombres nuages de la nuit. La table était couverte des mets les plus exquis ; les légères Andalouses formaient pour le distraire leurs plus voluptueux enlacements. Bientôt apparaît Elvire, qui les yeux pleins de larmes et la voix pleine de sanglots, tombant à genoux devant l'infidèle, lui rappelle tous ses serments; les éclairs traversent le ciel; on entend l'approche sourde de l'orage. »

Byron, dans son *Child-Harold*, décrit les mêmes scènes. « Là chantaient et dansaient d'aimables et bril-
« lantes beautés, douces à voir, faciles de cœur, charmes
« dangereux, fleurs trop fragiles. Leurs formes déli-
« cates, répétées par les vieux miroirs de Venise, n'ins-
« piraient plus qu'indifférence au jeune homme fatigué
« de plaisirs et dont la main laissait échapper languis-
« samment la coupe pleine de nectar. »

« Quelqu'un frappe. Elvire et les jeunes filles s'enfuient ; au milieu des chœurs effroyables d'esprits infernaux, s'avance le colosse de pierre. Le sol tremble sous les pas tonnants du géant. Leporello pâlit et se cache sous la table ; et lorsque l'envoyé de Dieu somme don Juan de se repentir;— à travers la tempête, le tonnerre et les affreux hurlements des démons, don Juan prononce son terrible « No ! »

« L'heure est arrivée. La statue disparaît; une épaisse vapeur remplit la salle, puis elle se dissipe et laisse voir des figures horribles ; don Juan se démène au milieu des tourments de l'enfer. — On ne l'aperçoit plus que voilé de nuages et environné de démons. Une explosion a lieu enfin. Don Juan et ses acolytes infernaux ont disparu; Leporello demeure étendu sans mouvement dans un coin de la salle.

« Que de bien vous fait alors l'apparition des autres personnages qui cherchent inutilement don Juan ! Il vous semble que vous venez d'échapper à la puissance des divinités infernales.

« Vous êtes libre — votre cœur oppressé respire! »

« On jugerait légèrement Mozart, si l'on croyait qu'il a pensé et composé sur un motif puéril une semblable musique. Un bon vivant qui aime le vin et les filles, qui invite follement à sa table la statue de pierre d'un vieil homme qu'il a tué en se défendant!... Certes, il n'y a pas là beaucoup de poésie. Ces futilités valent-elles la peine que les puissances infernales montent sur la terre? Don Juan mérite-t-il qu'une statue prenne une âme et descende de son cheval de marbre pour l'avertir de la colère du ciel?

« Non ce n'est pas cela :

« La nature avait pourvu don Juan, le plus cher de ses enfants, de tout ce qui élève l'homme au-dessus de la foule condamnée à souffrir et à travailler; elle lui avait prodigué les dons qui rapprochent l'humanité de l'essence divine ; elle l'avait destiné à briller, à vaincre, à dominer. Elle avait animé ce corps vigoureux et accompli d'une organisation magnifique, cette poitrine d'une étincelle céleste; elle lui avait donné une âme profonde, une intelligence vive et rapide. Les désirs qu'enfantait cette puissante organisation l'enivrèrent, une ardeur longtemps contenue fit bouillonner son sang, et entraîna le jeune homme à des plaisirs sensuels toujours renouvelés ; l'espoir d'y trouver une satisfaction complète, le bonheur qu'il cherchait partout en vain le perdit.

« En effet, il n'est rien sur la terre qui élève plus l'homme dans son intime pensée que l'amour. C'est l'amour dont l'influence immense et victorieuse éclaire notre cœur et y porte à la fois le bonheur et le trouble. Peut-on s'étonner que don Juan ait espéré apaiser par l'amour seul les désirs qui le dévorent?

« Le démon tend son piége. Il inspire à don Juan la pensée folle que l'amour des femmes assouvira le désir infini qui le torture. Volant sans relâche de beauté en beauté, s'enivrant de toutes les voluptés, poursuivant un idéal impossible, don Juan finit par rester écrasé sous le poids de la réalité sensuelle. Une nouvelle conquête féminine n'est plus pour lui une joie des sens; c'est une insulte audacieuse à la nature humaine et à son créateur.

« Un profond mépris pour la manière vulgaire d'envisager la vie; une gaieté ironique et intarissable à la vue du bonheur tel que le conçoivent les esprits bourgeois ; le dédain que lui inspirent le calme et la paix de ceux à qui le besoin de remplir les plus hautes destinées de notre nature divine ne s'est pas fait sentir; — tout le porte à se faire un jeu cruel de ces créatures douces, humbles et plaintives, à les faire servir de jouet à son caprice. Chaque fois qu'il enlève une fiancée chérie, qu'il trouble le repos d'une famille unie, c'est pour lui un triomphe remporté sur la nature et sur Dieu. L'enlèvement d'Anna, avec les circonstances qui l'accompagnent, est la plus haute victoire de ce genre, à laquelle il puisse prétendre.

« Dona Anna par ses perfections même est opposée à don Juan. Elle a, comme lui, la beauté du corps et de l'âme ; mais elle a conservé la pureté idéale, et l'enfer ne peut la perdre que sur la terre. Qu'elle cesse d'être pure ; la vengeance doit frapper.

« Dona Anna était née pour devenir l'idéal de don Juan ; mais il l'a vue trop tard, il ne peut accomplir que la pensée diabolique de la perdre. — Elle n'est pas sauvée ; elle succombe !

« Au début de l'action l'attentat est consommé. L'enfer qui seconde don Juan a rendu toute résistance inutile.

« La mort de son père, tué par la main de don Juan, ses fiançailles avec le froid, l'ordinaire, l'efféminé don Ottavio, qu'elle croyait aimer autrefois ; l'amour même qui la dévore, qui a brûlé son sein dès le moment où elle s'est livrée, tout lui fait sentir que la perte de don Juan peut seule lui rendre le repos, mais que ce repos sera la mort pour elle ! Aussi excite-t-elle à la vengeance son glacial fiancé ; elle poursuit elle-même le traître, et ne retrouve un peu de calme qu'après l'avoir vu en proie aux démons. Seulement elle ne veut pas céder à ce fiancé. Elle demande un an de délai : *Lascia, o caro, un anno ancora allo sposo del cor mio !* Elle ne survivra pas à cette année ! Don Ottavio ne verra jamais dans ses bras celle qui a été marquée de l'empreinte brûlante du Démon voluptueux, — la femme qui a eu don Juan pour amant ! »

§ 12.

Conclusion.

Le poëme de Da Ponte inspira bien Mozart.

Né à une époque où la mélodie de l'Italie, la science harmonique de la Germanie et l'expression dramatique perfectionnée par nos compositeurs français avaient donné leurs produits les plus remarquables, Mozart sut grouper et réunir en gerbe musicale la fleur et la beauté de ces trois écoles.

La sujet avait retenti dans son âme profonde; son organisation d'artiste se développa dans sa liberté et sa puissance; de là ce chef-d'œuvre qui allie l'énergie de Gluck et le charme de Paësiello, à la grande harmonie de Sébastien Bach.

J'ai voulu couronner, par ce commentaire de l'allemand Hoffmann, la vie de Da Ponte, qui seule explique la création de *don Juan*.

MOZART, WEBER, GRETRY

ET LA MUSIQUE EN FRANCE

MOZART, WEBER, GRETRY

ET LA MUSIQUE EN FRANCE

§ 1er.

La Musique en France.

L'éducation sociale de la France ne lui avait inspiré ni le goût ni le génie de la musique.

Intelligent et héroïque; ami de l'activité et de la règle dans l'activité ; soumis à la discipline ; régulier malgré sa mobile essence ; logique, passionné pour le fait, amateur de la ligne droite qui est la plus courte, et de l'abstraction qui est la ligne droite réalisée ;

Ce beau, ce charmant pays n'est pas essentiellement et naturellement artiste ; il est sociable.

De là notre vieux caractère logique, notre vieil esprit gausseur, notre vieille littérature: point de balades, rien de vague, peu de légendes ; le récit avant tout, la gaudriole ensuite ; puis le trait, l'anecdote, le raisonnement ; assez de pédantisme, infiniment de verdeur et de sève caustique. La langue elle-même se meuble de sous-entendus fins et d'ironies secrètes.

Mais la musique !

Au beau milieu du XVIIIe siècle à peine les Français se doutent-ils de ce que c'est.

§ 2.

Mozart à Paris.

— « Comme ils crient, ces Parisiens ! quels glapisse-
« ments ! quels gémissements ! quelles habitudes de
« chant (dit Mozart père à son fils, en 1764) ! Et quel
« horrible goût ! » — « Ils n'ont pas changé (écrit à son
« tour, en 1780, Mozart à son père). C'est toujours le
« même vide, la même sécheresse, la même froideur
« dans leurs airs ; encore s'ils ne gâtaient pas nos
« beaux morceaux italiens ! » — « Patience ! reprend
« le père ; on ne change pas une nation en un tour de
« main. Ces gens-là ont fait un pas, un grand pas.
« Ils écoutent déjà la bonne musique. Plus tard, ils
« parviendront à distinguer la bonne de la mauvaise.
« Tu te mets trop en colère, mon enfant ! »

Le petit Mozart, enfant de génie qui n'était pas un
saint, continuait à se mettre en colère. L'a-t-on assez
mal reçu chez madame de Rohan-Chabot ! avec quel
dédain ! et sans l'écouter même !

« M. Grimm m'a donné une lettre pour madame la
« duchesse de Chabot, et j'y ai couru. Le but de cette
« lettre était de me recommander à madame la duchesse
« de Bourbon (qui était alors au couvent), et de me
« rappeler au souvenir et à l'intérêt de madame de
« Chabot. Huit jours se passent sans que j'entende
« parler de rien. Mais on m'avait engagé à revenir au
« bout de huit jours ; je n'y manque pas, et j'accours.
« J'attends d'abord une demi-heure dans une pièce
« énorme, sans feu, sans poêle, sans cheminée, froide

« comme la glace. Enfin, la duchesse de Chabot arrive
« avec la plus grande politesse, et me prie de me con-
« tenter du clavecin qu'elle me montre, aucun des
« siens n'étant prêt; elle m'engage à l'essayer. « Très-
« volontiers, lui répondis-je ; mais en ce moment cela
« m'est impossible, car j'ai les doigts tellement gelés
« que je ne le sens plus. » Je la prie de vouloir bien, du
« moins, me faire entrer dans une pièce où il y aurait
« une cheminée et du feu. *Oh ! oui, Monsieur, vous avez
« raison.* Ce fut toute sa réponse. Alors elle s'assit, se
« mit pendant une heure à dessiner en compagnie de
« quelques messieurs qui étaient réunis en cercle au-
« tour d'une table. Là j'eus l'honneur d'attendre encore
« pendant toute une heure. Portes et fenêtres étaient
« ouvertes. J'étais glacé non-seulement des mains et
« des pieds, mais de tout le corps, et la tête commen-
« çait à me faire mal. Il régnait dans le salon *altum si-
« lentium;* je ne savais plus que devenir, de froid, de
« migraine et d'ennui. J'eus plusieurs fois envie de
« m'en aller roide : je n'étais retenu que par la crainte
« de déplaire à M. Grimm. Enfin, pour abréger, je jouai
« sur ce misérable piano-forté. Le pis, c'est que ni Ma-
« dame ni ces Messieurs n'interrompirent un instant
« leur dessin, et que je jouai pour la table, les chaises et
« les murailles. Enfin, excédé, je perdis patience.
« J'avais commencé les variations de Fischer; j'en
« jouai la moitié et je me levai. Alors une masse d'*élo-
« ges.* Quant à moi, je leur dis ce qu'il y avait à dire :
« *qu'avec un pareil clavecin il n'y avait pas moyen de
« se faire honneur, et qu'il me serait fort agréable de
« jouer un autre jour sur un meilleur instrument.*
« Mais elle n'eut pas de cesse que je ne consentisse

« à rester encore une demi-heure pour attendre son
« mari. Celui-ci, à son arrivée, s'assit près de moi,
« m'écouta avec la plus grande attention, et alors
« j'oubliai le froid, la migraine, l'attente, et malgré
« le misérable clavecin je jouai comme lorsque je
« suis en bonne disposition. Donnez-moi le meilleur
« instrument de l'Europe, et des auditeurs qui n'y
« comprennent rien, ou n'y veulent rien comprendre,
« et qui ne sentent pas avec moi ce que je joue, je
« perds toute joie, tout bonheur à jouer. J'ai plus
« tard tout raconté à M. Grimm. Vous m'écrivez que
« vous pensez que je fais force visites pour faire de
« nouvelles connaissances ou renouveler les anciennes;
« mais c'est impossible. Il n'y a pas moyen d'aller à
« pied ; tout est trop loin et il y a trop de boue ; car
« Paris est une ville horriblement boueuse, et pour
« aller en voiture, on a l'honneur de jeter quatre à
« cinq livres par jour sur le pavé, et encore *pour rien*,
« car les gens se contentent de vous donner des com-
« pliments et pas autre chose. On me prie de venir tel
« ou tel jour; j'arrive, je joue, on s'écrie: *Oh ! c'est un
« prodige, c'est inconcevable, c'est étonnant !* — et puis:
« *Adieu.* En ai-je jeté ainsi par les rues de l'argent,
« dans les commencements, le plus souvent sans même
« rencontrer les gens! On ne croit pas de loin com-
« bien cela est fatal. En général, Paris a beaucoup
« changé: il s'en faut de beaucoup que les Français
« aient encore la même politesse qu'il y a quinze ans;
« ils sont bien près de la grossièreté, et de plus ils sont
« horriblement orgueilleux. »

§ 3.

Le premier coup d'archet.

Avant de rencontrer Da Ponte à Vienne (1), Mozart, presque enfant, déjà maître de son art, est accueilli de cette manière par les belles Dames parisiennes. Il n'est pas encore à la mode; on le traite en conséquence.

Chemin faisant, il observe et juge fort bien l'état des mœurs et des esprits: « Les Parisiens, dit-il, ne sont qu'engouement : » et ailleurs :

« Les Français aiment les masses; leurs ensembles
« marchent très-bien... »

« Les chœurs, détestables en Angleterre et très-
« mauvais en Allemagne, *sont excellents à Paris.* » —
« Il dit aussi que les — Parisiens attachent beaucoup de
« prix au *premier coup d'archet.* » — « Cela passe ici
« pour une très-grande affaire, *le premier coup d'ar-*
« *chet !* Je n'ai pas manqué d'y être. Eh bien ! quoi ?
« On part ensemble comme partout. C'est à mourir de
« rire ! » En effet nous aimons les masses. Ces instrumentistes qui partent ensemble nous ravissent. O Mozart ! votre race ne ressemble pas à la nôtre. Vous préférez l'individu ; nous aimons l'ensemble. Vous chérissez le talent individuel ; nous adorons les grosses masses. Nos soldats attaquent en colonnes; les vôtres ont bien de la peine à se régler. Nous allons ensemble, au pas, vivement, tambour battant, mèche allumée. Sociables, socialistes, amis de l'ensemble (qui est aussi

(1) V. plus haut, p. 200.

une abstraction), ennemis des originalités et des individualités qui sortent de ligne et nous dérangent, il nous faut une direction suprême, un *premier coup d'archet*. O maître Mozart, c'est la grande nécessité de notre orchestre et de notre France. La société chez nous n'a jamais voulu aller seule. Il nous faut des dictateurs. Boileau a été dictateur; avant lui, Ronsard; Voltaire après lui. Le bâton, est un dictateur; maître de l'orchestre, il frappe dur, tape ferme, fait un bruit du diable; demandez à Berlioz. La charmante rage de Berlioz contre le *tack* du bâton ne changera point son pays, qui a toujours exigé des écoles, demandé des régulateurs et voulu des maîtres.

O cher et grand Mozart, vous mort si jeune, vous qui comme Byron et Pascal, avez quitté la vie dans toute la simplicité passionnée de votre âme, s'il vous était donné de reparaître à la lumière, et qu'on voulût bien vous céder une petite place dans l'orchestre des musiciens, vous trouveriez que nous avons fait de grands progrès! vous seriez content de ce religieux silence, de cette audition attentive; — de mademoiselle Duprez qui pose et dirige admirablement sa voix, de madame Ugalde qui a de l'énergie, de l'entrain, de la verve et du savoir, de madame Miolan délicatement passionnée. Quel chef-d'œuvre que le trio de ces femmes! Quel prodige! Mozart leur baiserait les mains avec joie.

Que ne revient-il par une belle soirée de juin, pauvre artiste qui a tant souffert! Il a souffert, je l'ai dit, et beaucoup souffert des ennemis, des rivaux, des intrigues, des menées, de la pauvreté, des méchants discours, des folies, des sottises, des orgueils et des malices. Vous auriez peine à imaginer de quel ton l'archevêque de Salzbourg le traitait! « Polisson ! » et « Drôle ! » et « Décampez-vite! » ce qui en allemand (et à la troisième personne du singulier) est une grossièreté incomparable quand même on l'adresserait à un quadrupède.

Lisez ses lettres dans la biographie confuse et mesquine de Nissen, ou seulement celles que M. le chanoine Goschler en a extraites et a traduites en français sous un titre excessif et exclusif : *Vie d'un artiste chrétien.* Vous saurez combien l'âme de Mozart, chrétienne, ardente, douce, aimante, sévère; combien cette pauvre âme a saigné et pleuré ; quel labeur a écrasé l'artiste; quels envieux lui ont tendu leurs piéges ordinaires ; vous saurez ses aspirations, et sa simplicité, et ses tristesses, et son ironie amère, et sa rêverie éplorée.

Ironie et rêverie ! Ironie contre l'affectation et la rapacité, contre la sottise, l'intrigue et le mensonge; rêverie passionnée et naïve, qui baigne et amortit la ferveur sensuelle dans le délire mélancolique de l'âme. C'est le double caractère des génies complets : — Racine comme Shakspeare, Cervantes comme Tasse, Milton comme Dante, Mozart comme Rossini, tous se balancent entre ces deux pôles de la satire et de l'amour. Tel incline vers l'amour, tel autre vers la satire. Dante arme sa poésie de vengeance, Tasse s'affole de céleste beauté. Heureuse et divine variété des esprits, des tempéraments et des natures ! Elle rend le monde où nous sommes adorable ! Qui comprend seulement ou la satire cynique de Rabelais, ou les tendresses de l'âme féminine possède la moitié d'un génie; rien de plus.

Byron a dit un mot profond : *Le génie a les deux sexes.*

Tel est en effet le génie de Mozart. Il est double; — viril par la complexité et la vigueur des étreintes; féminin par la grâce et la tendresse.

Il possède les combinaisons de nombres; — *l'algèbre de la musique;* signe viril ; — force.

La vive source de la mélodie est en lui ; — *l'inspiration de la musique;* signe féminin.

Il est symphoniste, ou *panthéiste;*
Il est mélodiste ou créateur de *chants célestes ;*

— Mozart a puisé dans le fond même du xviii° siècle la sensualité ardente, toute frémissante de passions et de désirs.

— Il l'a élevée et spiritualisée dans l'éther d'une candeur religieuse et profonde.

— Il a créé des sonorités variées, — *matérialisme* de la musique.

— Il possède le sentiment de l'harmonique *unité*, qui est le don suprême et le divin accord.

§ 4.

Weber. — Son génie.

A Mozart, contemporain de Jean-Jacques, succède Weber, contemporain de Byron et de Napoléon.

Le nouveau musicien serre et presse son rhythme ; son accent devient ardent, fébrile, passionné et terrible. La foudre de la Révolution a grondé sur son berceau. Weber a quinze ans lorsque le premier Consul marche à l'empire. Il a vingt-quatre ans lorsque le canon français ébranle l'Europe. Il écrit, chante et compose au bruit du tambour et de la mitraille. C'est le moment où le vieux Fichte, la hallebarde au poing (et il la dépose au pied de sa chaire), prêche le stoïcisme du *Selbst* aux étudiants rêveurs et résolus. La vieille Allemagne tout entière s'est levée contre Napoléon. La vieille ballade a repris son vol, éveillée avec le vieux rêve allemand. De nouveau l'on voit passer dans les bois épais les anciens fantômes germaniques et le chasseur noir qui court dans les nuages; — et l'on entend siffler la balle enchantée; — et la longue chasse des ombres va roulant sur le Taunus et dans le Schwarzwald.

Entre 1800 et 1820 tous les spectres germaniques se dressent, se heurtent et se pressent pour résister aux légions françaises.

Ainsi ce que la vie moderne et la lutte du sang ont de plus émouvant et de plus réel; — et ce que le monde magique a de plus fantastique et de plus vague se confondent pour inspirer Weber; les ombres, les gnômes, les goules, le chant des poëtes, les superstitions du peuple, la magie et le surnaturel prennent part au grand combat de l'Europe du Nord contre Napoléon.

Kœrner meurt en serrant sur sa poitrine sanglante sa bonne épée, à laquelle il adresse une *ode* sublime;

Les murmures de la féerie, les demi-clartés du crépuscule, les échos du passé, l'accent sauvage de la lutte, et le bruit du clairon et la marche rhythmée des bataillons trouvent leur place dans l'œuvre de Weber. Il est unique à cet égard.

Il obéit à ce double mouvement.

Ce double élément contradictoire, sauvage et féerique, fantastique et guerrier, se trouve confondu dans *Obéron* et *Euryanthe*, dans le *Freischutz* et *Préciosa* ; ces légendes et ces rêves, éclos sous les vieux chênes du Ruebezahl, n'ont rien de français; ils sont du passé et du monde Teutonique. Ils sont anti-français. Ils n'ont rien de latin, de grec, de classique, de civilisé. Une volonté passionnée y éclate, abrupte et puissante ; tantôt bercée par le rêve, tantôt s'élançant au combat ; toujours spontanée, incisive et irrésistible.

§ 5.

De la vie dans les arts. — Grétry. — Avis aux compositeurs modernes.

La grande qualité qui éclate chez Weber, comme chez Mozart, c'est la *Vie!* Sauvage chez Weber; religieuse chez Mozart.

Chacune de leurs œuvres est non pas une combinaison morte et factice, mais une organisation *vivante*, originale et personnelle.

On peut en dire autant des partitions de *Spontini*, de *Rossini*, d'*Auber*, même de *Grétry*.

Un souffle vital les anime.

Écoutez la plus légère, la plus enfantine parmi les partitions de Grétry. Quelque simple que soit l'accent, c'est une âme qui parle.

Grétry va devant lui sans préoccupation de docteur ; il marche sans arranger les plis de sa robe. De tous côtés la mélodie s'éveille, part, se développe comme la vive source d'une roche alpestre, avec une ferveur, un jet, une grâce enchanteresse. A peine la voix a-t-elle donné le premier son, la passion s'annonce et bientôt elle éclate. Sans beaucoup de préparations, sans apprêt scientifique, sans habileté de travail, sans attentive élaboration, notre homme fait son œuvre. Il dessine plutôt qu'il ne peint, mais le trait est vif et l'accent vrai !

L'autre jour j'avais près de moi, à l'Opéra-Comique, l'un des ingénieux et des savants musiciens de ce temps-ci, et nous causions :

« Je voudrais, lui dis-je, que nos compositeurs nouveaux vinssent écouter Grétry. Ce bonhomme n'a aucun de leurs mérites ; mais il possède une qualité, une seule qui les vaut presque toutes, l'inspiration. Spirituels, savants, raffinés, opulents en ressources, féconds en moyens, l'inspiration leur manque trop souvent.

— « Ils y suppléent par la combinaison.

— « Aujourd'hui nous faisons tout avec la combinaison et la ruse ; Machiavel est notre maître ; nous portons une profonde politique dans les arts. La froideur, le calcul, le génie arithmétique semblent le dernier terme du beau. L'enthousiasme paraît puéril, la naïveté idiote, le sentiment maniaque. Au rebours du xviii° siècle, qui cherchait le sentiment partout, qui l'exagérait, en abusait, en poursuivait l'expression avec amour, quelquefois avec fureur et avec rage. Voyez celui-ci ! Ce cher Grétry! Comme il est du xviii° siècle ! Et que cette simple partition est jolie ! et expressive !

— « A la bonne heure ! reprit mon ami... mais avouez, cela est ridicule ! *Ce soldat aux gardes*, libertin vertueux, amoureux de toutes les femmes, sentimental, élégiaque et franc buveur ! Cela ressemble à Watteau ou à Greuze, dont les chairs roses et les petites filles minaudières appartiennent au même xviii° siècle.

— « Ne dites pas trop de mal du xviii° siècle. Ce siècle était sincère dans ses aspirations, ses espérances et ses chimères. Il croyait à la pastorale et adorait la nature ; dentelles et broderies, jabots et éventails ne l'empêchaient pas d'être vrai. Gluck était vrai. Diderot était vrai.

« — A votre aise. Néanmoins la musique de Grétry est une musique primitive, élémentaire, sans couleur, sans ampleur, sans puissance, *guinguette*.

« — Elle a le sentiment, la passion et l'accent. Je vous abandonne la pauvre instrumentation du Liégeois : peu de cuivre, à peine quelques flûtes ; le violon et le hautbois ; mais l'essence de la musique lui appartient bien plus qu'aux érudits et aux éclatants de ce temps-ci. Il est inspiré. »

§ 6.

Des variations de la mode et de celles du goût musical. — L'indifférence actuelle. — Les six jeunesses. — Le gandin.

O compositeurs modernes ! vous avez du talent, de la science, de l'esprit et de l'audace ! Vous êtes sonores et coquets, colorés et riches de notes, de souvenirs, de travail, de contre-point et d'amis.

Mais que de bruit, juste ciel ! et que de claqueurs ! Quel tapage !

Résistez donc à votre époque, résistez à cette terrible suprématie des éléments brutaux et matériels qui veulent l'emporter sur l'âme et l'esprit ; refoulez le cuivre, le fer, le bronze, l'acier, — et le claqueur.

Cette tyrannie de la matière est redoutable à l'art. Trop d'arabesques et de délicates sculptures ; trop de catastrophes matérielles ; un luxe violent, sensuel, effréné, tapageur ; — enfin la matière déchaînée.

Voici comment s'explique ce progrès de la matière brute, envahissant sous forme de claqueurs et sous forme d'ophicléides le domaine sacré de l'art. A force de sensations et de passions, à force d'engouements et d'enthousiasmes nous sommes parvenus à l'indifférence. La musique a varié comme la mode. Sentimentale du temps de Jean-Jacques et de Grétry; déclamatrice avec Werther et Gluck ; guerrière avec Weber et Byron ; elle est devenue coquette avec Auber et Balzac. Toutes les phases sont épuisées maintenant.

Que d'expériences faites sur la matière française ! De combien de façons a été pétrie la pâte nationale ! Quel déplorable atelier que notre société décomposée et recomposée ! Le Micromégas qui préside à ces élaborations a dû prodigieusement rire !

De 1750 jusqu'à 1838, entre l'époque de Grétry et la nôtre, je trouve six nuances, six *couches* superposées de modes et d'engouements successifs, acceptés par la France. Ce sont en général les jeunes et les sots-jeunes, qui donnent l'impulsion ; cervelles creuses, ardentes, excessives, qui absorbent ou exagèrent la mode. La masse les suit. Parvenus à quarante ans, ces exagérés s'apaisent, gouvernent une boutique ou des enfants, retombent niaisement dans la masse et dans l'opaque, éteignent leurs nuances éclatantes et deviennent sobres, gris, médiocres, comme ils étaient nés. Une nouvelle génération de fous, — mais de couleur contraire — les remplace et bientôt les imite.

Les *six jeunesses!* ou les *six générations!*

Comptez sur vos doigts.

Le *Jean-Jacques* se développait vers 1760, au temps de Grétry; l'apprenti *Werther*, entre 1780 et 1790; le jeune *Phocion* ou le Grécophile, vers 1792, en pleine Révolution; le *Byronien*, vers 1812; enfin le *Balzac*, vers 1840.

Aujourd'hui notre symbole, plus effacé, non moins curieux, le *Gandin* représente l'ennui, l'indifférence, la somme totale de toutes ces banqueroutes.

Le *Jean-Jacques* a disparu de la scène avec ses larmes, ses douleurs et ses susceptibilités microscopiques. Je ne vous méprise pas, ô fils de Saint-Preux, frère de Greuze! Le plus singulier, le plus doux, le premier, vous n'êtes pas le plus sot de mes six jeunes gens.

Vous aviez au moins de nobles et de douloureuses aspirations; vous faisiez effort vers la nature et le vrai.

Le *Werther* de 1780 n'est que la dégénérescence de Saint-Preux. *Werther* sème l'ennui et respire l'ennui. Il s'estime un grand personnage et ne fait rien. Couché dans l'herbe, il médit des religions; oisif, il médit des laborieux. Il a mis à la mode les bottes à revers jaunes et l'habit bleu barbeau; sa plainte éternelle aboutit à un mariage d'épicier.

Si le *Werthérien* m'impatiente, le *Phocion* dont je ne parle pas m'étonne et m'effraye; — le *Byronien* m'exaspère. Le pseudo-*Jean-Jacques* était malade; son cœur souffrait avec son orgueil; chez le *Werthérien* le cœur s'enterrait, l'esprit s'émoussait; l'orgueil resté seul sonnait la cloche funèbre sur les débris de l'activité humaine; chez le *Byronien*, l'orgueil épouse la fatuité.

Celui-ci, aristocrate, bien ganté, cravache en main, regarde la lune, bêle des élégies et lance des strophes. Comme il est drapé et costumé avec soin, le peuple le regarde. Place au Byronien ! Funèbre, col rabattu, la peau blanche, fataliste, voué aux Furies, triste, bien nourri cependant, méprisant les femmes, adorant ce qu'il méprise et foulant aux pieds ce qu'il adore ! ô l'ennuyeux garçon ! C'est lui qui a inventé la *pose*. La *pose*, cette muse de notre époque engourdie; tartuferie de la mise en scène; hypocrisie du costume et de la décoration.

La jeunesse qui s'est modelée sur Balzac, aujourd'hui un peu fripée, date de 1840.

Le *Balzac* s'appelle *Arthur de Nucingen*, ou *l'homme fort* ; il a fait ses premières dents sous la Restauration. Il était en pleine beauté sous Louis-Philippe et il a du ventre. C'est un mécontent; il a été auditeur. Il a ébauché ses études dans la *Peau de chagrin;* sa redingote noire est boutonnée jusqu'au menton ; homme du monde, il porte la croix d'honneur et il a dirigé un journal politique. Comme il tranche ! comme il décide ! comme il parle haut ! Son frac est aujourd'hui râpé ; son habit fané ; sa voix rauque. Il abusa jadis du vin de Champagne et des antichambres ministérielles. Il tend le jarret, il a de l'audace, apparente du moins ; le verbe haut ; la désinvolture grave. Il est danseur. Il sait les coulisses. Il est ergoteur et jurisconsulte. Il va devenir catholique.

Belle fusion de Panurge, de l'avocat, du marquis et de l'alguazil ! Malgré sa toux, son ventre et sa poitrine essoufflée, notre *homme fort* aime l'orgie; il croira toujours à l'orgie, c'est-à-dire à deux bouteilles de méchante liqueur chargée de gaz délétère, et à deux ou trois êtres équivoques, jetant au hasard leurs paroles, leurs bras et leur cœur. Il croit en outre à Rabelais, au gendarme, à la préfecture de police et à la décence.

Après 1850, la mode et l'engouement, à bout de voie, sont tombés dans l'apathie et la plus profonde indifférence.

Le représentant de notre dernière époque a reçu un nom singulier; il s'appelle le *Gandin*. C'est l'ennui, le *zéro*, le néant dans la jeunesse.

Gandin est l'homme aux gants, le petit homme à la raie, verni et botté, toujours piétinant l'asphalte ; — l'indifférent! Point méchant, point bon ; spirituel, pas trop spirituel ; esprit flottant comme ses bras dans ses manches et la fumée de son cigare. Il a des gants, et c'est par ses gants qu'il se distingue. Il ne tient ni à Byron, ni à Werther, ni à Jean-Jacques. Des héros antiques il n'a cure. Byron est trop impétueux, Werther est trop élégiaque, Jean-Jacques trop déclamateur. L'ironie violente ne lui plaît pas ; il *blague*, c'est son mot; il aime le jargon, stéréotypie à l'usage des sots du monde ; il ne parle qu'*argot*. Cela a du cachet, dit-il. — Pauvre enfant !

La musique lui est inutile.

Il ne lui faut certes ni le brio de Rossini, ni la fougue, de Weber, ni la sensibilité de Mozart.

UN COMPOSITEUR TYROLIEN

(FERRARI DE ROVEREDO)

UN COMPOSITEUR TYROLIEN

(FERRARI DE ROVEREDO)

Un pauvre Tyrolien quitte ses montagnes pour voir le monde et apprendre la musique.

Il s'arrête à Rome, passe à Naples, stationne à Venise, perfectionne son talent, finit par être bon pianiste et bon maître de chant. Il a vu Paësiello et Martini; sa jeunesse s'est écoulée sans grand souci de l'avenir et sans autre passion vive que celle du solfége. Faute de génie, la nature lui a donné de la voix; faute de fortune, il est sobre et content de peu. Que demande-t-il? Un plat de macaroni à Naples; et à Rome, un habit noir; les manchettes sont nécessaires, la chemise viendra s'il plaît à Dieu.

Ce Tyrolien parlait un patois germanique auquel s'attachaient de mauvaises *code* italiennes ; maintenant il sait l'italien; la souplesse et la gaieté napolitaines l'accompagneront à travers le monde. Allez, mon fils, dit la musique, et il part d'un pied léger.

Le voilà lesté pour son pèlerinage d'artiste : il part donc, l'âme libre et la bourse plate, sûr de trouver partout du papier de musique et des voix de femmes. A Vienne, il saluera l'universel Mozart; à Paris, il

verra le chevalier Gluck ; à Londres, Dusseck, Steibelt
et Haydn lui ouvriront leurs portes : c'est une franc-
maçonnerie si commode, si gaie et si généreuse que la
franc-maçonnerie des arts ! Si les bank-notes de Londres lui plaisent, il aura des ladys à diriger, des héri-
tières à changer en virtuoses; le voilà l'accompa-
gnateur des italiens à la mode, le directeur chéri des
consciences musicales, l'Apollon des coteries exclusives;
il recevra la confession des notes fausses et donnera
des espérances aux voix inflexibles; il grondera les
petites maîtresses qui grondent tout le monde (je parle
de 1780); il assouplira des oreilles de corne et des go-
siers d'acier; il forcera le dandy à subir la discipline
de la mesure ; sur sa route, au milieu des graves mélodies de l'Ecosse romanesque il sèmera l'appogiature
fleurie. Ecouté, suivi, applaudi, consulté, adoré, il sera
grand; grand sans exciter l'envie ; roi sans ministres,
sans travail, sans Chambres, sans contrôle; célèbre
sans les misères de la supériorité ; un homme heureux.

Pour obtenir tous ces bonheurs, il ne s'agit point de
génie; il faut être *bon enfant*, Italien, maître de musique; c'est une belle destinée de rossignol voyageur.
Quatre-vingts ans sonnent : on n'a plus ni voix ni
oreilles ; mais que de souvenirs pour remplacer l'une
et l'autre! On aura fait battre mille cœurs féminins;
on aura fait vibrer tous les pianos illustres, on aura pénétré chez les princes et les majestés.

La société ne vous demandera qu'un habit propre,
beaucoup d'*ou* dans la prononciation et le bon goût du
chant ; elle vous paiera en hommages et en fortune les
jouissances que vous lui aurez données ; c'est bien juste.
Supposez que le *maestro* ait peu d'esprit, il restera dans

le salon, paisible et oublié; comme on y suspend une guitare, comme on y dépose une harpe : son titre le rend sacré. C'est une voix plutôt qu'un homme. S'il ne pénètre pas jusqu'au cœur de la société, jusqu'à son cœur palpitant et voilé, il en connaîtra, du moins il en partagera les fugitives émotions : il en ressentira toutes les vibrations rapides. Instrument qui résonne à l'unisson de tous vos plaisirs; il en sait plus que vous et moi sur mille riens très importants.

Telle fut l'existence de Jacques Godefroi Ferrari, natif de Roveredo ; un de ces compositeurs qui plaisent et que l'on oublie, talents d'un jour, qui brillent un jour. Après avoir vu l'Europe, il s'est plu à recueillir ses souvenirs, qu'il a dédiés au roi de la Grande-Bretagne, ni plus ni moins. Lié avec un grand nombre d'anciens élèves, il a utilisé les recoupes de sa vie d'artiste, pour en faire deux petits volumes modestes qui se sont imprimés très-obscurément dans je ne sais quel coin de Londres, pendant l'année 1830, à l'époque même où l'une de nos révolutions éclatait.

Passons sur un style italien fort plat, mêlé de tournures tyroliennes et anglaises. Oublions quelques réflexions banales sur la révolution de France et ses horreurs. En fait de Mémoires, c'est-à-dire d'égoïsme, pourquoi se montrer difficile? Je me défierais de l'auteur s'il avait laissé tomber sur sa route deux phrases brillantes, ingénieuses, animées ou pittoresques. Il perdrait un bon quart de son mérite ; il cesserait d'être complet et achevé ; il se manquerait à lui-même. Pauvres ouvrages, que les dames ne lisent pas, que les savants consultent sans les connaître, que les laquais repoussent et qui vont garnir l'étalage de nos quais sous l'étiquette infamante ! Œuvres qui n'ont pas même possédé la séduction de la minute et le don de captiver une grisette ! Morts dans votre berceau, dignes d'une élégie et d'un panégyrique, n'êtes-vous pas quelque chose de touchant, de précieux et d'inconnu ? Ce que vous pouvez avoir de bon, vous le cachez : trésors enfouis, diamants bruts, voilés par votre terre natale, parcelles d'or que personne ne recueille, je suis heureux de vous rencontrer sur mon chemin et de vous protéger un peu ! Livres proscrits que les critiques rejettent du pied, soyez les bien-venus ! Celui-ci, par exemple, semble assez pauvre; une biographie sans intérêt, des souvenirs personnels, un style sans verve, un récit dénué d'éloquence, d'aventures, de poésie !... eh bien ! je vous assure, c'est un excellent mauvais livre !

Conduisez-nous, Signor Ferrari. Votre enfance et vos chasses d'oiseaux n'ont pas sans doute un bien grand intérêt, mais il y a là une peinture du Tyrol rustique, qui fait plaisir à entendre, précisément à cause de sa naïveté. En 1775 il n'y avait pas un piano dans tout le pays; la mère de Ferrari en fit faire un de bois de sapin, et elle le commanda, devinez à qui ? au marchand de tabac de Roveredo. Le piano de bois de sapin, fabriqué par le marchand de tabac, fournit au jeune Amphion tyrolien les premières notions musicales; au surplus c'est un pays très-bien organisé sous ce rapport et qui fournit une partie de l'Europe de musiciens nomades et sans prétention. Vous les rencontrez sur la route de Milan, de Vienne, de Nancy, de Colmar, avec leurs chapeaux pointus, leur petite plume rouge posée de travers, et leur air doux et sauvage : ce sont plutôt des oiseaux chanteurs que des

chanteurs. Peu à peu Ferrari se rapproche de la civilisation, il vient à Vérone, cette Vérone de Roméo et Juliette, où l'Allemagne du moyen-âge donne la main à l'Italie moderne. Notre jeune homme ne marche pas sans but, il se rend à un pèlerinage. Il faut admirer dans ses pages l'esprit sauvage du Tyrol, la haine des juifs, la superstition. Toute cette vie assez amusante est d'ailleurs fort simple : « Mon oncle, dit-il, était
« prêtre et ne s'occupait qu'à faire de bon vin ; le soir il
« jouait à la triomphe avec ses pénitentes ; ma tante
« était toujours avec son rosaire, et mes deux sœurs,
« que je menai un jour à l'Opéra-buffa, passaient
« toute la soirée à lire attentivement leur caté-
« chisme. » La plus grande aventure de sa vie consiste dans un combat livré à des têtes à perruques appartenant à un perruquier dont Ferrari veut séduire la fille. Puis on l'envoie à Mariaberg pour apprendre l'allemand ; le pays qu'il est obligé de parcourir donnerait, dit-il, le spleen à Polichinelle. Il n'a pas le moindre goût pour cet étrange pays des Grisons si bien nommé, où la terre est grise, le ciel gris, où les maisons sont grises. Il admire seulement la citadelle de Glurentz, avec son unique capitaine, commandant à une garnison composée de sa femme et de trois bambins, ainsi que le fort de Purgatz, où réside un juge avec deux invalides, ce qui rappelle le régiment de Mme de Guemené, *un colonel avec quatre tambours.*

Belle vie que celle de Mariaberg et des Bénédictins du Valvenoste ! Crème adorable, gibier excellent, des *nudeln* (nouilles), des ravioles, des poissons roses d'un goût exquis, des moines musiciens, plus pâtres que chasseurs, et honnêtes gens. Au sein de ce paradis, le jeune homme se trouva si heureux, que la passion le prit. Mais laquelle ? Le couvent ne connaissait absolument que trois femmes pour traire les vaches : l'une avait soixante-dix, l'autre soixante-quinze, et la troisième quatre-vingts ans. Autour du jeune homme tout était bienveillant, bon, aimable. Le confesseur lui disait : *Te absolvo*, en lui donnant un petit soufflet; et l'envoyait à la chasse. Il n'y avait place que pour une passion, le fanatisme. Les sons de l'orgue faisaient transir et trembler le jeune homme; quatre squelettes de martyrs pendaient sur le grand autel, une grande croix d'or au-dessus, et six belles vierges sur trois autels, mais surtout une Madone, la Madone des Neiges, représentée, dit-il, comme un grand fantôme de cire blanche, bien habillée de satin blanc, avec de beaux pendants d'oreille, des perles et des colliers magnifiques. Ce fut la sainte de Ferrari, qui, toujours prosterné devant la Madone des Neiges, rêvait les archanges, les séraphins et la joie du paradis. Il fallut que l'abbé du couvent défendit au jeune homme le cilice et les flagellations qui couvraient de sang les marbres de l'église. J'ai beaucoup d'estime pour cet abbé de Mariaberg et pour ces bons moines.

Assistons à une représentation théâtrale, donnée aux Bénédictins de Mariaberg par les habitants des environs. Une salle d'auberge sert de théâtre. Le barbier, à la barbe des Muses, compose le poëme, intitulé l'*Arche de Noé*. Les décorations représentent l'intérieur de l'arche; et, pour ne rien oublier, le soleil à droite, la lune à gauche et les étoiles au milieu, sans parler de la porte du paradis, peinte en bleu, et de la porte de l'enfer, peinte en noir. Je doute qu'il y ait eu

dans le moyen-âge de représentations plus curieuses.
L'auteur ne s'était pas fait faute de personnages.
Il en avait inventé soixante-dix, et ces soixante-dix
étaient représentés par six personnes. Le rideau levé,
au lieu de quelque chose de grotesque, comme vous
auriez pu vous y attendre, les mélodies nationales
des Tyroliens, exécutées avec le goût le plus pur,
les walses les plus gracieuses commencent la représentation. Vient ensuite le comique ; on n'avait pas
de costume, on mit à contribution toutes les garde-robes du voisinage. Le père Noé portait une mître, une
chasuble, un corporal, et une croix pastorale qui appartenait à l'abbé de Mariaberg. La souquenille d'un
invalide, le gilet brodé du juge de Purgast, un fouet
de postillon, un sabre allemand et des bottines rouges,
composaient le costume de l'archange saint Michel.
Un montagnard vêtu de deux peaux d'ours cousues
ensemble, le front orné de deux cornes de chamois,
était le diable. Je ne raconterai pas le combat du
diable et de saint Michel. Quand ce dernier remit
l'épée au fourreau, pour introduire le bonhomme
Noé au paradis, il sortit du Paradis même deux
hommes qui soufflèrent dans leurs trompes d'écorce,
en firent sortir des sons aussi doux et aussi veloutés
que ceux du cor anglais, et charmèrent tous les assistants en jouant une walse d'un mouvement vif;
puis une mélodie pathétique. A ces accents suaves tout
le monde s'agenouilla. Le soleil et la lune, se cherchant et se rapprochant au fond du théâtre, s'embrassèrent tout à coup, et les étoiles suivirent leur exemple.
La porte de l'enfer tomba détruite, et trois énormes
coups de tonnerre assénés par un poing vigoureux,

sur la table de la cuisine, annoncèrent l'apparition de la Sainte-Trinité; cette dernière se composait des miroirs et des glaces du pays et des environs, lesquels, frappés de la lumière d'une infinité de bougies et la renvoyant à travers des verres de couleur, produisaient en effet une illumination extraordinaire, sur laquelle personne ne pouvait fixer son regard. Non, jamais Voltaire, non, jamais Euripide n'obtinrent un succès aussi formidable : le barbier-poëte fut couronné publiquement. Il fallut que l'abbé lui donnât sa bénédiction avec la couronne; et jusqu'à minuit les majestueuses vallées environnantes répétèrent dans tous les patois du Tyrol et des Grisons :

Es lebe der herr Barbier!—Evviva il signor Barbiere!

Vous sentez bien qu'il voulut se faire moine; mais les bons pères n'y consentirent pas. Pour retourner à Roveredo près de son père, le voilà qui monte dans une charrette remplie de chaînes de fer pour paillasse, avec un sac plein de feuilles sèches pour matelas, un cheval robuste attelé à la charrette, et pour conducteur un Jæger ou chasseur des montagnes, qui s'amuse à tirer sur la route les aigles et les faucons; puis adieu aux bons pères de Mariaberg, à l'église, à l'orgue et à Notre-Dame des Neiges. Avec de tels commencements, j'aurais voulu qu'il devînt Rossini !

On apprenait peu de chose à Roveredo et à Bolzano. Les Bolzaniens furent très-étonnés de voir revenir de Mariaberg un jeune homme qui savait faire une division couramment. Ces gens-là pratiquaient le commerce d'une manière assez singulière : un café était situé au centre de la ville, petite maison ambigu ë — taverne italienne et auberge suisse. Les jours de daiement, l'homme chargé de faire sa tournée et de remettre divers soldes, allait droit au café, déposait sur un banc en face de la maîtresse, les rouleaux d'or ou les piles d'écus qui l'auraient trop chargé, emportait le reste et disait à la maîtresse :

Geben Sie Acht (faites attention).

Ia, Ia, répondait la maîtresse.

Et l'homme s'en allait distribuer ceux des écus qu'il avait emportés, puis il revenait prendre le reste. Trente ou quarante sacs ou rouleaux appartenant à diverses personnes se trouvaient ainsi mêlés sur le banc du café, sans que jamais l'un ait été pris pour l'autre, et que l'on se soit plaint d'une seule erreur.

Quel besoin un tel peuple a-t-il de constitutions politiques? Il est vrai que beaucoup de choses lui manquaient et lui manquent encore. Vous avez assisté à ses représentations dramatiques; sa méthode pour faire le thé n'est pas moins originale. Ayez une petite bouilloire pleine d'eau froide, jettez-y une pincée de feuilles de thé, faites bouillir pendant une demi-heure, laissez refroidir, jetez-y un citron et buvez!

Les instrumentistes de ce pays n'étaient pas forts; Ferrari, avec un peu plus d'esprit qu'à lui n'appartient, affirme qu'ils jouaient de tous les instruments comme des aveugles joueraient au billard. Je passe pardessus la mort de son père, ses amours innocentes, ses disputes d'héritage et son départ pour Rome avec le prince de Lichtenstein. Je me hâte d'arriver à Naples, où notre Ferrari trouve Paesiello, pour lequel il avait une lettre d'introduction. Cet homme, si tendre et si doux, cet auteur de mélodies qui sont la voix de l'âme, c'est *un farceur*, un vrai camarade de Lablache. Vous ne serez pas fâché sans doute de causer avec Paesiello bonhomme, amène, prodigue, élégant et coquet dans sa toilette, le moins violent et le moins effarouché des hommes de génie, plein d'une débonnaireté naturelle et toute napolitaine : voilà comment Ferrari le représente.

Il était près de monter en *callessetta* pour faire sa promenade de chaque soir, avant de se mettre au travail, quand le jeune Tyrolien se présenta.

— « Veux-tu monter? nous nous promènerons. »

Le rouge lui monte au visage. Le patois napolitain de Paesiello, qui n'en savait pas d'autre, son tutoiement, son accueil facile, causent au jeune homme une surprise dont il ne revient pas. Il monte. Paesiello lui indique les curiosités du pays — employant toujours le langage des Lazzaroni. *Chisto*, c'est le Vésuve ; *Chillo*, c'est le château de l'Œuf ; *Lubascio*, c'est Pompéi.

Se trouver près du grand maître, lui parler, être dans sa voiture ; quelle joie, quel orgueil ! Ferrari dit qu'il pleurait. Ils voyagent ensemble; puis ils descendent pour faire un tour à pied.

— « Cher Tyrolien, ah ça! tu veux donc être compositeur?

— Italien, s'il vous plaît, monseigneur !

— Italien du *Tyrol*, cela va sans dire. *Va buono!*

— Oui, monseigneur!

— *'N malora!* « *mon seigneur* » et « *s'il vous plaît!* » Que veulent dire toutes ces bêtises? On ne parle pas ainsi à Naples ! on n'y donne du *monseigneur* à personne, du *vous* presqu'à personne, et l'on y tutoie tout le monde, entends-tu? pas de cérémonie.

— *Come ti piace imponi!*

— Ah! tu as lu Metastase?

— Et avec bien du plaisir, je vous assure !

— Tant mieux! Quand tu feras l'ariette, cela te servira beaucoup. Prends Metastase! Tu n'as que faire de Paesiello, du pauvre Paesiello!

— Moi, je n'aurais que faire du plus grand compositeur du monde !

— *Managgia la mamma ta.* (Au diable ta mère!) — Si tu pouvais dire vrai ! — En musique, *songo no cuvio.*

— Pardon, je n'ai pas compris.

— Tu ne sais pas le napolitain, je ne sais pas le tyrolien, ni l'un ni l'autre nous ne savons l'italien, comment nous entendre? Au surplus, cela veut dire, ami :
— *je suis un âne !*

— Vous, un âne! Vous le plus grand compositeur de la terre, le musicien de l'Europe!

— Poh! poh! je ferai parler tant que tu voudras, une femme, un amant, un berger, un guerrier, une héroïne, dans leur caractère et avec leurs passions. Pour cela je ne crains personne; mais la musique, vois-tu, c'est une grande chose, c'est profond, c'est inépuisable, je la regarde comme à peine au berceau : nous ne sommes que des enfants.

Le pauvre Tyrolien écoutait l'homme de génie de toutes ses oreilles.

— Encore un petit tour de promenade, lui disait-il, et je ne vous ennuierai plus : encore une question?

— Parles tant que tu voudras; *eccomi ca!*

— Quelle différence y a-t-il, selon vous, entre la musique italienne et la musique allemande?

— *O! O! corpo di bacco,* je vais te dire. Les Italiens

commencent sans finir, et les Allemands finissent avant de commencer! Tu n'entends pas?

— Pas du tout.

Paesiello s'arrête avant de s'expliquer.

— La mélodie, vois-tu, ce n'est que le commencement ; l'harmonie, ce n'est que la fin, et chacun s'en tient à la moitié de l'œuvre.

— Mais n'y a-t-il pas eu des Italiens Allemands et harmonistes, ou des Allemands Italiens et mélodistes?

— Si fait, vraiment; et ce sont les plus grands. Pas un des compositeurs italiens n'a des mélodies plus suaves que celles de Hasse, ni des chœurs plus ingénieusement dessinés et plus nerveux dans leur expression que ceux de Hændel. Notre père Martini vaut, en fait de science, tous les Allemands possibles. Là-dessus, que dis-tu d'un bon plat de macaroni *col zuchillo*, et d'un *stufato* à la génoise? Viens avec moi.

Et ils allèrent manger leur macaroni.

Si cette conversation ingénue vous a intéressés, et que vous ayez attaché quelque prix à ces paroles importantes de Paesiello, pour qui la musique était encore dans le berceau, vous avouerez que j'ai eu raison de vous présenter le Tyrolien Ferrari, dont l'unique titre de gloire est cette chanson souvent fredonnée par Marie Antoinette, et qui a fait les délices de nos grand-mères. « *L'amour est un enfant trompeur.* » Quelques autres mélodies assez heureuses et les faveurs des grandes dames soutinrent Ferrari ; une petite renommée passagère le consola et l'amusa pendant une vie assez longue, sans nuage, sans orage, non sans plaisir ni sans grâce.

Il vécut et mourut comme un oiseau.

MON ÉDUCATION MUSICALE

(FRAGMENT DE MON JOURNAL)

MON ÉDUCATION MUSICALE

(FRAGMENT DE MON JOURNAL)

§ 1.

Caractère général de la musique. — L'oiseau. — L'homme. — Esthétique de cet art.

La musique a pour caractère l'émotion vibrante sans précision pratique. Elle sait dire *j'aime !* non pas *je t'aime !*

Elle dit *j'aime* ou *je hais* plus passionnément que nulle langue humaine ne peut le faire.

Elle dit JE ; et chacun se mêle à cette personnalité.

Elle n'a pas de pronom démonstratif *toi, vous, eux;* elle est toujours *moi*, et dès qu'elle parle elle devient tout le monde, elle est *nous*.

Elle ne met jamais les points sur les *i* ; sa logique est la logique de la passion. Le *pourquoi* et le *comment* lui échappent ; elle vit uniquement de sympathie. Elle représente l'électrique rayonnement d'une âme pénétrant une autre âme.

Toutes les âmes sont donc à elle.

. . . .

Les premiers accents, les premières notes musicales

qui vinrent bercer ma jeunesse rêveuse, dans le vieil hôtel Flavacourt, entouré de ses grands jardins achetés par mon père avec la maison même, me causèrent un ébranlement profond. Depuis ma première petite enfance les sons de la vieille serinette m'avaient endormi ; ce furent ensuite quelques larges mélodies de Gossec, que répétait ma pauvre chère mère, avec tant de grâce et un sentiment si noble ; et vers ma dixième année, un ou deux airs de Mozart, chantés par Mme Barilli, à l'Odéon. Les paroles m'importaient peu ; de temps à autre un violoncelliste, ami de mon père, apportait sa basse et la faisait pleurer dans notre grand salon Louis XIV aux vastes fenêtres ; les chants élégiaques de Boccherini m'enchantaient.

On ne le connaît presque plus ce maître ; on ne le joue guère : c'est le *Cowper* de la musique instrumentale ; il ne convient pas aux goûts violents et matérialistes du XIXe siècle.

Quelle ivresse je ressentais ! et comme je conservais précieusement une sorte de fièvre sacrée, lorsque de douze à seize ans l'audition de ces deux fragments du grand labeur musical européen au XVIIIe siècle m'avait initié à l'émotion d'un art que je devais toujours aimer sans jamais le *savoir !*

. . . .

Aussi, tout en vaguant dans le jardin, dans le pré et sous la verte allée de tilleuls, essayais-je, bien puérilement, de créer à mon tour mes mélodies. Je sentais que la musique était partout et qu'il ne s'agissait que de la trouver ; que dans le vaste sein de la nature reposaient quelque part des combinaisons neuves de chants inconnus et des mélopées délicieuses toutes prêtes à éclore, à être saisies au nid par une main prédestinée et forte.

Je ne me trompais pas ; c'était très-confus dans ma pensée. Aucun enseignement précis, aucun guide ne dirigeaient mon éducation.

Elle avait pour base l'instinct, une base fragile et chimérique, ardente et spontanée.

De là ma passion pour un art qui naît de *l'instinct* seul, et qui, plus que tout autre, émane des profondeurs même de l'être humain.

L'homme et l'oiseau chantent naturellement, les autres animaux ne chantent pas. Fils de l'air et de la lumière, l'oiseau chante comme il respire ; à son organisme, à son larynx, à ses veines même, où coule un sang ardent et vif, sont enchaînées des combinaisons mélodiques charmantes, imparfaites, toujours les mêmes, correspondant à ses passions et à ses besoins.

L'oiseau ne les crée pas, il ne les invente pas, il ne les comprend pas, mais il les exécute et il en jouit ; elles sont faites avec lui ; ces collaboratrices de sa vie appartiennent pour toujours à sa race.

Jamais elles ne changeront, jamais elles ne s'altéreront ni ne se développeront. L'oiseau ne chante pas en partie, mais seul. Il répond à son amoureuse ; il attaque le rival ou provoque le voisin qui perche comme lui sous la feuillée. Sa mélodie est nécessaire, fatale et incomplète ; l'inspiration instinctive la fait jaillir de son petit gosier hardi et vigoureux. Involontaire, elle ne s'égare en aucun détour de commentaires fleuris. Elle ne s'écarte pas des modulations qui lui sont imposées. Improvisation éternelle, toujours fraîche, toujours identique à elle-même, qui ne finira qu'avec la création !

Les oiseaux chantaient donc à mes oreilles pendant que je continuais cette bizarre éducation de ma pensée ; le *Pastor fido* de Guarini m'apprenait l'italien, la *Clarisse* de Richardos m'apprenait l'anglais, les pages morbides d'Obermann, qui me semblaient adorables, m'initiaient au français du dix-neuvième siècle, et je feuilletais languissamment ces divers ouvrages, d'une teinte si diverse, en prêtant une oreille inattentive aux gazouillements de la fauvette, de la linotte et du pinson. Je préférais de beaucoup à ce ramage les éloquentes douleurs de Werther, sybarite du scepticisme ; les nouvelles et viriles données émises par Mme de Staël ; même le coloris cru et enflammé d'*Atala*, des *Martyrs* et des autres œuvres de Châteaubriand. — Oui, me di-
« sais-je, l'œuvre écrite et pensée, l'œuvre du cerveau
« humain où respire la volonté du Maître des éléments,
« est plus grande et plus divine cent fois que le chant
« de l'oiseau ; la simple force de la nature est une es-
« clave : tels le rocher qui tombe, la fleur qui pousse,
« l'encens qui brûle, le flot qui bruit, l'écho qui gémit,
« l'oiseau qui chante ; ces forces n'ont pas conscience
« d'elles-mêmes. Donnez-moi le plus petit allegro de
« flûte, un air de vielle rhythmé par le plus ignorant
« des pâtres, c'est déjà autre chose. Le long gémisse-
« ment du rossignol est involontaire ; chez lui l'âme
« de la nature soupire, respire, pleure, s'élève, s'abaisse
« et murmure invariablement ; aucun rossignol ne peut
« varier son vieil *andante*. Ce n'est pas une personne
« qui parle en lui, ni même une passion ; c'est l'*amour*,
« et par l'organe de l'*amour*, c'est la nature. Une petite
« mélodie de Bellini s'élève plus haut ; ici je ne trouve
« plus seulement la nature, mais l'homme ; c'est un cer-

« tain mode contenu dans une certaine âme d'homme ;
« l'individu se spécialise, l'âme est personnelle ; dans
« l'individu la passion se détermine, et dans cette pas-
« sion une certaine nuance apparaît, reproduite dis-
« tinctement, fixée, arrêtée, éternisée. L'individu, la
« spécialité, la distinction, la *volonté*, c'est la divinité
« dans l'homme.

« Détache-toi donc, ô homme, du grand ensemble,
« acquiers ta personnalité, *sois*. »

Ainsi débutait ma vie morale.

§ 2.

Comment un piano sans cordes m'apprenait la philosophie. — Les musiciens qui composent et ceux qui décomposent.

Il m'arrivait souvent de scander à haute voix sous la feuillée, en me délectant de cette autre musique, les rhythmes énergiques et graves du lyrique Lebrun, homme de talent, auquel on ne rend plus assez de justice, et qui a précédé Victor Hugo, même Népomucène Lemercier, dans la carrière lyrique. L'emphase, le *Claudianisme*, la pompe des mots, se mêlent aux beautés de son œuvre ; elle a néanmoins de l'éclat, de la vigueur, de l'élan, surtout de l'élévation, et une musique et un accent propres. Je ne me doutais pas que la parole publique ferait un jour partie de ma vie laborieuse ; et je m'habituais à cadencer les périodes, à nuancer sous le feuillage les sonorités de l'accent, ce qui, plus tard, ne m'a pas été inutile.

. . . .

Quant à la musique, je l'adorais toujours et de l'amour

le plus stérile. Je ne pratiquais aucun instrument. Pendant un mois on mit une basse entre mes jambes. Je tâchai de vaincre le dégoût et la répugnance que m'inspirait le labeur de l'archet ; puis je l'abandonnai, ainsi que l'exécrable piano muet, ou plutôt le simulacre de piano factice, composé d'un clavier privé de cordes, sur lequel on promenait aussi mes petits doigts.

L'auteur de cette noble invention était un grand vieillard, à l'habit râpé, digne de Hoffmann le fantastique, nez de vautour, griffes analogues, tempes décharnées, un homme silencieux, qui, devançant les idées de son temps, avait substitué la mécanique à la musique.

Il avait réfléchi que l'étude de cet art se simplifierait si l'on en bannissait deux éléments réfractaires : l'harmonie et la mélodie. Il la réduisait donc à l'exécution. Il vous exerçait sur piano sourd et muet : le souffle, le son, la vibration dérangent l'élève.

Un piano qui ne dit rien est toujours juste.

Le technique se substitue à l'art. Vous brisez vos articulations, vous assouplissez vos poignets, vous élargissez vos nerfs, vous détendez vos muscles, vous devenez le *dompteur* de votre piano ; rien ne vous résiste ; main gauche et main droite marchent résolûment et galopent fièrement. Vous enjambez les arpéges, vous chevauchez des touches noires aux touches blanches ; vingt notes bondissent du même coup, et les étincelles sonores éclatent comme des bombes ; cela ne dit rien, n'exprime rien, ne se dirige vers rien. Ce n'est plus la *volonté*, l'homme, l'âme qui agissent ; c'est le bras, c'est le son ; vous voilà retombés dans la force, dans la nature, dans l'énergie pure, sans âme. La formule, l'involontaire, les brutalités élémentaires vous font esclave. Vos poignets exécutent du tapage, comme l'oiseau produit des murmures, comme l'eau, tombant du front d'un rocher dans la plaine, tonne, siffle et gronde.

Cette musique sans volonté fait des « bruits » et n'est plus humaine.

J'ai vu renaître de mon temps une sorte de composition harmonique de cette espèce, qui n'est qu'une *Décomposition* de la musique. J'ai vu des artistes éminents enfoncer le piano de leurs coudes, l'assommer de leurs poignets, et ensevelir toute inspiration mélodique, toute harmonie savante sous le tour de force mécanique. Le *Trapèze* de cette gymnastique musicale m'est aussi odieux que ces exercices barbares, auxquels se condamnent quelques malheureux qui marchent tête en bas pour faire fortune. Ceux-ci, pour mille francs, risquent chaque jour de se briser la tête devant le public, qui les contemple avec une férocité ébahie. L'artiste acrobate, qui assomme un piano, ressemble à ces malheureux : il assassine la musique, il étouffe le talent, il tue le génie en lui-même et chez les autres.

Mon père, le philosophe, trouvait cela beau ; car ce mécanisme brutal, qui devait conduire au sanctuaire de l'harmonie, était d'accord avec certaines idées préconçues et certains principes qui avaient leur coin de vérité, mais seulement leur coin ; perfectionnement des organes, prépondérance de l'homme physique, règne de la nature matérielle.

Moi je n'entendais pas de cette oreille, je me révoltais. Mon incrédulité protestait contre cette musique sans musique, contre cette formalité sans art, cette substitution de la force à l'âme, cette destruction de la volonté libre, ce dogme qui commençait à tout envahir et qui préparait notre grande époque, nos triomphes nouveaux, la vapeur traversant l'espace, et les machines anéantissant le temps.

. . . .

Voilà bien des doctrines et des méditations à propos de musique. Ces méditations sur ce que j'ai senti, éprouvé et vu, ont formé le tissu de toute ma vie. Il faut donc ou que je n'écrive pas ou que je les exprime, il n'y a pas de milieu. Je n'ai jamais écrit pour gagner deux sous ou deux mille francs. En cela comme en tout, je me suis détaché et délivré des entraves et des courants vulgaires de mon époque, sans affectation comme sans prétention d'originalité, mais par l'exercice simple de ma volonté naturelle. J'aurais pu, avec de tels penchants, tomber dans la bohême ou l'excessive rêverie. Dieu merci, j'ai échappé aux goûts immondes comme au désespoir; et j'ai regardé sans trop de haine les mille vipères qui sont sous les pas de tout le monde, qui piquent et qui font saigner, mais qu'il faut accepter ou tolérer sur sa route.

§ 3.

. . . .

§ 9.

Grétry. — Jean-Jacques.

Jean-Jacques Rousseau était d'ailleurs mon oracle en musique. C'était là (il faut en convenir) un maître chétif et insuffisant, mais il était naïf; je l'aimais fort, ou plutôt je l'adorais. Combien de fois ai-je relu le *Dictionnaire de Musique*, les *Confessions* et l'*Émile!* Et que de tentatives vaines pour m'initier au *Contrat social*, à cette fausse et païenne théorie, la plus contraire du monde à la vraie croyance, — à la religion de l'âme et de la liberté, à ce qui s'appelle en philosophie « *individualité* » et « *conscience!* »

Aux écrits musicaux de Jean-Jacques je joignais les aimables mémoires de Grétry, une de mes lectures favorites. Il y a en lui du *Gessner* et du *Berquin ;* trop de fadeur philosophique sans doute, mais néanmoins de la grâce, de la fraicheur et de l'inspiration. Je ne cessais d'entendre chanter en moi-même deux ou trois ariettes de cet ingénu et ingénieux maître, Grétry; *une fièvre brûlante*, etc. J'étais loin de comprendre ce qu'était réellement Grétry; je ne lui assignais pas la place délicate qu'il occupe parmi les maîtres du dix-huitième siècle; je ne savais rien de ses rapports avec la civilisation générale; mais Grétry m eplaisait, il était un de mes dieux sentimentaux.

Diderot venait après lui et corrigeait sa fadeur. Je m'enivrais de cette brûlante esthétique de Diderot, souvent fausse, toujours éloquente. Imaginez le charme et la variété de ces lectures, poursuivies sous les ombrages, sur les pommiers, sur les abricotiers dans lesquels je me perchais, sur les gazons où je m'étendais; — quelque chose d'inexprimable dans sa douceur et sa profondeur. Je ne créais aucun système, n'envoyais de prose à aucun journal, et je demeurais absolument passif ; je ne dissertais pas, ne soulevais aucune controverse, et ne prétendais à rien, ni à gloire ni à honneur. Aussi tout cela, Musique, Pensée, Souvenirs, toutes ces vives essences descendaient pures et intactes au fond de moi-même et s'absorbaient dans mon être intellectuel. Elles n'y causaient aucun trouble.

J'attendais avec une parfaite modestie qu'il se fît jour dans ma pensée. Seulement, je repoussais les théories abjectes; tout livre grossier me rebutait; j'aurais craché sur l'abbé du Laurens et même sur Faublas. Ces vilaines me causaient un dégoût amer. Un jour, dans la bibliothèque très-complète du dix-huitième siècle que possédait mon père, je trouvai un petit pamphlet de Dupont de Nemours, sur la Musique des Rossignols. En dépit du théoricien matérialiste, je compris qu'il se trompait, et que les bêtes n'ont pas de musique, puisqu'elles n'ont pas de langage. Les traductions que Dupont de Nemours a données de l'idiome charmant des rossignols ne me prouvaient rien.

Non, les bêtes n'ont pas de langage, leurs sens ne parlent que par des cris; elles n'ont autre chose à se dire que ce que les sens leur commandent.

Alors je me mis à étudier la philologie parlée des animaux; et je reconnus qu'ils n'ont pas de consonnes, mais seulement des voyelles, souvent indistinctes, murmurées ou grondantes. Leurs âmes sont des demi-âmes, et voilà pourquoi leurs organes sont plus parfaits que les nôtres; il faut à des âmes incomplètes des organes complets.

Une éducation où la religion n'entrait pour rien, car je n'avais jamais été à la messe, me ramenait ainsi forcément au sentiment religieux. Je touchais le pôle contraire aux intentions paternelles. Je devenais platonique avant d'avoir été amoureux; mystique avant d'avoir été sensuel. On m'avait soustrait au baptême chrétien ; et ce fut ma volonté seule qui, douze ans plus tard, m'affilia à la grande communion civilisée de l'Europe; je raconterai cela.

L'usage que j'ai fait de ma conscience et de cette volonté personnelle, toujours revendiquée par moi au milieu du peuple le plus remuant, le moins constant, le moins personnel, le plus charmant, le plus aimable, le plus facile à mener, le plus difficile à ramener, le plus vif, le plus preste, le plus réfractaire, le plus docile qui soit au monde, — mérite bien d'être signalé. J'ai payé cette singularité. L'honneur d'en avoir usé à mes frais m'appartient — et je le réclame.

J'observais donc pour observer, non pour écrire. Briller, étonner, avoir ce qu'on nomme des succès, ne me souriait en rien. Je ne désirais jamais être le *premier* de ma classe. Je ne voulais point acquérir la renommée, saisir la fortune, commander aux hommes, être plus grand.qu'eux, ou les tromper.

Je voulais penser, analyser, pénétrer, savoir, aimer, comprendre, embrasser, résumer les faits, les choses, les hommes.

C'était ma vie, c'était ma voie. Et je la suivais dès lors avec une ardeur résolue et passionnée.

L'Accordeur.

La première fois que l'accordeur vint mettre en état le piano de ma sœur, je le suivis curieusement; qu'allait-il faire? C'était un jeune homme vif, spirituel et avantageux, qui aimait à montrer sa faconde. Je lui demandai compte du petit instrument d'acier, pincette vibrante, qu'il faisait retentir à son oreille avant de tourner la clef et de remonter les cordes. C'était, disait-il, le *diapason*.

En continuant son travail, il m'apprit que jamais aucun piano n'est juste; que c'est au moyen du *tempérament*, c'est-à-dire en multipliant les faussetés réparties sur un grand espace et entre beaucoup de notes, que l'on accorde un piano.

Ainsi l'instrument n'est juste que lorsqu'il est faux.

Cela me fit profondément rêver.

L'*imparfait* est nécessaire !

La pratique musicale est contraire à l'algèbre de l'acoustique !

L'*imparfait* règne.

Il n'y a donc d'*absolu* au monde que la pensée même de l'*absolu*.

Des relations fausses en réalité deviennent justes en apparence et pour l'oreille; de même que la fraction nommée mètre n'est pas la fraction exacte du globe de la terre, de même que ce globe où nous vivons n'est pas réellement sphérique; aucun son du piano ne correspond absolument et géométriquement à son octave.

Divin rêve! ô perfection, vous êtes un rêve!

Il faut donc, pour que l'homme soit digne de ses destinées, qu'il ne se gonfle et ne s'enorgueillisse pas, qu'il ne se béatifie et ne se croie pas follement maître de la perfection divine, mais qu'il reconnaisse partout et ses propres limites et les lacunes sans nombre de la nature créée.

Comprendre l'*imparfait*, tendre à le corriger, c'est la grandeur de l'homme.

Telles étaient mes rêveries.

Douces, profondes, philosophiques rêveries, qui s'emparaient de mon esprit, me rejetaient dans mes lectures favorites et l'emportaient chez moi sur le goût littéraire, sur l'amour des plaisirs et sur les études classiques elles-mêmes. Je reprenais Diderot, Bernardin de Saint-Pierre, les dialogues de Platon, Helvétius qui me semblait frivole, le vicaire de Wakefield dont je raffolais, et les romans anglais qui, s'intéressant à l'individu en dehors même de la société, me procuraient un extrême plaisir.

Avec tout cela, les études musicales commencées disparaissaient ; clef de *sol* et d'*ut*, le mode *mineur* et le mode *majeur*, et tout le reste.

Mais peu à peu le voile des grandes questions philosophiques se soulevait devant moi ; je n'étais certes pas un philosophe, j'étais la préparation d'un philosophe. Les problèmes se dessinaient nettement.

Pourquoi la musique est-elle si mobile ?

D'où vient que ce vieil air qui a fait plaisir aux aïeules n'en fait-il plus aux petits-fils ?

Pourquoi rit-on des Mélopées de Lully, devenues surannées ?

L'Apollon du Belvédère représente encore la beauté. Une mélodie grecque passerait-elle encore pour belle ?

Y a-t-il un *absolu* dans l'art ? Et s'il n'y a qu'une beauté relative, quelle estime doit-on faire d'une beauté si fugitive ?

Tout est-il rapport, hasard, assonance fortuite? Ou bien, un centre divin doit-il être admis comme archétype de la perfection?

C'est la question de *Dieu* qui se présente; l'éternelle question!

Dans un monde où tout est changeant et relatif, cette mobilité de l'éternelle métamorphose passera-t-elle pour Dieu? et si c'est Dieu, quel misérable Dieu!

Je lisais là-dessus l'abbé Dubos, Montesquieu, le Père André, et j'épuisais, sans me satisfaire, la bibliothèque paternelle.

Et tout cela — à propos de musique et de piano — bouillonnait dans le cerveau élargi d'un petit bonhomme de treize ans, maigre, pâle, hâve, fantasque et passionné. Cette cervelle ne manquait pas de force, puisqu'elle n'éclata pas. Mais le drame qui se jouait en elle la rendait fort étrangère au drame extérieur, au drame humain, aux constitutions et aux dévastations, aux abdications et aux iniquités, qui tourbillonnaient autour de lui et qui souvent excitaient son dégoût, quelquefois son horreur.

L'ÉPOUSE ET LA MAITRESSE

FRAGMENT DE LA VIE DE GEORGES IV D'ANGLETERRE

L'ÉPOUSE ET LA MAITRESSE

FRAGMENT DE LA VIE DE GEORGES IV D'ANGLETERRE

§ 1ᵉʳ.

Les roueries en Angleterre. — Georges IV.

C'est un des beaux personnages du siècle dernier et aussi de ce siècle, que le roi Georges IV, auparavant prince de Galles (1), qui se fit connaître dès le commencement de sa vie par des frasques et des équipées de toute espèce, par des constructions architecturales du plus singulier goût, par l'amitié de Fox, l'exil de Brummell, la longue et violente guerre qu'il soutint contre son père, enfin par une armée ou plutôt un tourbillon de favorites et de favoris (2).

La destinée lui réserva le glorieux hasard de se trouver, après une vie assez oisive, le vainqueur de Napoléon Bonaparte. Ses vrais champs de bataille n'étaient ni politiques ni guerriers. Séducteur et lovelace de profession ; toujours en conférence avec le tailleur, le par-

(1) *Mémoires de Madame Fitz-Herbert et compte-rendu de son mariage avec S. A. R. le prince de Galles, plus tard Georges IV, roi d'Angleterre*; par l'honorable Charles Langdale (non traduit).
(2) *Memoires of Mistriss Fitz-Herbert*, etc. — Bentley.

fumeur et le bottier, il s'était fait une liste de victimes que don Juan eût acceptée, et dont il tirait vanité. La plus célèbre et la plus malheureuse fut mistriss Fitz-Herbert, qu'il épousa secrètement et désavoua ouvertement. Avant de donner l'histoire de cette aimable personne à laquelle M. Langdale vient de consacrer un bon *Mémoire à consulter*, éclairons de quelque lumière la fin du dix-huitième siècle en Angleterre et la figure originale de Georges IV.

L'esprit ne lui faisait pas défaut, ni même le caractère, ou du moins la volonté, qui est le grand pivot du caractère. Il excellait dans l'attitude et dans l'à-propos. Nul ne représentait mieux que lui : tête haute, front déployé, portant la Jarretière et la Toison-d'Or avec une incomparable élégance, il charmait le populaire. Tout le monde, quelques vieux puritains exceptés, applaudissait, quand il se montrait dans ses atours de cérémonie et ses draperies d'apparat. Il faisait vraiment du bien au cœur de son peuple. Il est vrai que c'était à peu près le seul bien qu'il fît, mais on ne l'en aimait pas moins. La fierté ou la vanité anglaises étaient flattées. Quel splendide représentant ! Le *premier gentilhomme de l'Europe !* Aussi ne s'apercevait-on guère qu'il ne tenait point à ses amitiés, et qu'il ne tenait guère ses engagements ; que son épicuréisme et sa gastronomie se résumaient et se résolvaient dans l'égoïsme le plus énorme qui fut jamais ; que, semblable à la plupart des voluptueux endurcis, il aurait brûlé le monde pour cuire un œuf qui lui convînt ; que toute sa politique allait simplement à augmenter son revenu pour le dépenser en folies ; toute sa renommée de bon compagnon et d'homme aimable à se faire des appuis intéressés qui pussent contrecarrer le vieux père et tirer le plus d'argent possible des Communes ; enfin toute sa réputation d'esprit, de talent et d'à-propos, à jouer à son bénéfice le rôle fort bien rétribué qui lui était échu sur la scène du monde.

Ce n'en était pas moins, comme on disait alors, un « vrai gentilhomme, » c'est-à-dire un homme bien élevé. Il parlait toutes les langues vivantes avec grâce et facilité, aimait les arts et se moquait des artistes avec aplomb, savait causer et même écouter. Quand on l'ennuyait ou que l'on s'écartait des convenances, il rappelait à l'ordre les délinquants de façon à ce qu'ils n'y revinssent jamais. Il payait merveilleusement ses créanciers de quolibets et de sornettes. Il excellait à mystifier ceux qui lui déplaisaient. Il était paresseux, vice qui a beaucoup de grâce; gastronome, preuve d'un cœur chaud et délicat ; buveur, ce qui est un mérite incontestable. Il *coupait* supérieurement ses amis (*cutting one's friends*) ; et même c'est lui, je crois, qui a inventé, sinon la méthode, du moins le mot expressif qui indique ce procédé, employé par les habiles, commode au dernier point, propre à économiser les paroles, à terminer vite les explications et à vous débarrasser des ennuyeux par l'insolence, qui a toujours bon air, et par le raffinement qui, tourné en grossièreté, est irrésistible. Pour un homme qui peut tout et ne s'expose à rien le moyen est sûr. Enfin c'était un élève accompli de l'école de Chesterfield et de cette imitation avariée de nos mœurs qui a dominé l'Europe pendant une bonne moitié du dix-huitième siècle.

Il faut se régler sur les beaux côtés des gens que l'on imite, j'en conviens; et Molière a raison; mais cela n'arrive pas toujours. La parodie de nos marquis courait l'Europe. L'Angleterre aristocratique, après la grande insurrection de Cromwell et des puritains, était revenue avec frénésie à l'imitation de notre élégance et de nos agréables défauts. Après avoir subi, de 1680 à 1750, une nouvelle réaction vertueuse, elle s'était replongée dans le même courant qui entraînait alors les nations civilisées à la suite de nos coutumes, de notre langage, de nos vices; — souvent même des aventuriers que la France ne voulait pas garder chez elle. La Baumelle donnait à Copenhague le prétendu bon ton français; il y avait à la cour de Russie un baron de Tschoudi, auteur de romans obscènes, et qui réussissait fort auprès d'Elisabeth; on voyait chez Frédéric le Grand un certain capitaine Cocchias, faiseur de dupes, espèce de capitaine Fracasse, qui semble avoir amusé le roi bien plus que Voltaire ne l'amusait. Ces messieurs se donnaient pour maîtres d'élégance universelle; ils faisaient croire ou laissaient croire qu'on devait prendre pour modèles, ou les héros de Crébillon fils ou *le Méchant* de Gresset, — petit Machiavel à talons rouges, — ou Mme de Merteuil, autre héroïne d'un odieux roman de la même époque, livre écrit avec du venin trempé de glace. Les classes populaires ne participaient pas à ce mouvement dont Addison avait donné l'initiative et réglé l'impulsion, dont lord Chesterfield avait propagé l'excès, et que Sheridan, Fox et Fielding servaient activement. Quant au jeune prince de Galles, il n'avait rien de mieux à faire que d'y entrer tout entier, ce qu'il fit.

Il était grand, de belle taille, très-bien de sa personne, avait les épaules larges, le front assez bas et d'une forme féminine, les lèvres sensuelles ainsi que le menton et toute la partie inférieure du visage ; enfin la physionomie d'un prince qui sait vivre et qui aime à vivre. Aucune des vertus que le monde estime et récompense ne lui manquait. Ses valets de chambre étaient habiles, son abord était aisé, sa façon de saluer inimitable, sa cravate exquise, son maître de danse excellent. L'escrime et l'équitation en avaient fait un gentilhomme orné de toutes les perfections de *l'Académie*, comme on disait autrefois. Principes sévères, sottes qualités, études fortes, labeur absurde, esprit sérieux n'auraient pu que le gêner. Son jeu politique était de se détacher de son père, — homme médiocre, — et qui d'ailleurs (étant père) appartenait au passé ; de voguer avec la jeunesse toutes voiles au vent, d'attirer et de séduire les ennemis du ministère ; et de devenir, en attendant mieux, le chef avoué ou du moins le drapeau brillant de l'Opposition. Voilà ce qu'il fit. Il avait beaucoup d'argent à dépenser ; les hommes d'aventure, de talent ou de visées politiques l'entourèrent bientôt ; Sheridan et Fox ne dédaignaient ni le gros jeu, ni les belles guinées, ni les jolies femmes, ni les excellents dîners, ni la vie joyeuse, ni les nuits passées à la façon du neveu de Rameau ; — ils aimaient le succès ; — et l'on ne tarda pas à s'entendre. Ce fut une terrible épine dans les flancs de Georges III, qui en devint fou, et de son ministre William Pitt, qui mourut à la peine avant sa maturité.

La guerre d'Amérique, maladroitement engagée et dénouée tristement, venait de finir. L'ombre qu'elle avait jetée sur la prospérité anglaise, le crêpe lugubre qui depuis sept ans s'était abaissé sur le beau monde se dissipèrent et disparurent; le peuple se remit à trafiquer, les commerçants à entreprendre; les gens de lettres ressaisirent leur plume, et les gens du monde coururent aux bals et aux fêtes. Le jeu était furieux; on se querellait avec emportement, on s'amusait de même; on ne craignait pas l'orgie; Sheridan ivre allait aux Communes, la tête enveloppée d'un mouchoir baigné d'alcool pour retremper son éloquence; et le grand Fox, aussi assidu à la table du jeu qu'à la Chambre, ayant un matin, après le souper et le pharaon, trouvé une somme considérable dans ses poches, aimant à la garder, ne voulant ni se lever de table ni refuser la revanche, inventait un infaillible moyen de chasser ses adversaires, moyen que Rabelais seul aurait le courage de faire comprendre et qui le laissait maître du champ de bataille. C'était un vrai drame de Shakspeare. Les vertus et les vices les plus disparates s'y mêlaient; il n'y avait aucun vide sur la palette chargée de toutes les nuances; cynisme, raison, déraison, pruderie, sottise, ignorance, brutalité, génie, perfidie et dévouement. Les affaires du pays se faisaient au milieu de ce chaos; et, chose singulière, elles se faisaient très-bien. Sur les bancs de la pairie et sur ceux de la Chambre basse presque tout était extrême. Tantôt l'éloquence de Burke endormait ceux qui l'écoutaient; chacun fuyait devant *ce petit quaker à l'habit marron*, à l'accent nasal et à la tenue de prédicant; le lendemain matin tous les lecteurs étaient ravis. Tantôt le flot oratoire de Fox, absurde à la lecture, faconde vague, diffuse, irrégulière, surchargée de mots et de chiffres, vous emportait et vous entraînait malgré vous. Des désintéressements exemplaires coudoyaient des corruptions incroyables et qui se montraient à nu. A côté de grossières marques d'ignorance brillaient des éclairs de vif esprit et d'érudition fine. Un jour dans le *lobby* (c'est le nom de la galerie), Boscawen arrête au passage le ministre William Pitt :

« — Je tourne contre vous mes cinq votes, lui dit-il arrogamment, si je n'ai pas la *Jarretière* cette année !

« — Votre Seigneurie ne recevra pas cette distinction (répond le ministre de sa voix sèche et grêle) tant que je serai membre du cabinet. »

Puis, faisant allusion à l'épaisse encolure de *Boscawen* et aux prétentions du gros homme, célèbre par sa paresse et sa subtilité cynique :

« — *Optat Ephippia Bos piger*, » dit-il à ses amis. Boscawen l'avait entendu :

« — Qui m'appelle *Bos ?* s'écria-t-il.

« — Le mot n'est pas de moi, répondit Pitt, il est d'Horace.

« — J'apprendrai à *Horace Walpole* à ne plus se moquer de moi, si cela lui est arrivé ! »

Il avait pris *Horatius Flaccus* pour « Horace Walpole ! »

Tels étaient les éléments de cette société bouillonnante. Burke, sobre et vertueux ; Clarke, l'ami des noirs ; l'actif et résolu William Pitt, et tout le groupe des moralistes et des talents sévères n'en étaient pas moins respectés. Chacun marchait à sa guise et dans la voie qui lui plaisait.

Dans ce milieu se trouvait placé en 1782 le prince de Galles, qui donnait le ton au monde élégant, ne se privait d'aucun excès, et s'environnait d'une cohue d'amis, d'une foule de maîtresses, d'artistes bien ou mal payés et de beaucoup de dettes, ce qui déplaisait au roi son père. En 1784 ils se brouillèrent. Pour empêcher ses deux autres fils, Frédéric et Guillaume-Henri, de suivre l'exemple de l'aîné, Georges III envoya l'un faire un petit voyage d'agrément dans le Hanovre, dont les mœurs lui semblaient propres à calmer des sens trop vifs; l'autre au bout du monde, comme officier de marine. Puis il coupa les vivres du prince de Galles et refusa de payer ses dettes.

Dès 1786, après trois ans de gestion, elles ne s'élevaient qu'à deux millions et demi de notre monnaie, bien que le prince, depuis sa majorité, eût joui de un million de rente. Les créanciers hurlèrent, les maîtresses pleurèrent, il fallut vendre des chevaux, réduire la maison, congédier les architectes et les cuisiniers, interrompre les constructions de pagodes et de minarets. On demanda de l'argent au père, qui ferma sa porte au fils et sa caisse aux créanciers. Le fils dénonça le père aux Communes.

Quel scandale ! Belle occasion de faire une révolution digne d'un grand peuple qui aime la logique, qui donne volontiers la leçon au monde, ne veut pas se contenter du grossier, de l'ordinaire et de la petite pratique des choses humaines ! Est-il possible d'imaginer plus de vices? Quel plus légitime et plus spécieux prétexte vit-on jamais de couper la parole, ensuite la tête à tous ces gens; de couronner ainsi les émeutes de lord Gordon ; de renverser trône, ministère, pairie et Communes; sans faire grâce aux pédants comme Burke, aux roués corrompus qui entourent Pitt ; à ce roi avare, hargneux, taquin, désagréable; à ce fils immoral et débauché, à ce ministre taciturne, armé de l'entêtement d'un mulet et de beaucoup d'insolence; de chercher ainsi l'utopie et le souverain bien, tout en confisquant le bien des autres; et de préparer de belles pages à l'histoire, et aux architectes politiques des reconstructions difficiles! Mais on n'osait pas. On y regardait à deux fois avant de se livrer à des folies aussi coûteuses. Les uns défendaient le père contre le fils, les autres le fils contre le père. Pitt servait la cour, les traditions et le passé; Fox les idées nouvelles, la révolution qui s'annonçait et l'héritier présomptif qui se moquait de son père. On se battait, on se ruinait à qui mieux mieux; la calomnie et le mensonge remplissaient l'air, ce qui était médiocrement moral. Mais le trône restait debout; on ne brûlait pas la maison.

Au commencement de l'année 1787, le pauvre héritier présomptif, ne sachant plus de quel bois faire flèche, consulta ses amis. Puisque le père maltraitait son fils et ne voulait pas payer les deux millions arriérés, il était juste évidemment que son fils le traitât au plus mal. Ce beau conseil lui fut donné par Fox, Sheridan et lord Loughborough; dénoncer Georges aux Communes, montrer son père comme un vrai ladre, lui-même comme une victime, et le pays comme livré à un Hanovrien idiot et à un ministre ridicule, voilà le plan dont on convient. L'alderman Newnham vint l'exécuter le 20 avril 1787, à la satisfaction du parti. Ses termes mesurés, respectueux, légaux, étaient aussi explicites que les usages le permettaient, mais terribles par des allusions nombreuses à l'état mental du monarque, au danger que courait la nation et à l'hostilité mutuelle du père et du fils. L'attente et l'anxiété devinrent universelles. Allait-on déclarer le roi tombé en enfance, le trône vacant et le prince de Galles apte à prendre possession de la couronne? L'orage grossissait, le ministère chancelait, les adhérents de Fox devenaient nombreux, le jeune Pitt était sérieusement menacé; mais il avait, comme disent les joueurs, *garde à carreau;* — et il en usa.

Après quelques séances de mutuelles insultes où l'on se mesurait du regard, comme les héros d'Homère, et où l'épigramme de Sheridan, flèche acérée, tombait sur le bouclier d'acier de Pitt; un nouveau comparse se montra, M. Rolle. C'était un personnage ridicule, grossier, exact, dont les beaux esprits se moquaient, mais qui faisait son devoir et marchait au pas; il parlait toujours de son grand désintéressement politique. On remarqua que ce désintéressement le fit, en peu de temps, pair d'Angleterre. Ce M. Rolle fut donc chargé de traîner devant les Communes le grand canon que le père armait à son tour contre le fils. Or, ce grand canon, le voici.

L'héritier présomptif, qui ne s'était pas fait faute d'amours vulgaires, et qui en était un peu las, avait rencontré en 1782, à Richmond Hill, une veuve encore jeune, deux fois mariée, d'abord à Edward Weld, ensuite à Thomas Fitz-Herbert, qu'elle avait beaucoup aimé. L'un était mort après un an, l'autre après trois ans de mariage. Maîtresse, à vingt-huit ans, de quelque cinquante mille livres de rentes qui aujourd'hui en vaudraient quatre-vingts et qui constituaient sa fortune, elle vivait dans cette solitude à demi-champêtre, élégante, ornée; — excellent cadre pour la beauté comme pour l'amour, peut-être aussi pour le bonheur. Mistriss Fitz-Herbert que j'ai vue, et que chacun a pu voir à Paris entre 1832 et 1840, avait des yeux admirables qui ne disaient pas grand'chose, si ce n'est qu'elle était bonne, et cela était vrai ; de ces yeux que les Anglais appellent *lustrous* et qui couvraient la moitié de son visage. La bouche, — d'une petitesse chimérique et d'un contour onduleux qui eût fait honte à Coypel ou à Vanloo, — était bordée dans sa jeunesse de lèvres très-bien ourlées et très-roses. Une forêt de cheveux cendrés (*auburn*) que la coiffure du temps élevait en petites boucles comme un immense bouquet, couronnait cet ensemble, où l'esprit ne se montrait guère, mais dont la candeur et la bienveillance faisaient le charme, comme elles faisaient le fond de son caractère. Celui-ci était adorable; pas la moindre prétention, ni la moindre fausseté, pas de caprice ni d'humeur. Une gaîté souriante et douce qui n'avait rien de fade; une sorte de langueur que lui avait laissée le souvenir de son second mari qu'elle avait adoré. Chacun l'aimait; et sans quitter son petit manoir de Richmond Hill elle voyait le meilleur monde. Notez qu'elle était catholique.

Ce vice ne se pardonnait pas alors en Angleterre; on n'assommait plus les catholiques dans les rues, et l'instrument inventé à cet effet, le *protestant flail*, était un peu délaissé. Mais au cri de *No popery* (pas de papauté), les classes moyennes et inférieures se fussent encore soulevées comme un seul homme, de 1780 à 1800. Si l'on remonte jusqu'à Charles Ier, Cromwell et Elisabeth, on rencontrera cette haine protestante bien plus vive encore. Vers 1650 les vrais dévots se seraient crus damnés si leur maison eût contenu un clou, une tapisserie, une tenture ayant la forme d'une croix. Leur profonde horreur du symbole allait jusque-là. Le paysan d'Écosse qui ne savait pas écrire, au lieu de remplacer sa signature par cette croix maudite, se servait pour cela de la lettre T; on supprimait la partie supérieure du signe †; c'est ce que prouve l'original du *Solemn League and Covenant*, déposé au « British Museum, » et qui est couvert de ces croix mutilées.

Que Mme Fitz-Herbert fût catholique ou non, peu importait au prince. D'une part, il n'avait pas de grands scrupules en fait de religion; d'une autre, cette beauté, ce naturel, cette douceur l'étonnaient et le ravissaient. Il fit sa déclaration et ne fut pas écouté; ce qui l'étonna bien davantage. Alors commencèrent les douleurs, les protestations, les tragédies accueillies avec un grand calme et une dénégation absolue par la veuve, qui prétendait que c'était bien de l'honneur pour elle; — qu'un prince était un partenaire dangereux, souvent illusoire, et qu'il y avait de trop grands risques à subir. Le public, mis au courant du débat, votait pour les désirs du prince contre la vertu de la « belle catholique de Richmond-hill »; on entendait chanter dans les rues, vers 1782:

> Oui, je donnerais ma couronne
> Pour la belle de Richmond-hill !

Le prince piqué au jeu aurait, je crois, perdu la partie, s'il n'avait pas employé ses dernières ressources et cherché dans sa stratégie une attaque à fond qui lui réussit; encore fallut-il bien du temps et de la peine.

Certain soir un carrosse s'arrêta devant la petite

maison de Richmond-hill. Quatre personnes en descendirent : lord Onslow, lord Southampton, M. Edouard Bouverie, ami du prince, et M. Keit, chirurgien. « Le prince venait de se suicider, dirent-ils à Mme Fitz-Herbert; il courait danger de mort, et si elle ne venait à l'instant même le guérir et le sauver par sa présence, le trône perdait son héritier. C'était un devoir patriotique. » La veuve obstinée résista. Il fallut aller chercher comme renfort la duchesse de Devonshire et la lui amener. En cette compagnie ils se rendirent tous les cinq au palais de Carlton, où le prince les attendait pour mourir : — ces démarches n'avaient pas laissé que de coûter du temps, — et un spectacle tragique s'étala devant leurs regards. Du sang sur les draps et les couvertures, le prince lui-même étendu sans connaissance et pâle, tout le monde dans la désolation. Il souleva languissamment sa tête, lui dit qu'il mourrait assurément si elle ne promettait de devenir sa femme, et que c'était fait de lui. La duchesse attendrie donna une de ses bagues qui fut passée au doigt de la veuve ; elle balbutia quelques paroles de consolation, puis se retira avec ses amis, et on laissa le prince dormir. Cet acte de désespoir amoureux a trouvé bien des incrédules ; — Mme Fitz-Herbert y a cru pieusement toute sa vie.

Plus tard Georges épousa la catholique réfractaire, Voilà le grand canon traîné par M. Rolle et pointé par Georges III contre son fils. Non-seulement (disait le père aux Communes par l'organe de Rolle) ce fils ingrat a contracté une liaison illicite avec une catholique, chose abominable ; mais il a épousé cette damnée, crime odieux prévu par la loi, et qui entraîne sa déchéance. Ainsi le fils réclamait la réclusion du père, le père la déchéance du fils. Fox, aux Communes, accusait le père de calomnie. Mais Georges III avait dit vrai.

C'est ce que prouvent les curieux et authentiques Mémoires publiés par l'honorable Charles Langdale; Georges IV voulut que l'on plaçât sur sa poitrine et dans son cercueil le portrait de cette pauvre femme si ardemment recherchée, puis reniée par lui, reprise, abandonnée, foulée aux pieds, rappelée, insultée de nouveau, victime touchante, jouet de son voluptueux égoïsme. La plus malheureuse des femmes ne se trouva pas trop malheureuse, — pour cette bonne raison : c'est qu'elle était aimée.

§ 2.

Histoire de Mme Fitz-Herbert.

Il ne faut ni faire de Mme Fitz-Herbert une vertu romanesque, ni l'ombrager d'un panache d'héroïsme qui ne lui convient pas. C'était une bonne femme. Elle a été dévouée. Ayant dans la main de quoi tourmenter horriblement et même inquiéter dans sa situation politique celui qui la sacrifiait et qui ne la ménageait en rien, elle n'a songé qu'à protéger la bonne renommée et à servir les intérêts de Georges IV.

On dirait même que la vengeance et la rancune, plaisirs des dieux et des femmes selon les anc'ens, ne se sont pas offertes à son esprit, à son cœur moins encore. Je suis touché de ces mérites. J'ai l'infirmité d'estimer peu les qualités qui, chez la femme, ne sont pas accompagnées de la bonté. La femme dont l'âme est devenue pierre, la femme calculant son succès ; armée de toutes pièces, d'assez de ruses et d'assez d'audace pour se tirer d'affaire sur le champ de bataille de la vie, m'étonne plus qu'elle ne me charme. C'est de bien loin, de très loin que j'aime à la voir disposer ses manœuvres, arranger ses triomphes, combiner ses desseins, s'engager sans embarras dans le souterrain des cabales ou dans celui du report et de la prime ; varier sa tactique, attendre le moment de l'exploiter, se mettre au-dessus de toutes les faiblesses et de toutes les affections; frapper celui-ci, duper celui-là ; produit complexe et extraordinaire des temps nouveaux ; création inouïe, étrangère à l'amour, à la passion, à l'intelligence même à la beauté ; — dont le costume est une citadelle armée d'acier et de gaze, et l'intelligence une forteresse armée de frivolités et de chiffres. O La Bruyère ! où êtes-vous? Swift, où vous cachez-vous ?

Mme Fitz-Herbert, qui ne prétendait à rien de si superbe et de si surhumain, dont le cœur n'aspirait pas à cet endurcissement et à cette ossification favorables au développement des cupidités, assez peu d'accord avec la nature honnête de la femme ; Mme Fitz-Herbert, qui avait toujours présentes à la pensée l'image de son second mari, et au cœur une tendresse ineffaçable, vive, profonde, pour ce M. Fitz-Herbert, mort après les émeutes de lord Gordon des suites de la fatigue et du combat auquel il avait pris, comme gentilhomme tory et conservateur, une part oourageusement active, — n'était préparée d'aucune façon et par aucun antécédent à devenir la maîtresse du prince de Galles. Devenir sa femme ne la séduisait même pas. Elle ne se sentait ni attirée ni éblouie par tout ce fracas du *premier gentilhomme d'Europe*, par son beau costume, ses belles manières, ses énormes cravates qui avaient bien leur petite raison médicale d'exister, ses milliers d'uniformes rangés dans des bibliothèques, et ses coiffures factices arrangées en coup de vent par un effort de l'art qui lui avait coûté des nuits et des jours de méditation silencieuse. Résister à tout cela quand on est femme, sans compter les beaux discours, la grâce réelle, la grâce apprise, l'esprit, les amis, le titre de prince, les présens de choix et la couronne en perspective, c'était miracle ou à peu près. Il est vrai que Mme Fitz-Herbert avait l'esprit droit, et, ce qui est mieux, le cœur très-honnête. Le prince, tout aimable qu'il fût, lui inspirait peu de goût.

La scène de suicide, que j'ai racontée précédemment, l'ayant laissée dans un étourdissement fort naturel, elle se retira de compagnie avec la duchesse de Devonshire et les quatre autres personnes ; puis elle ne tarda pas à recouvrer sa présence d'esprit. Comme cette affaire n'était après tout qu'une surprise ; et que dans l'éducation anglaise la femme est autorisée à se défendre, puisque, dès la première jeunesse ainsi que dans le veuvage, ses actes sont libres et qu'elle répond d'elle-même ; Mme Fitz-Herbert prit ses précautions pour l'avenir et fortifia le passé, d'une manière qui fait honneur à sa prudence. Elle rédigea, séance tenante et dans l'hôtel même de la duchesse, une protestation qu'elle fit signer aux cinq témoins de l'aventure.

Puis la voilà qui part pour la Hollande. Le prince un peu confus alla se refaire à la campagne chez lord Southampton.

Mais il enrageait. Pour un séducteur c'était une défaite.

Il n'était pas homme à s'en tenir là et à quitter honteusement la partie. Les courriers trottèrent, les lettres couvrirent les routes et les envoyés furent payés grassement. Le cabinet de Versailles s'étonna d'un mouvement de correspondance si actif et si nouveau. Ce qui augmentait les soupçons, c'est que le duc d'Orléans, mal dès cette époque avec sa cour et lié avec le prince de Galles, servait d'intermédiaire à la correspondance de son ami. On arrêta quelques émissaires, on les mit en prison, et l'on ne trouva sur eux que les poulets enflammés que S. A. R. le prince de Galles écrivait incessamment. Deux années furent consacrées à cette « escrime, à ce *fighting off*, » à ce combat désespéré et défensif. Enfin la veuve céda.

Elle ne s'engagea d'abord, mais volontairement et résolûment, qu'à n'épouser personne si ce n'était le prince. Ensuite, et quelques mois après, elle consentit à revenir en Angleterre; pour cela elle fit ses conditions expresses. Dans une lettre de trente-sept pages, écrite de sa main, le prince lui avait annoncé que Georges III, son père, approuverait le mariage ou du moins l'autoriserait par une connivence tacite. Ce mensonge la décida. Catholique, elle exigea le mariage selon le rite catholique; elle demanda que son frère Jacques Smyth et son oncle Henri Errington fussent témoins.

La cérémonie eut lieu dans une chambre retirée de Carlton-house. — Un ministre protestant, — circonstance bizarre, — officia; un prêtre catholique servit de témoin. Le certificat en bonne forme, signé par le prince, par Marie Fitz-Herbert et les témoins présens, fut délivré à l'épouse. Deux lettres du prince, une autre lettre du ministre protestant attestèrent la validité du contrat. Mais ce fut, on doit le dire, une étrange cérémonie, et dont on ne trouverait peut-être pas un second exemple. Les formalités exigées par l'état civil anglais s'y trouvaient remplies; le « consentement et la volonté des parties », conditions essentielles du mariage chrétien, en assuraient la validité. Mais que d'autres obscurités! que d'obstacles! que d'épines allaient embarrasser la marche et entraver la destinée de Mme Fitz-Herbert! « Je m'abandonne à mon sort, disait-elle « à ses amis. Ce mariage n'a pas le *sens commun*... « (*all non-sense*). Je prévois ce qui va m'arriver, et je « me jette tête baissée dans une forêt de difficultés « inextricables ! » Elle bravait une situation fausse, elle en acceptait généreusement la douleur, elle en prévoyait les conséquences, et ce courage est toujours puni.

Un mariage de ce genre ne lui offrait que des chances défavorables. Il engageait la conscience des contractans, puisque tous deux, de leur libre accord et en pleine connaissance, s'étaient donné mutuellement parole d'être l'un à l'autre; il était authentique, puisque l'un et l'autre avaient signé cette promesse, attestée par de valables témoins. Mais loin d'être « synallagmatique », comme disent les jurisconsultes, il ne liait réellement qu'une seule des deux parties, puisque la loi du pays enlevait au prince la liberté de se marier sans l'aveu de son père; puisque la déchéance de l'héritier présomptif était la suite naturelle et nécessaire de cette union illégale. D'autre côté, si le prince voulait un jour renoncer à son trône futur, toute invalidité cessait. Voilà donc un contrat léonin et hypothétique, sincère et faux, illusoire et religieux, irréligieux et civil, immoral et romanesque, vraiment digne de ce Lovelace supérieur et de son époque assez extravagante. Mme Fitz-Herbert avait compris tout cela. Quand elle disait au prince Georges : « — Cela n'a pas le sens commun ! » (*'tis all non-sense !*);— elle indiquait clairement qu'elle n'était pas dupe. La pauvre créature savait où elle en était. Elle se liait sans enchaîner le prince. Elle mettait en repos sa conscience, en laissant libres la conduite et l'avenir de son mari, qui pouvait à son gré ne plus l'être. Elle était en règle avec Dieu, en règle avec le monde et la catholicité ; voilà tout ce qu'elle voulait. C'est un comble et une perfection de délicatesse dont je ne conseille l'usage à personne et dont les romancières s'aviseraient à peine. Le prince Georges se montrait un peu moins délicat. Il garrottait celle qu'il aimait ; et ce lien sauvage et nouveau, parfaitement conforme aux théories du temps et au mouvement général des mœurs, ne l'engageait pas lui-même ; il se réservait une issue très-commode, une porte dérobée facile à pousser ou à ouvrir. Ainsi toutes les convenances étaient ménagées. Homme du monde, homme de la belle école, fidèle au *to prepon* des Grecs ; poli, spirituel, de bonne compagnie, le prince ne commettait point d'inconvenance ; il faisait une dupe, voilà tout. Ses procédés étaient les plus honnêtes du monde. Comment s'étonner qu'il eût hâte de conclure ? Il priait chaque jour Mme Fitz Herbert d'en finir. Il insistait ; il n'était pas tranquille ; il pressait la conclusion de cette solennelle jonglerie, qui, pour sa compagne, était une réalité grave ; pour lui une habileté piquante. Vive l'esprit ! Et que la civilisation élégante est belle !

  Une fois mariée, elle soutint la situation avec tant de

grâce et de tact que la famille royale tout entière lui devint favorable. Elle dîna chez le roi, elle fut invitée chez la reine. Modeste sans bassesse, n'essayant pas de brigues, ne visant à rien, ne demandant rien, n'étant sur la route de personne, elle se faisait aimer et pardonner même des gens sévères. Enfin éclata cette guerre du père et du fils, à propos des dettes de ce dernier; — guerre qui devait soulever le voile dont son mariage était couvert;—grand combat qui, entre le 20 avril 1787 et le 30 du même mois, occupa la Chambre des Communes et absorba l'attention de l'Europe. On se tromperait bien si l'on jugeait de la gravité du débat par les détails que l'on peut lire aujourd'hui dans les annales parlementaires. Là chacun proteste de son respect pour la famille royale, pour le père et le fils. Fox est pénétré de vénération envers Georges III, Pitt professe une tendresse sans bornes pour Georges IV. Shéridan prêche les convenances, M. Rolle se sent tout ému en faveur de l'Église et de l'État. Sous ces draperies et ces masques c'étaient des coups mortels que le père et le fils se portaient mutuellement. La hache et l'épée des vieux héros n'étaient pas dans leurs mains; sans doute ils ne se couvraient pas d'injures à la façon de Hadubrand et de Habibrand dans l'épopée germanique ; c'était poliment, doucement que continuait ce duel terrible d'où le mouvement politique dépendait, et qui mettait à la fois en jeu la dextérité des uns, la servilité des autres ; la verve de Fox, l'ironie austère de Pitt, la subtilité hyperbolique de Shéridan ; — vaste manœuvre qui ne tendait à rien moins qu'à bouleverser le gouvernement; à ouvrir très large la voie libérale ; à substituer le système Whig de la nouveauté et du mouvement, — représenté par le fils et par Fox, — au système tory, celui du passé et de la conservation, soutenu par le gouvernement et William Pitt. — L'Angleterre ébranlée dans les fondements de sa vie politique restait dans l'attente.

Eh quoi! L'héritier du trône protestant par excellence est accusé d'avoir épousé une catholique! Pour savoir ce que cela veut dire il ne faut que relire l'histoire d'Angleterre, toute semée d'exemples significatifs et comme jalonnée d'échafauds et de supplices qui sont autant de leçons. Pour le même motif Marie Stuart est sacrifiée, Charles Ier conduit à l'échafaud, Strafford décapité, Jacques II exilé, Guillaume III appelé à la succession protestante. Le trône futur de Georges IV était donc cruellement compromis, et Fox ne l'ignorait pas.

Alors Fox prit la résolution courageuse de mentir impudemment pour la bonne cause. Il se leva, et d'un front d'airain, d'une voix claire et puissante, il déclara que le prince n'était pas marié du tout ; traita de calomnieuse l'assertion mise en avant, et devint très moral, ce qui ne nuit jamais. On dit qu'il avait la plus belle tête du monde quand, l'œil en feu, les épaules effacées et frappant sur la table, il fit gronder ses foudres contre « l'infâme calomnie, la misérable invention de la « malveillance, — assertion impossible en droit, dé-
« nuée de tout fondement et propagée pour dégrader
« der le prince dans l'estime du pays! »

« — Oui (répondit Rolle, qui avait ouvert le débat et qui en savait très long), cela est impossible *légalement*, mais très possible *en fait;* et le pays s'en inquiète.

« — *En fait* comme *en droit...* je nie tout.

« — M. Fox est-il autorisé à parler ainsi?

« — Je le suis. »

Un grand silence et une pause solennelle interrompirent la séance. Tout se taisait et dans les galeries pleines de monde et dans la Chambre qui était au complet. Le mariage était pleinement désavoué; Mme Fitz-Herbert dégradée et reniée; l'audace de Fox écrasait les adversaires. Les mailles du filet tendu au prince se brisaient; — mais à quel prix!

Le prince, dès le lendemain, revint auprès de Mme Fitz-Herbert, qu'il trouva justement irritée. Il jura ses grands dieux qu'il n'avait pas autorisé Fox à se conduire ainsi, désavoua tout et obtint son pardon.

« — Je n'en crois rien, lui dit-elle, et vous m'avez bien maltraitée! il est impardonnable à vous de m'avoir abandonnée ainsi. Ne m'aviez-vous pas adressé il y a peu de jours M. Shéridan, qui promettait de me défendre aux Communes comme il le devait? Et ne lui avais-je pas répondu : « *Oui, c'est à vous de* « *me protéger; je ne puis me protéger moi-même. Je* « *suis le pauvre animal qui se traîne avec une bûche* « *pendue au cou!* (*Like a dog with a log round his* « *neck.*) »

On ne sait ce que lui répondit le prince; mais ses grâces et ses assiduités l'emportèrent encore sur le mécontentement légitime de la femme outragée. Quant à Fox, elle lui ferma sa porte et ne le revit jamais. Il voulut, quand il devint ministre, lui faire accepter le titre de duchesse et ne réussit pas à vaincre sa résistance.

« — Je ne veux point, dit-elle, être une seconde duchesse de Kendal (1) ! »

Placer entre les mains de quelque avocat habile ou de quelque politique acharné les documents qu'elle possédait, rien de plus facile ; elle aurait mis l'Angleterre en feu. Elle fut d'une générosité complète ; elle effaça les moindres traces d'un acte perfide et imprudent qui pouvait embarrasser le prince et lui nuire ; se contenta de garder par devers elle et dans un profond mystère les deux ou trois documents les plus authentiques ; coupa avec des ciseaux les noms des témoins signataires du contrat de mariage et les détruisit ; ne se plaignit à personne, conserva sa dignité sans humeur, reçut ce que Londres renfermait d'élégant et de considérable, et laissa couler le temps, — grand maître des choses, — réparateur des fautes et des sottises humaines. Le temps amena d'abord de nouvelles dettes et de nouvelles nécessités du prince, qui, pour combler l'éternel abîme de sa caisse, se résolut ou se résigna au célèbre et ridicule mariage avec la princesse Caroline de Brunswick. La conduite de Mme Fitz-Herbert resta la même. Le prince, qui avait cessé brusquement de la voir, ne la fit ni prévenir ni consulter. Un jour qu'elle était à sa fenêtre de Marble-hill, elle vit un homme à cheval passer rapidement devant sa maison ; c'était le prince. Il ne descendit pas de cheval, ne la salua pas et disparut.

Elle était profondément triste, comme on peut le croire ; et, du temps de Louis XIV, c'est au couvent qu'elle aurait cherché asile. Elle prit une détermina-

(1) Allusion à la création de ce duché en faveur de l'une des maîtresses de Charles II.

tion bien différente et voulut que sa maison de Londres devînt le rendez-vous de la meilleure compagnie. Cette vengeance innocente réussit ; le duc d'York la protégea ; la famille royale lui resta dévouée, et ses salons ne désemplissaient pas, tandis que le nom du prince était traîné dans les désagréments de la publicité la plus déplorable et du plus triste procès. Une nouvelle péripétie l'attendait encore.

Jamais, depuis sa liaison avec elle, et malgré bien des infidélités et des torts, le prince n'avait pu se dégager de cette force impérieuse, irrésistible, étrange, — loi et puissance secrète qui joue dans le monde moral le rôle de la puissance électrique et magnétique dans le monde matériel, — et qui le ramenait toujours à cette personne fort peu intrigante, très-naïve, et penchant vers l'automne.

Ses dettes payées, le prince, comme à l'ordinaire, revint à elle. Une poursuite des plus vives recommença, autorisée, disait-il, et rendue plus âpre par ses remords, par son repentir, par la faute commise et punie, par la conduite de la reine Caroline et l'assentiment de toute sa propre famille, qui aimant Mme Fitz-Herbert désirait beaucoup la voir reprendre possession de son titre et de ses droits. Le prince ne tarissait pas en protestations véhémentes et en exclamations passionnées contre sa folie et son erreur.

D'ailleurs ses affaires étaient arrangées. On avait payé beaucoup, on pouvait payer encore ; et avec de l'économie on viendrait à bout de l'arriéré tout entier. Mme Fitz-Herbert était la ménagère, l'économe, la femme de conscience et d'ordre ; elle représentait la vie domestique, la simplicité des goûts, la retraite agréable, honnête, élégante; — et le prince avait grand besoin d'un peu de vertu et de repos.

Poursuivie furieusement, elle se réfugia dans le pays de Galles, après avoir obtenu du prince sa parole qu'il ne l'y suivrait pas; et dans sa perplexité elle consulta Rome. Un de ses chapelains se rendit près du Saint-Père, à l'autorité suprême duquel elle se soumettait d'avance, décidée, disait-elle, soit à se retirer sur le continent si la sentence était contraire à sa réconciliation avec le prince, soit à se réunir à lui si le mariage était déclaré légitime. Un bref du Pape, conforme à la doctrine de saint Augustin, de saint Chrysostôme, du Pape Nicolas I*r*; doctrine très-savamment déduite dans l'ouvrage de M. Tabaraud sur le mariage « considéré comme contrat et comme sacrement, » prononça que le mariage résultant du consentement volontaire des parties contractantes était complet, valable, indissoluble. Elle revint à Londres. Le prince prétendait la revoir en secret. Elle s'y refusa, donna un grand déjeuner auquel elle invita l'élite du monde et de la cour, plaça le prince à côté d'elle, et reprit son rang, — en femme de cœur qu'elle était.

Là viennent s'intercaler de la manière la plus curieuse huit années de ménage bourgeois, de paix intérieure et de calme; et aussi, ce qui peut sembler étrange, de pauvreté salubre pour le cœur et pour la fortune. Solder les dettes, qui étaient énorme, et faire face aux difficultés politiques aggravées par le terrible procès, c'était la vie du prince. Le palement ne le favorisait guère; l'indécente enquête, qui s'appelait en anglais « *investigation délicate* » se continuait sous les yeux de l'Europe étonnée. Les amis du prince avaient subi souvent l'opération du *cutting*, ils s'étaient vus si magistralement, si froidement reniés, repoussés et mis à la porte qu'ils s'en souvenaient. — « Nous n'avions pas le sou (dit Mme Fitz-Herbert dans « une lettre), il fallut qu'un de mes domestiques me « prêtât *soixante louis* qu'il avait économisés. Un autre « jour que nous voulions quitter Brighton et revenir « à Londres, nous ne pûmes réunir à nous deux que « cinq shellings seulement. Après tout, que nous « étions heureux !.... heureux comme les *grillons du* « *foyer (happy as crickets) !* »

Voici donc tout à coup le foyer domestique, la vie simple, la pauvreté supportée en commuun, le roman, anglais avec ses teintes grises et sobres qui s'introduisent et se placent singulièrement au milieu de ces mœurs à la Louis XIV. Cependant, à force d'être pauvre on redevient riche ; surtout quand on est prince. Les dettes se payèrent, la vertu sembla gênante, les vieux penchants reparurent, et de nouveaux penchants se déclarèrent. Le prince n'était pas embarrassé de trancher net (*cutting*); il avait une grande habitude de ces affaires, comme on sait.

Un jour qu'il s'agissait de donner à Louis XVIII un dîner officiel, l'occasion se présenta d'elle-même. La coutume en ces circonstances était de n'assigner aucune place marquée aux convives, afin que la position équivoque de Mme Fitz-Herbert ne fût pas nettement accusée. Ici tout changea ; et quand Mme Fitz-Herbert, que les amis avertirent, alla demander au prince quelle place elle devait prendre à table, il lui répondit :

« — Vous savez, Madame, qu'il n'y a pas de pl ce pour vous ! »

(« *You know, Madam, you have no place!* »)

C'était le dernier coup; elle arrangea tout pour sa retraite, ne répondit rien, parut le soir au concert et au bal du prince, eut à subir sans sourciller les mêmes douleurs que Louis XIV imposait aux objets de ses préférences, assista au triomphe avoué d'une rivale, partit aussitôt pour le continent, ne revit plus Georges IV, et ne lui écrivit que pour lui offrir au moment suprême, ses soins et ses derniers services. Il ne fit rien répondre à Mme Fitz-Herbert; mais le souvenir était vivant; le cœur saignait, la vie antérieure parlait haut; il voulut que l'on plaçât sur sa poitrine le médaillon contenant le portrait de cette femme maltraitée et aimée. Elle mourut à Brighton en 1837, sans avoir prononcé jamais un mot ni commis un acte qui pût nuire à son mari, et après avoir détruit toute sa correspondance.

Où est la justice dans cette histoire? Comme le faible y est écrasé! le droit méconnu! Que deviennent la morale, l'équité, la charité?

Celui qui s'adresserait cette question déplacée, témoignerait d'un esprit bien arriéré, bien ridicule et bien peu au courant des choses.

UNE REPRÉSENTATION THÉATRALE

SOUS CHILPÉRIC

UNE REPRÉSENTATION THÉATRALE

SOUS CHILPÉRIC

Quel est ce personnage qui entre en scène, seul, couronné de lauriers et le rameau vert à la main droite, selon la coutume? Son manteau est rejeté de l'épaule droite sur le bras gauche; — après les saluts qui ont toujours été d'usage, il s'adresse au peuple, à à la foule remplissant le cirque que vient de restaurer le demi-Romain, le demi-barbare, *Hilp-Rick* ou Chilpéric, comme il vous plaira d'écrire ce nom, avec ou sans la gutturale franke? C'est le théâtre de Soissons.

Ce peuple, au septième siècle, doit être fort bigarré; il y a là toutes les espèces d'esclavage. Le sort fatal de notre beau pays lui a imposé la misère de connaître toutes les variétés possibles de cette douloureuse histoire naturelle de la servitude : — Gaulois soumis au Romain; Latin soumis au Teuton; serf de serf; barbare obéissant à un Gallo-Romain, dont le maître est un évêque, lequel se courbe lui-même devant un bandit salique. Mais (ce qui arrive aussi dans notre pays merveilleux) cette masse de visages humains, cette foule entassée sur les degrés, depuis les plus hauts jusqu'aux plus bas, est toute pétillante d'intelligence et d'esprit. Les yeux parlent; les gestes sont rapides; les mots expriment toujours deux idées, dont l'une se cache. On la voit déjà telle qu'elle est aujourd'hui, cette masse remuante, ingénieuse, ardente, imprévoyante, sensuelle, toute au moment, toute à l'impulsion, recevant les impressions, les échangeant, non contre des principes, mais contre des sensations contraires; on la trouve, dis-je, et la retrouve héroïque et folle, telle qu'elle se montra jadis à l'empereur Julien et au grave évêque de Tours, Grégoire. En elle se concentrent, venant de Rome, des bords du Rhin, de ceux des deux mers, tous les éléments d'activité pétulante, de hardiesse étourdie, d'héroïsme spirituel, que le monde entier lui envoie.

Le moment que je signale est le début de son éducation de race.

Nous sommes au septième siècle; et voici, en face du *proscenium*, à la place même des Césars romains dont il hérite, — entouré de licteurs, vêtu de la pourpre, — ce brave barbare que l'on a calomnié, *Hilp-Rick* ou Chilpéric. Une demi-lueur favorable à l'intelligence a percé les ténèbres de son temps et est venue illuminer son cerveau. Il a compris, grâce aux évêques sénateurs ou fils de sénateurs qui se sont emparés de lui, que le pouvoir passe avec la vie et que l'assentiment des philosophes et des penseurs est chose utile. Il est sensible à cette magie douce et puissante de l'intelligence désintéressée. Quand sa main, souvent sanglante ou rapace, s'est reposée un moment, il a essayé de versifier je ne sais quelles puérilités de décadence romaine; « *la muse royale* était *boiteuse* », dit Fortunat; mais l'intention était bonne. Etonné ensuite de ne pas trouver dans l'alphabet grec et latin le symbole matériel des sons tudesques nécessaires à son dialecte, il a inventé deux lettres; les Romains se sont moqués de lui. Ils ont eu grand tort, ces Romains, de railler du fond de leurs raffinements décrépits les rudes idiômes des nations nouvelles. Chilpéric, enfant de ces mêmes races, avait raison contre les critiques romains. C'est ce que pense aujourd'hui la postérité, favorable au roi barbare, et qui se moque de ses critiques.

La postérité apprécie l'aspiration littéraire, la velléité civilisée qui rachètent un peu Chilpéric et le détachent de ses contemporains guerroyeurs. Par le même honorable motif et le même noble désir il a reconstruit au septième siècle l'amphithéâtre de Soissons, où il a ordonné que l'on célébrât des jeux. Là se presse devant lui la foule murmurante; Teutons insolents et couverts de fer, Romains souriants avec cette gravité pâle et cette convenance diplomatique et amollie des races usées; Gallo-Romains attentifs, éveillés et ironiques qui écoutent le Prologue.

Il est temps de dire que ce *Prologue* n'a rien de factice ou de romanesque. Il existe à la Bibliothèque impériale, dans un beau manuscrit du dixième siècle, que les paléographes les plus timides attribuent au onzième siècle seulement, et dont la conservation est parfaite. C'est le monument authentique d'un fait cent fois plus notable que tous les petits faits stériles dont on se nourrit aujourd'hui grossièrement : il démontre la continuité imperturbable de la vie intellectuelle chez les peuples et à travers l'histoire.

Oui, les esprits sont solidaires des esprits. Au septième siècle les villes brûlent. Chilpéric règne. La peste sévit. La bassesse des âmes, la pire des pestes, est partout. Les évêques écrivent un latin détestable. Les tombeaux portent des inscriptions où le subtantif n'est jamais d'accord avec l'adjectif. Partout l'on tremble et l'on se massacre. Comment penser à Térence? Et à Ménandre? Elle est assurément morte et disparue la belle lumière de la vie grecque, la vie adorable de l'esprit! Ce qui enchantait les Scipions et les Alexandre peut-il plaire à Chilpéric, aux Leudes, aux Grafen, aux vieux loups ravissants de la conquête sanglante?

Rassurez-vous.
Les trois interlocuteurs de ce Prologue, dont nous n'avons que soixante vers, interprétés par M. Magnin avec sa finesse habituelle (et selon nous avec quelques erreurs), prouvent que rien ne peut mourir dans le domaine de l'esprit. L'étincelle de la comédie grecque, une fois projetée dans le monde, ne périra jamais. Ensevelie, non étouffée, elle reparait sous Chilpéric avec Térence; avec elle toutes les grâces, toutes les élégances, toutes les forces qui suivent l'indépendance intellectuelle et qui en émanent.

Les bateleurs, les prestidigitateurs, les athlètes sanglants, les écuyers superbes, les chasseurs d'éléphants, les thaumaturges adroits, les Vénus scéniques, les conducteurs de chars ont depuis bientôt deux siècles fait tous les frais des amusements publics. Augustin et Alipius son ami les ont vus à l'œuvre dans dans le cirque de Tagaste. Les âmes se sont affolées de barbarie et de plaisir, de sang délicatement versé ou de voluptés nues, habilement livrées sur la scène de Byzance à l'imitation générale.

Il n'y a plus, au septième siècle, de place pour Térence et pour Virgile. Le rhythme poétique n'est plus que celui du guerrier qui frappe ou de la danseuse qui bondit. La mosaïque, artifice d'ouvrier, remplace la peinture. L'acrostiche, manœuvre d'artisan, supplante la poésie. Le souffle de « l'Andrienne », la pureté de contours et la grâce modeste de Térence conviendront-ils à quelqu'un dans une telle époque?

Le *Delusor*, (prestidigitateur), a tout envahi. C'est le roi, c'est le maître; il sait les *trucs*, si la plume ose tracer ce mot odieux; il connaît les *ficelles*, pour emprunter à l'argot cet autre terme ignoble. M. Magnin traduit *Delusor* par « moqueur », contre-sens évident à mon avis, et M. Magnin n'en est pas moins un érudit du premier ordre.

Revenons au Prologue, et laissons parler *Hieronymus*, le directeur, l'impresario, qui annonce la pièce au Public :

JÉRÔME.

Cher spectateur, toi qui viens ici t'amuser dans ta ville natale, sais-tu ce que l'on va te donner? On va te remémorer les vieux chefs-d'œuvres de Térence.

(*It te recordari monumenta vetusa Terenti!*)

....

Vous voyez que ce bon Jérôme est dans les excellentes voies de son maître Chilpéric; il veut réveiller la Muse hellénique, et il annonce son intention à tous les Gaulois présents, Germains, demi-Germains et Gallo-

Romains qui l'écoutent. Il déclare ainsi la guerre aux représentants de la Muse nouvelle, matérielle et grossière; aux *delusores*, aux machinistes.

Alors, du fond de la coulisse, en voici un qui s'élance pour empêcher le directeur de continuer. M. Magnin suppose que ce *Delusor* était placé d'abord parmi les spectateurs. Pourquoi? Rien n'indique cette mise en scène et ne justifie cette hypothèse. Quoi qu'il en soit, le Présent, le temps nouveau sous la forme du *Bateleur* ou « Delusor », apparaît, fait face au directeur Jérôme et s'oppose à ce qu'il ressuscite le Passé. Bataille entre *Jérôme* et *Térence*, qui font l'esprit et le bon goût; — et le *Delusor*, le farceur, la prestidigitation; — la barbarie.

LE BATELEUR.

« *Veux-tu te taire, poëte antique? Poëte antique,*
« *veux-tu te taire? Vas-tu nous rabâcher tes vieilles*
« *pièces, vieux? Je te le répète, va-t'en! Mets dans un*
« *coin tes vieilles muses! A quoi servent-elles, ces*
« *vieilles....? qu'à...!* »

Ici notre bateleur est d'un goût tellement immonde, que l'on ne peut copier même en note la grossièreté qu'il se permet (1). M. Magnin traduit tout ce morceau tout autrement que nous, peu importe. Le directeur, à qui l'habitude et le commerce des anciens ont enseigné la politesse, reprend avec assez d'esprit :

LE DIRECTEUR.

« *Tu es un beau poëte! et ta tirade vaut tout au*
« *moins les vers de Térence. Qui veut des échantil-*
« *lons de bon goût n'a certes qu'à t'écouter.* »

(1) *P.....e ni doceant.*

LE BATELEUR.

« Ah! tu m'ennuies! Tiens! je m'étends ici, par
« terre. Ce que je fais là (1), dis, est-ce de la prose?
« est-ce de la métrique? Dis-le-moi. Voyons, dis-le-
« moi donc! Tu grognes, vieux, tu n'es pas satisfait!
« Voyons! entre nous, à quoi toutes tes vieilleries ser-
« vent-elles? »

Le bateleur s'est couché sur la scène en faisant la grimace au directeur, et peut-être pis. Le mouvement comique, qui continue, va s'aggraver et s'animer par l'entrée d'un nouvel acteur. Térence en personne se montre. Aux vers pentamètres et hexamètres, fort misérables, des deux premiers interlocuteurs succède ici l'hexamètre virgilien, qui n'a guère plus de beauté ni de régularité.

TÉRENCE.

« Quel est-il, ce drôle?... celui qui m'insulte? Par
« Hercule, j'ai honte de le demander. Le scélérat! le
« monstre! De quels bords étrangers est-il venu me dé-
« cocher en riant ses durs sarcasmes? Où le trouve-
« rai-je, pour lui payer libéralement, dans l'excès de
« ma juste colère, tout ce que je lui dois? »

Térence est devenu barbare en vieillissant.

Il prononce des vers exécrables, qui ne signifient pas grand'chose; vers où il faut remarquer d'ailleurs ces mots *externis ab oris*. Le bateleur n'est donc pas Gaulois ou Romain; c'est un Germain, un sauvage venu des forêts de Tongres; il amuse les barbares et ne peut amuser que des gens de cette espèce ; le trait est bien timide, bien déguisé, et si subtil, qu'il

(1) Consulter Rabelais.

a échappé même à la subtilité de M. Magnin. Cependant le bateleur teutonique, l'*amuseur* des conquérants, le jongleur (*juggler*) se relève, se dresse devant le Romain-Africain, ami de Scipion, et lui dit :

LE BATELEUR.

« *Celui que tu appelles, le voici. C'est moi. Que*
« *veux-tu me payer? Allons, je suis tout prêt, et j'ac-*
« *cepte les dons.* »

TÉRENCE.

« *Drôle, c'est toi qui mords à belles dents mes cé-*
« *lestes muses!*

(Meas conrodis dente camœnas!)

« ..... *Et qui es-tu? et d'où viens-tu? Pourquoi*
« *t'attaquer à un grand poète?* »

En beaucoup de points (car ce petit morceau barbare donne lieu à mille équivoques), M. Magnin adopte des interprétations étrangères ou contraires à celles que je préfère ici et qu'il serait oiseux de défendre ; encore une fois, cette discussion serait sans aucune utilité.

Térence cependant est entré en scène, richement et élégamment vêtu, comme il convenait à un Romain de la belle époque, affranchi, familier des Scipions. Voyant le bandit musculeux auquel il a affaire, et rejetant son beau manteau rattaché par l'agrafe à la mode, il se présente le torse nu et les bras nus devant le pugiliste. Ainsi *déshonoré* (*se dedecorat*), le poëte continue sur un ton d'athlète :

TÉRENCE.

« *C'est donc toi qui as eu l'audace de substituer la*
« *barbarie à mes muses décentes!* »

LE BATELEUR.

« *Je vaux mieux que toi, je suis jeune. Vieux tronc
« stérile et desséché, peux-tu entrer en lice avec ma
« jeune vigueur ? Je suis chargé de fruits. Le gain et
« la vie m'appartiennent. Tais-toi vieillard ; tu feras
« bien mieux de garder le silence !* »

TÉRENCE.

« *Ah ! tu es jeune ! crée donc ce que j'ai créé quand
« je l'étais moi-même ! Jeune, toi ! et tu ne produis
« rien !* »

LE BATELEUR.

« *Ma foi ! il dit vrai...* »

Mais le représentant de la jeune force et du poignet nerveux, le *Delusor*, l'homme de la ruse, tout en reconnaissant la sagesse de Térence, ne cesse pas de défendre sa propre cause.

Ainsi la comédie classique insulte et provoque le nouveau régime dramatique, celui de la dextérité et du pugilat.

Rien de plus commun, de plus trivial, de plus stérile que le reste du dialogue, dont l'auteur, quelque moine gaulois auquel *Hilp-Rick* aura commandé ce travail, tourne éternellement autour de deux idées, la jeunesse inutile du Bateleur et la féconde antiquité de Térence. Il ne développe pas ce qu'il a conçu. Il ne donne pas la vie à ce qu'il a inventé. C'est dommage. Il avait mis la main sur un germe admirable, contenant le grand secret de l'histoire dramatique tout entière et de l'histoire intellectuelle, — renaissance, perpétuité.

On ne détruit rien. La vitalité de l'esprit se renouvelle et se continue, solidaire et immortelle.

Partout, dans tous les temps, sous les décombres de toutes les histoires, malgré la force, la brutalité, l'esclavage, on voit, à des intervalles inégaux, l'étincelle de l'esprit humain, la divine intelligence reparaître et triompher. Après les Brahmanes qui étouffent la liberté sous les castes, le drame hindou se montre, suivi ou escorté de l'immortel drame grec. Après Chilpéric et les Dagobert, Térence, réveillé par Chilpéric lui-même, se propage dans les couvents, fait les délices des lecteurs, sourit même aux religieuses et aux abbesses (1) et crée le Drame moderne.

La noble Pensée, représentée par Térence, demeure maîtresse.

Le règne des Bateleurs n'a qu'un temps; la grâce, l'esprit, la vie, l'honneur, le charme de l'humanité ne périssent pas.

(1) V. dans nos *Études sur le Moyen-Age*, *Hroswitha*, religieuse de Gandersheim.

D'UNE COMÉDIE DE VOLTAIRE

QUI N'EST PAS DE VOLTAIRE

D'UNE COMÉDIE DE VOLTAIRE

QUI N'EST PAS DE VOLTAIRE

Boursoufle. — The Relapse. — Satyre anglaise contre la France de Louis XIV. — Vie d'une idée; d'un personnage et d'une comédie. — Vengeance et colère des races. — Ignorance des critiques.

Les violents, les brutaux, les passionnés vont-ils m'accuser de vouloir détruire la statue de Voltaire? Telle sottise ne me regarde pas. Que ce Voltaire (un *garçon d'esprit*, dit Saint-Simon, *fils de mon notaire*) fût un puissant personnage, grand meneur d'hommes, guide et moteur de son siècle, il ne faut pas être bien malin pour être de cet avis. Que chacune de ses actions ait été celle d'un saint et doive être proposée pour modèle, je ne demanderais pas mieux. Quand même j'en douterais un peu, ce ne serait pas une raison pour me maudire, comme l'a fait un fanatique qui, vers l'année 1860, m'a prévenu sans politesse que l'on me réservait un mauvais parti ; que j'étais un *vaurien* (*sic*), parce que, dans la querelle de Voltaire contre Jean-Jacques, je me suis déclaré en faveur du pauvre fou contre l'homme d'esprit qui le tourmentait. Les lettres anonymes (1) ont le droit de tout dire; elles sont la

(1) Tout écrivain, surtout quand il est désintéressé et impartial, est exposé, de notre temps, à recevoir une grande quantité de ces lettres, à propos de tout.

ressource dernière de la brutalité impuissante ; et Dieu sait si elles ménagent les critiques qui leur déplaisent ! Puissé-je ne pas être accablé de leurs fureurs qui revivent toujours au moment où le printemps s'annonce ! Et puisse-t-on se bien persuader que je n'ai aucune intention criminelle, que je ne veux attaquer ni Dieu ni l'état en révélant un fait curieux !

La comédie de *Boursoufle*, jouée à l'Odéon comme œuvre de Voltaire, n'est pas de Voltaire. Son titre n'est pas « Boursoufle. » Ce n'est pas une farce italienne. Voltaire, qui s'amusait souvent aux dépens de ses amis, leur a fait accroire ce qu'il a voulu. Il ne leur a pas dit la vérité, d'ailleurs peu importante, et que voici :

S'ennuyant un jour à Cirey près de la belle m'lie, il a tiré de sa bibliothèque un volume que j'ai devant moi, *the Relapse*, farce ou comédie anglaise ; — première œuvre du fameux Van Brugh, jouée à Londres pour la première fois en 1697, et souvent réimprimée. Voltaire, à grands traits de cette plume active qui était tour à tour un glaive, un fouet et un sceptre, a traduit les deux premiers actes, les a couronnés par un troisième acte de sa façon, qui ne vaut rien ; — puis ce grand enfant (un enfant, dès qu'il abandonnait son rôle d'esprit de lumière ou de démon), — s'est amusé à jouer l'ébauche entre deux paravents, comme c'était la coutume, et riant aux éclats.

L'œuvre n'avait pas grand mérite ; et il n'y attachait aucun prix. Mais son état de grand homme reconnu, — et l'habitude d'engouement irréfléchi qui nous distingue, — firent que *Boursoufle*, vanté par la coterie, puis représenté au Théâtre-Italien, attira quelque attention. Il nia l'œuvre, bien entendu; mais ne dit point la vérité. Ensuite on l'imprima comme sienne. Enfin on l'a rejouée tout récemment sur les planches de l'Odéon.

Et voici que les acteurs, le directeur, les spectateurs de l'Odéon; écrivains, artistes, étudiants, savants, ignorants; vieux et jeunes; amis et ennemis de Voltaire; esprits attachés au passé, amoureux de Racine, amoureux de Corneille; les hommes qui ne remontent pas plus haut que 1830; les classiques, les romantiques; les cléricaux qui sont terribles et ne pardonnent guère, les anti-cléricaux; enfin toutes les races, toutes les sectes, tous les partis, — écoutent, admirent, applaudissent pendant un mois comme nouvelle et française une comédie vieille d'un siècle et demi, qui a fait les délices du gros peuple anglais depuis 1697, qui se joue encore tous les jours à Londres, et où *Liston* et *Cibber,* le Préville et le Regnier de l'Angleterre, ont rendu populaire un rôle qui est aux coulisses du pays ce que le grave Pourceaugnac est aux nôtres.

Ce *comte de Boursoufle* est un nom inventé par Voltaire. Il s'appelle en anglais *sir Charles Foppington;* — M. « Desmanières », l'homme élégant.

Vers 1695, en Flandre, sous la tente, et pendant que le protestantisme refoulait, pressait et inquiétait Louis XIV; lorsque Guillaume III s'affermissait sur son trône; un jeune militaire anglais, whig, protestant, et de famille comme de race hollandaise ou belge, s'ennuyait un peu. Il avait fréquenté le théâtre; et une certaine comédie de Cibber, *Love's last shift* — « l'Amour aux abois, » — la plus cynique des productions de ce théâtre cynique (1), était restée dans sa mémoire. Il imagina de continuer la comédie de Cibber. S'étant aventuré un peu plus loin que les retranchements et les lignes avancées des troupes anglaises, il vint ensuite lever le plan de nos fortifications. On le fit prisonnier, et on le mit à la Bastille où on l'enferma comme espion. Là il eut le temps d'apprendre le français, de lire Molière et de terminer sa comédie; quand on le relâcha, l'œuvre était achevée. Elle avait pour titre *the Relapse* — « *la Rechute* ; » et tous les personnages déjà mis en scène par Cibber s'y trouvaient : une petite fille mal élevée, rustique, insolente, grossière; un gentilhomme campagnard, ignorant et ivrogne; un frère cadet maltraité par son aîné; mais surtout le frère aîné lui-même, imitateur des Marquis français, et tourné en ridicule par les deux écrivains anglais.

La caricature de celui-ci plut extrêmement au peuple de Londres ; — M. « *Desmanières*, » — « sir Novelty Fashion », — était le type de la haute élégance et des grâces de la cour.

On était sûr d'avoir pour soi tout le public de cette ville, si l'on flattait la haine brutale contre ce qui était méridional, ou Français, ou catholique. Oh ! les passions ! oh ! l'animal humain ! C'était une partie de plaisir pour les ennemis de Louis XIV, d'aller se moquer à cœur-joie de nos grâces, de nos révérences, de nos belles manières, et de Charles II qui imitait de son mieux Louis XIV.

Cibber et Van Brugh y avaient mêlé la caricature

(1) *M. Delaplace* a traduit ce titre par la *Dernière chemise d'Amour*.

des petits seigneurs campagnards; double ironie qui frappait les tories de deux côtés et qui allait fort bien au peuple. Enfin Van Brugh y introduisit l'éloge des cadets, la satire des aînés; et cette farce, pendant un siècle, fit la joie du public.

En 1777 on joua de nouveau la pièce, remaniée une troisième fois par un Irlandais qui représentait aussi le whiggisme, c'est-à-dire la plus vive opposition. Cet Irlandais était le jeune Sheridan, dont le *Trip to Scarborough*, un « Tour aux eaux de Scarborough, » remaniement très-habile du *Relapse*, est encore en possession de la scène.

Ce qui appartient à Van Brugh dans cette farce populaire ne manque pas de mérite, quant à l'invention. Le frère aîné *M. Desmanières* (sir Charles Foppington) a traité son pauvre cadet avec une impertinence et une cruauté sans égales; celui-ci lui souffle une héritière, miss « Hoyden », ou, si vous l'aimez mieux Mlle Mal-Apprise, titre dont elle est digne. Fille du rustique et bourru *M. Tonneau* marquis *de Malotru* (sir Tunbelly Clumsy); elle épouse le premier venu, se jette à la tête du cadet qui se donne pour l'aîné; et quand le fiancé magnifique, M. le duc Desmanières arrive au château de Malotru, sa place est déjà prise, le tour es fait, le mariage accompli. Ce M. Desmanières ne se distingue point par la pureté des mœurs et respecte peu le mariage; il s'est arrêté en route; une bonne fortune l'a retenu; et voilà pourquoi il n'épouse pas l'héritière.

M. Desmanières est un français de l'école de Bussy Rabutin et de Lauzun.

C'est bien contre la France que cette caricature de l'homme élégant et de l'homme de cour a été grossièrement esquissée. Elle date de l'époque où Charles II recevait l'argent de Louis XIV, lui obéissait en le détestant, se moquait de lui, imitait ses mœurs ou croyait les imiter, se donnait un harem, et imaginait que la Castlemaine figurait Mme de Montespan, et la marchande d'oranges Nelly Gwyn Mlle de Fontanges. C'était l'époque où s'ouvrait à Londres un théâtre qui n'a jamais eu son pareil, et dont M. Taine a donné une vigoureuse et excellente analyse (1). Le premier initiateur de ce théâtre effronté fut *Etheredge*, catholique qui vint mourir à Saint-Germain-en-Laye à côté de Jacques II. Vers 1669, dans son *Homme à la mode*, il avait livré au sarcasme du parterre anglais le beau et l'aimable « sir Fopling Flutter » (*M. Fat du Papillon*). Wycherley et Congreve avaient creusé le même sillon d'incroyable licence, de dévergondage effréné et de haine contre nos mœurs.

Ce n'est pas un théâtre que leur théâtre, c'est la terrible caricature de Hogarth jetée sur la scène ; c'est la parodie teutonique de l'élégance du Midi. Shakspeare l'avait déjà essayée dans *Troïlus et Cressida*, parodie de l'*Iliade*. Révolte de la sauvage rusticité ; théâtre d'insociables et de farouches. Au lieu de reproduire les mœurs anglais, ce drame sermonaire et cynique tente de les réformer ou de les admonester par de scandaleuses peintures. En face de tant de véhémence et d'ordure on recule épouvanté. L'imitation de la vie réelle ne préoccupe plus les Farquhar et les Congreves. Ils se prétendent honnêtes parce qu'ils sont violents ; civilisés parce qu'ils comprennent et exagèrent le vice. Ce qui les blesse et les choque, ce

(1) V. son *Histoire de la Littérature anglaise*.

qui leur semble digne de toute colère, c'est la décence dans le bien comme dans le mal. Ils ont horreur de la convenance et du ménagement; ils partagent l'aversion populaire pour la politesse ; ce que Hamilton lui-même, le spirituel et fin Hamilton, nomme une *impertinente délicatesse française* les irrite. Ils poursuivent d'une satire acharnée le goût français, le ton de Louis XIV, l'air de la cour.

Ne leur dites pas qu'ils manquent de modération, de tact, de grâce et de ménagements; ils veulent en manquer. Ils n'ont pas le plus léger scrupule, pas la plus petite ombre de soupçon sur la légitimité de leur œuvre. « Qu'une femme bien élevée lise avec atten-
« tion ma comédie dans le silence du cabinet (dit Van
« Brugh dans sa préface), et la plus vertueuse n'y trou-
« vera pas un seul mot à redire. » Après ce beau témoignage ou cette attestation de moralité que l'auteur se donne à lui-même, lisez un passage de la pièce et l'un des plus décents. « Miss Hoyden » (*heathen, heiden*, la payenne, la paysanne), mariée, vient d'apprendre qu'il lui arrive un second mari.

Mlle MAL-APPRISE.

« Nous sommes dans de beaux draps à présent. Nourrice, qu'allons-nous faire ?

LA NOURRICE, *pleurant*.

Ah ! mademoiselle, je n'en sais rien. Nous voilà perdues.

Mlle MAL-APPRISE.

Ces vieilles gens n'ont pas le sens commun, je l'avais toujours pensé ; je le sais maintenant. Ah bah ! nous nous tirerons d'affaire ; j'ai un moyen ! Si vous n'en dites rien à personne, j'ai un moyen, et un bon !

LA NOURRICE.

Quel moyen? Voyons, petite?

Mlle MAL-APPRISE.

Chut! Pas un mot de ce qui s'est passé.... J'en ai épousé un. J'en épouserai bien deux.

LA NOURRICE.

Deux maris! ce n'est pas possible.

Mlle MAL-APPRISE.

Tiens!... Vous en avez eu trois!... et à vous toute seule, nourrice.

LA NOURRICE.

Mais pas à la fois.

Mlle MAL-APPRISE.

Je crois que cela ne vous aurait pas embarrassée du tout, nourrice. Je vous dis que j'épouserai la paire! et tout sera dit! Belle difficulté! »

Ainsi parle mademoiselle Mal-Apprise. Elle est l'exagération violente de nos Agnès; néanmoins, elle est fort plaisante. Elle a des reparties d'un comique énorme, des mots piquants et des effronteries tellement hardies et salées, que Sheridan les a laissées de côté et que Voltaire a craint de les reproduire.

On veut l'enfermer pour qu'elle se tienne enfin tranquille. Elle résiste.

Mlle MAL-APPRISE.

« Je ne veux pas qu'on m'enferme, moi!

LA NOURRICE.

Pour une heure seulement!

Mlle MAL-APPRISE.

Je suis mariée! c'est pour être libre! »

Il y a d'autres saillies excellentes qui viennent d'Etheredge lui-même, que Sheridan et Voltaire ont précieusement enchâssées et qui ont traversé victorieusement un siècle et demi.

— « A voir la haine qu'elle a pour moi, je devine ma femme future ! »

Avec beaucoup de sagacité, M. Taine observe que la seule qualité qui reste debout sur un tel théâtre, la seule vertu respectée de ces auteurs (Van Brugh, Congrève et Farquhar), c'est la franchise. Dans le vice ou dans la vertu, soyez vrais, disent-ils ; de là une crudité de tableaux qui deviennent hideux et révoltants. Depuis l'avénement du protestantisme, depuis Cromwell, les hommes de goût et les hommes sévères avaient délaissé la scène ; il y avait deux espèces de gens à qui le théâtre était fermé, soit par leur propre dédain, soit par la bienséance ; — les élégants et les puritains. C'est contre eux que le jeune Van Brugh aiguise son prologue et sa préface. La grosse bourgeoisie marchande, les hommes d'affaires, les politiques, les jeunes agioteurs, les vieux escompteurs, ce qu'on pourrait nommer le ventre et l'estomac de la nation fréquentaient seuls le théâtre. C'était un signe de licence avérée que d'y aller et de hanter des acteurs ou des actrices. Et l'on s'en aperçoit bien.

Après tout la caricature de Van Brugh atteste une force comique d'une naïveté très-puissante.

La scène des deux frères, le rôle du laquais, celui de l'entremetteuse de mariages, le troisième acte tout entier (à part l'extrême indécence et l'effroyable cynisme) valent beaucoup mieux dans l'original de Van Brugh que dans la traduction de Voltaire. Le frère aîné demeure victorieux chez Voltaire et épouse miss Hoyden ; cela détruit le sens de l'œuvre. Le gentilhomme campagnard, chez Van Brugh, n'est pas le féodal spadassin inventé par Voltaire, inexplicable et fantastique animal, revêtu de sa cotte de maille; — mais un type absolument anglais, parfait dans sa charge ; — le plus épais et le plus lourd des John Bulls, le vrai père de miss Hoyden.

Probablement Voltaire, avant de se mettre à table pour souper avec Bolingbroke et le poëte chapelain Edouard Young, aura été, en compagnie de ses hôtes anglais, voir jouer cette œuvre violente du jeune Van Brugh, alors débutant, architecte et poëte, qui mourut riche et considéré.

Puis Voltaire, rentré en France — et devenu célèbre lui-même — essaya de corriger dans une assez médiocre esquisse l'œuvre qui l'avait amusé jeune.

Tel est ce Boursoufle, joué à l'Odéon.

C'est la copie infidèle du *Relapse;* — étrange production, qui porte aujourd'hui témoignage du bouillonnement tumultueux de la Société anglaise entre 1650 et 1750, et de ce chaos de cynique indécence, d'audace barbare, de spirituelle effronterie, de fanatisme austère, d'où la nouvelle Société anglaise devait sortir.

LE TRIOMPHE DE L'ART

LE TRIOMPHE DE L'ART

> ...Wher eevery something being blent
> together turns to a wild nothing...
> « ...Amas... de tout ce qui est quel-
> que chose... Et, confondu, cela tourne
> à un *rien* extravagant. »
> (*Merchant of Venise.*)

Voici près d'un demi-siècle que M. de Châteaubriand, frappant de son éloquence, comme d'une baguette d'or, des âmes enfiévrées de révolutions et ivres de catastrophes, inaugura un règne littéraire, dominé par la couleur, l'image, le rhythme et la poésie extérieure.

C'est ce qu'on appela *Art*.

A cet art matérialiste on subordonna : l'idée, le sentiment, la philosophie, la religion. Ce fut une sorte de matérialisme chrétien. La sévérité du dogme se transforma en peinture et en musique; et le monde se piqua d'un zèle demi-profane, demi-religieux, pour la gloire de ce catholicisme payen. Une secte paganochrétienne, sous la bannière de Schlegel et de Bonald, de de Maistre et de quelques autres, imprégna de cette étrange couleur la Science, les Plaisirs, l'Histoire, la Politique même.

A cette époque des transpositions singulières ont lieu. Les lentes modulations de l'orgue ébranlent les voûtes de l'Opéra ; on y voit le ciel s'ouvrir ; le Paradis s'y épanouit, et des légions angéliques traversent des nuages de carton peint. Dans les cathédrales et pendant le service sacré, les symphonies les plus voluptueuses s'exhalent, glissent, se répandent et éveillent l'écho des arceaux gothiques; pendant que des hommes élégants, accoutrés à la mode la plus nouvelle, commentent savamment l'architecture sacrée, tout émus des douceurs d'une musique plus que sensuelle. Ils parlent de Jésus comme d'un artiste; de son influence comme d'un vaudeville; de la musique comme de la religion véritable; et de la peinture comme de l'unique philosophie.

Assurément ils se trompent de route; c'est celle de Delphes et du temple de Gnide qu'ils devraient prendre ; et la *grâce* plastique, inspiration des anciens Hellènes, se substitue pour eux, sans qu'ils le sachent, à la *grâce* chrétienne, inspiration contraire, toute spiritualiste et divine.

Non, il faut bien le leur apprendre; cette *grâce* chrétienne n'est pas celle des nymphes, même pudiques :

> *Junctæque Nymphis*
> *Gratiæ decentes.*

L'idée chrétienne se compose de charité active, de sévérité douce et d'humilité morale. Elle est sobre, chaste et avant tout bienfaisante; elle répudie la forme, elle n'accepte la couleur que comme un reflet et un accessoire. C'est l'âme intime qu'elle sollicite et reproduit.

Mais notre époque, profondément complexe, a fini par retrouver le christianisme dans le paganisme. Sans réussir encore à débrouiller les éléments antagonistes qui se disputent l'empire du monde présent, elle est à la fois payenne et catholique, matérialiste et chrétienne, panthéiste et déiste. En elle (à son insu) tout se combine; d'extravagantes arabesques s'entrelacent dans un inextricable tissu. Ce luthérien proclame le dogme du *libre arbitre*, détesté de Luther. Cet évêque proteste de son respect pour le pape, en raisonnant comme Voltaire. Mille négations embrassent mille affirmations, et le *oui* se marie avec le *non*. Anarchie d'images, d'idées, de souvenirs!

Tel poëte imagine qu'une de ses odes va renouveler l'atmosphère sociale, et tel homme de salon prend pour un chapelet le cordon de son binocle.

S'il était permis, comme Addison l'a supposé, d'entr'ouvrir le crâne des gens les plus distingués de notre temps et de voir un peu ce qui s'y passe, on jouirait du spectacle le plus bizarre. Il y a peu de métaphysiciens qui ne se croient pas artistes, et peu d'artistes qui ne se croient pas métaphysiciens; l'anarchie des ambitions répond à celle de l'éducation et des idées. La bifurcation des études et le méli-mélo des occupations et des partis jette sur le marché social une foule d'hybrides inféconds qui semblent prêts à tout et qui ne vont à rien. On jouaille du violon après avoir suivi le tiers d'un cours de droit ; et on écrivaille de petits feuilletons politiques en peignant de petites aquarelles.

Cette démangeaison de tout faire et de tout conquérir était bien plus véhémente entre 1848 et 1860 qu'aujourd'hui ; c'était alors que, dans la plus étrange confusion, dans le trouble et le vide le plus effrayants, on voyait chacun s'efforcer de sauver l'humanité pour ses menus plaisirs, au moyen de quelques systèmes hiéroglyphiques fondés sur les obélisques, traversant la muraille de la Chine, s'appuyant sur la musique de Beethoven et aboutissant à la communauté des femmes. Après ce carnaval d'ambitions extravagantes et de velléités infinies, on s'est reposé dans la plus complète indifférence et dans le dégoût le plus profond. Au moment où j'écris on ne fait plus de système ; l'on ne suit plus guère de cours que ceux qui confèrent des grades.

Cependant l'Art triomphant, marié à l'archéologie, élève dans presque tous les quartiers de Paris de petites chapelles pour le plaisir et des imitations de temples pour le bon Dieu ; que dis-je ? un immense édifice à la fois minaret, église byzantine et palais hindoustanique va bientôt être le sanctuaire de l'Opéra, devenu insuffisant pour nos goûts modernes. Nous aurons à Paris la plus superbe cathédrale impériale de musique et de danse qui se puisse imaginer, comme nous avons, tout à côté Notre-Dame de Lorette, une académie chrétienne de la prière et de l'art.

Entrez donc à Notre-Dame de Lorette, je vous prie ; c'est le type de l'église, prétendue chrétienne et catholique, du xviii° siècle. On a trouvé mille petits moyens pour accroître le bien-être des ouailles du Seigneur et les faire prier commodément ; le confortable remplace la grâce divine. On avait livré à un habile architecte une ruelle étroite, un petit espace; il en a profité. Il a été élégant et gracieux; il a fait place aux peintres, il leur a livré une galerie tout entière; on ne peut s'associer mieux qu'il l'a fait au caractère de notre temps, et à celui du quartier, — le plus élégant, le plus fardé, le plus pimpant des quartiers de Paris. Si vous quittez ce boudoir ecclésiastique, semi-byzantin, riche, orné;— pénétrez, — l'oreille encore charmée des mélodies de Bellini — dans le temple voisin, qui s'appelle l'Académie de musique. Là Meyerbeer, Halévy et presque tous les maîtres modernes font éclater des chants sacrés; des armées de choristes s'agenouillent pieusement en face de la rampe.

L'Église s'est faite Opéra. L'Opéra s'est fait Église.

Tel est le cahos des esprits et des idées en France, que parmi nous personne n'est surpris de ces contrastes.

Aussi n'avons-nous pas d'architecture qui appartienne à notre siècle. Mêlant et confondant tous les caractères; n'ayant encore pu poser aucun principe fixe; oscillant de l'athéisme à la piété, de la démocratie au despotisme, nous ne pouvons donner à nos édifices cette unité qui manque à nos esprits. Le plus vague des arts, la Musique, est représentée parmi nous par des hommes de talent; à mesure qu'on s'élève vers les régions de l'art plus graves, plus plastiques, plus solides, on se trouve en face d'un vide effrayant qui représente la fluide incertitude de nos pensées.

Nos musiciens valent mieux que nos peintres, nos peintres valent mieux que nos sculpteurs, et nos sculpteurs valent mieux que nos architectes; si l'on descendait les degrés de cette vaste échelle des arts, on trouverait que la Musique de Ballet et enfin la Danse, arts évidemment inférieurs, sont précisément ceux que l'on cultive aujourd'hui avec le plus de soin, de succès et d'éclat.

Quoi que l'on fasse, la volupté brutale ou raffinée ne peut suffire à l'Art.

Jamais le triomphe des jouissances sensuelles, privées du suprême idéal, n'assurera le triomphe de l'Art.

TABLE ALPHABÉTIQUE

(Tomes I et II des *Études Contemporaines*.

A.

ACADÉMIE ROYALE DE MUSIQUE. Lulli, t. II.... 178
ANIMAUX. Ames incomplètes, organes complets, t. II................ 308
ANGLAISE (Famille) de province, t. I............ 324
ANGLETERRE, son présent et son avenir.......... 229
— Son labeur excessif, t. I. 238
— Société politique sous Georges III, t. II..... 320
ANGLETERRE incompatible avec la Russie, t. II... 224
ANGLETERRE, terre classique du courage moral, t. I................. 245
ANNE (Reine). Naissance d'un bon journal, t. I.. 22
ANNONCE AMÉRICAINE. Son impudence....... 61
— ANGLAISE. Son patelinage, t. 62
ANNONCES (Naissance et progrès des)........ 32-36
— Histoire des, t. I...... 52
ACADÉMIE industrielle en Suisse............... 262
ARGOT. Son progrès..... 164
— Ses nuances, t. I...... 167
ART (Le triomphe de l'), t. II 369
AUBERGES SUISSES, t. I. 268
AUTEUR (L'), sa profession de foi, t. II.......... 309

B.

BANDITS et Picaros Parisiens, t. I............. 95
BAUER cité à propos de la civilisation russe, t. I... 231
BAZOCHE (la) dramatique, t. II 162
BEAU (le), ses principes, t. I................ 359
BELLEFOREST. Ecrivain du XVIIe siècle, t. II.... 100
BERNE (Mœurs de), t. I.. 268
BIBLE GUYOT. Citation, t. I................ 77
BIEN-ÊTRE. Son accroissement au XIXe siècle, t. I. 79
BIEN PHYSIQUE et BIEN MORAL, t. I.......... 80
BIOT (Manufactures de), t. I................. 264
BLAGUE. Mot nouveau. t. I................. 165
BLANC, E., sa nomenclature des ouvrages de Wilson, et Hogarth, peintres anglais, t. I. 339 et.................... 366
BOCCHERINI, bon compositeur trop peu connu, t. II. 300
BOLZANO, comment s'y font les paiements, t. II.... 292
BOULGARINE (Thaddée) écrivain Russe, t. I.... 296
BOURGEOISIE PURITAINE à Londres 73
BURBADGE. Acteur célèbre

376   TABLE ALPHABÉTIQUE

amène Shakspeare à Londres, t. II............ 37
BURKE, auteur probable des lettres de Junius, t. I................. 245
BUTLER, cité, t. I....... 29

C.

CANNING (Vers de) contre le costume des femmes au XVIIIᵉ siècle, t. I.. 187
CAS DE CONSCIENCE au sujet du costume féminin. 186
CATHOLICISME des petits cantons suisses, t. I.... 253
CAVAIGNAC, jugé par lord Normanby, t. I....... 124
CERVANTES, précédé par SHAKSPEARE dans la peinture ironique du faux romanesque, t. II..... 39
CESAROTTI, auteur du Congrès de Cythère, t. II.. 238
CHALCIDICUS, historien prétendu, t. I. 57
CHANTEURS NATURELS : l'homme et l'oiseau, t. II................. 301
CIVILISATION (ce que c'est), t. I................. 231
— Ressemblance du XVᵉ siècle italien et de notre XVIIIᵉ siècle, t. II... 221
CIVILISATION LAÏQUE. — Comment elle s'est développée, t. 1......... 149
CIVILISATION MATÉRIELLE AU XVᵉ siècle (son insuffisance), t. I.......... 78
COLERIDGE (poëte anglais), 336
— (ODE DE) à la liberté, 327
COLONIES ITALIENNES dans toute l'Europe au XVIIIᵉ siècle, t. II 242
COMMENTATEURS et TRADUCTEURS des Sonnets de Shakspeare, t. II... 54
COMMERCE. Ne doit point envahir la littérature, t. I................. 138

COMMUNISME (pourquoi la France penche vers le), t. I................. 238
CONTEURS RUSSES....... 277
— Caractère de leur talent. 280
COOPER. (Fenimore). Son génie, en parallèle avec celui de Bazil Hall, t. I................. 227
COSTUME FÉMININ. (Une croisade contre le), t. I. 179
COSTUME MASCULIN au XIXᵉ siècle, t. I...... 180
COURAGE MORAL. Manque à la France, t. I. 128
COUSIN (Victor), cité à propos de la femme, t. I................. 204
COWPER (William), cité. 32
CRIMINELLES (populations) vivant à Paris, t. I.... 112
CUMBERLAND. (Lacs du). 319
— id................. 323

D.

DAME AUX CAMÉLIAS (La), t. II................. 151
DÉCLASSÉS (les) à la fin du XVIIIᵉ siècle, t. I.... 150
DÉDICACE des sonnets de Shakspeare à Southampton, t. II............ 44
DELEROT, traducteur du livre d'Eckermann sur la vieillesse de Gœthe, t. II................. 3
DEMI-FEMME. DEMI-HOMME, t. I......... 191
DÉMOCRATIE RUSSE, t. I. 283
DISCIPLINE DES ENFANTS trop sévère en Allemagne, t. II............ 23
DON GIOVANNI, (don Juan), dramma giocoso, (drame joyeux), sa création, sa popularité universelle, t. II................. 245
DRAME (Le), son développement, t. II......... 156
DUDARTAS. La *Préciosité* en Angleterre, t. II.... 35

TABLE ALPHABÉTIQUE 377

E.

Eckermann. Sa visite à Gœthe, t. II... 9
École buissonnière, t. I. 93
Écrivains français. Ignorance de Gœthe sur les modernes, t. II... 21
Éducation musicale (Mon), (fragment de mon journal)... 299
Égalité (Amour de l') en France, t. I... 130
Église (L'), dans l'ancien temps, t. II... 153
Égoïsme. Protection qui lui est accordée, t. I... 110
Employé russe, t. I... 298
Emprunteur (L') de deux sous, t. II... 207
Engouement français, t. I. 145
Erreurs littéraires des premières années du siècle, t. I... 137
Enquête (Utilité de l'), t. I. 366
États-Unis (La Presse aux)... 38
— Son développement et son état actuel, t. I. ... 47
Euphuistes à Londres, t. II... 74
Exertion, ce que c'est, t. I... 238

F.

Familles (Diversité des) et législations qui les régissent... 196
— La femme est son soutien, t. I... 207
Femme (La) selon Fénelon et M. Cousin, t. I... 205
Femme. Son rôle dans la famille... 195
— De ménage, t. I... 201
Femmes (Costume des) au XIXe siècle, t. I... 180
Femmes des cantons Suisses, t. I... 170
Fénelon cité à propos de la femme, t. I... 205

Ferry de Pigny, t. I... 205
Fitz-Herbert (Mme) 1re femme de Georges IV. 324
— Son caractère... 328
— Son assentiment héroïque à son mariage... 332
— Sa retraite, sa mort, t. II... 341
Force (mot patois), t. I.. 322
Formation analogue de la civilisation Russe Varangue et de la civilisation Gallo-Romaine.... 236
Français (Caractère) selon Castiglione et Sannazar. 10
— Ses engouements successifs et ses formules, t. I... 145
Français (Langue) gâtée à l'étranger, t. I... 172
France, ce qu'elle a fait pour la civilisation, t. I. 240
Frégier, économiste, cité, t. I... 86
Fribourg (Jésuites de), t. I... 256
Frottola, (frottée), donnée aux patriciens, par da Ponte, texte italien et traduction française, t. II.. 225
Fusion des races, t. II. 124

G.

Gain (Appétit du), au XIXe siècle... 110
Gamin (Enquête sur le).. 85
— Sa naissance, t. I... 91
Ferrari de Roveredo, compositeur tyrolien... 285
— Ses mémoires, t. II... 288
Gandin (Le), ce que c'est, t. II... 282
Gens-de-lettres. Leur condition... 135
— Abaissement de leur situation, t. I... 151
— Correctif, t. I... 159
Georges IV d'Angleterre, fragment de sa vie... 315
— Son caractère... 316

378 TABLE ALPHABÉTIQUE

— Lutte contre son père Georges III 334
— Son mariage avec Caroline de Brunswick, t. II................ 337
GERMANIQUE (Civilisation) est supérieure par le sentiment de l'individualité, t. I.............. 231
GERMANISME antipathique à l'esprit russe, t. I.... 221
GŒTHE. Sa belle et lumineuse vieillesse, t. II... 3
GŒTHE, directeur de théâtre, t. II............... 6
GŒTHE. Accord de son talent et son caractère, t. II................ 14
GOGOL, écrivain russe, t. I................ 231
GOURAUD, auteur cité à propos de son parallèle entre la France et l'Angleterre, t. I.......... 139
GOZZI, écrivain vénitien, t. II................ 187
GUÉRONNIÈRE (De la) cité à propos de l'Angleterre, t. I. 229
GRÉTRY................. 276
— Ses mémoires 307
GUTZKOW cité, t. I...... 143

H.

HALL (Bazile), type de voyageur, t. I........ 213
HAMLET ET LE MISANTHROPE, t. II.......... 97-98
HEBER, Évêque protestant, t. II................ 155
HELVÉTIE, son enthousiasme pour la neutralité, t. I................. 251
HENRIETTE de Molière, type de la perfection féminine en France, t. 1. 202
HISTOIRE NATURELLE. Parallèle de Humboldt et de Gœthe, t. II........ 25
HOFFMANN, à propos de Mozart, t. II.......... 250

HOGARTH (Guillaume), peintre anglais 343
— Son mariage 348
— Sa fortune par la caricature de mœurs 352
— Impuissance dans le genre noble et gracieux. 354
— Ecrivain............. 358
— Son tombeau, ses épitaphes, t. I........... 362
HOMME (L') est-il nécessairement bon, t. 1...... 312
HYPOCRISIE dépeinte par différents auteurs anglais et français, t. I........ 82
HUNGTINGTON. Fanatique anglais, t. II.......... 131

I.

IMPARFAIT (L'), est nécessaire, t. I........... 310
IMPRIMEURS, leurs débuts et leur passion de l'art, t. II................ 70
IMPROVISATION en Italie, t. II................ 234
INDUSTRIE et agriculture se contrebalançant et s'entr'aidant (Locle et Chaux-de-Fonds), t. I. 262
INSOLENCE des journaux américains, t. I........ 39
INTELLIGENCE, sa répartition, t. I.............. 153
ITALIE, créatrice de l'opéra moderne, t. II........ 171

J.

JACKSON (miss), actrice anglaise, t. II........... 143
JACQUES Ier, sa généalogie, t. II................ 107
JÉSUITES de Fribourg, leur influence, t. I......... 255
JEUNESSES. (Les Six), de 1750 à 1858, t. II..... 279
JOHNSON (Samuel), cité, t. I................. 31
JOUEURS (Les) à Venise... 203

JOURNAUX (Leur situation et leur nombre dans le monde civilisé)........ 4
— Leur origine.......... 5
— Leur histoire......... 7
— Phases de cette histoire, t. I 18
JUAN (Don), sa légende... 247
— Sa transformation, par Molière, t. II......... 249
JUNIUS (Lettres de), ce qu'elles valent, t. I.... 242

K.

KENT (Engouement pour), mauvais peintre anglais, t. I.................. 344
KHIRGIZ (Description du pays des)............ 307
— Leur vie............ 309
— Ode, t. I........... 143
KOSAK (Le), t. I....... 299
KOSAK (Un Romancier), t. I.................. 285

L.

LACS de Cumberland et du Lancashire (Souvenirs).. 319
— Mœurs des habitants, t. I. 323
LAMARTINE (de), jugé par lord Normanby, t. I.... 123
LANCASHIRE 319
— WITCHES (du), t. I.... 323
LARCHEY (M.), auteur d'un excellent dictionnaire de l'Argot, t. I.......... 171
LATITUDES (Les) tempérées favorisent la civilisation, t, 1............,,.... 234
LETOURNEUR, traducteur inexact, t. II......... 81
LEVCHINE, voyageur russe, cité, t. I............. 313
LOVE. *Amour au moyenâge*, t. II............ 36

M

· MACBETH (Lady), t. II... 115
MAGDELÈNE. La Madeleine de l'Évangile, t. II.... 152

DE MAISTRE (Joseph). — Son plus bel ouvrage, t. I.................. 156
MANUFACTURES (Leurs dangers, t. I.......... 92
MARCELLO. *Il teatro alla moda*, t. II.......... 184
MARIAGE. Ses différences selon le pays. t. I..... 196
MARMIER (X.), t. I..... 282
MARRAST, jugé par Lord Normanby, t. I....... 125
MATHEWS, acteur anglais, t. II............... 127
MEMMO, patricien de Venise, t. II............ 233
MERCANTILITÉ littéraire, t. I.................. 139
MÉRIMÉE, cité, t. I..... 281
MESSE (La) dramatique, t. II.................. 154
MIRABEAU, son plus bel ouvrage, t. I.......... 156
MŒURS en Italie à la fin du XVIIIᵉ siècle, t. II. 189
MODÈLES vivants pour atelier de peinture. Leur absence en Écosse, t. I.. 380
MOLIÈRE. Analogie entre lui et Shakspeare, t. II. 72
MORALISTE (Sa mission), t. I.................. 99
MOUSSE LITTÉRAIRE, son application en fait de réclames ou d'annonces, t. I................. 54
MUSICIENNE de Shakspeare, t. II........ 58
MOZART, son génie musical compris par Da Ponte, auteur du Libretto de Don Juan............. 243
— Sa mise en musique, de Don Juan........... 250
— A Paris............ 268
— Son génie, t. II..... 274
MUSIQUE (La) en France, 267
— D'ensemble......... 271
— Moderne : matière déchaînée...,,....... 278
— Sa définition, t. II.... 290

N

NAPOLITAINE (La), maîtresse de Da Ponte, t. II. 193
NESTOR, historien russe, cité, t. I. 233
NORMANBY (Lord). — Ses mémoires sur 1848, t. I. 119
— Ses mémoires sont d'un homme de salon. 123
— Pas de style. 125

O

ODOEFSKI (Feodorewitch), écrivain russe. (Citation), t. I. 290
OPÉRA (Histoire de l'), t. II. 169
OPÉRA FRANÇAIS, Quinault et moyen-âge. 173
— Ses quatre époques, t. II. . . . , ... 180
ORIGINALITÉ, détruite en littérature par l'esprit mercantiles, t. I 141
ORIGINES du théâtre en France, t. II 151
OSSIAN (Pays d'), t. II. . . 103
OUVRIER (Le fils de l'). . . 83
— La fille de l'.., t. I. 102
— Son intérieur. 89

P

PAESIELLO, son caractère, t. II. 294
PANIERS et crinolines des femmes ; verlugadins, etc., t. I. 187
PEINES D'AMOUR PERDUES. Pièce de la jeunesse de Shakspeare, t. II. . . . 31
PEINTRES ANGLAIS, t. I. 331
PHILISTIN LITTÉRAIRE, t. I. 138
PIANOS, (Joueurs de), sans cordes et avec cordes, t. II. 304
PISANI, légiste italien, t. II. 238
POLYGAMIE abaisse les races, t. I 203

PONTE (Da), ami de Mozart, t. II 188
— Ses amours 196
— Sa fortune manquée . . . 210
— Il devient professeur de belles lettres, t. II 230
PONT-NEUF (Le), sous Mazarin, t. I 9
POUGATSCHEFF (Scène de la vie de), t. I . . . 292 et 296
POUSCHKINE, t. I 282
PRESSE (Histoire de la). 1
— Sa sujétion. 10
— En France, en Angleterre et aux États-Unis. 513
— Surabondance de ses produits, t. I, ... 149
PROSTITUTION. Sa naissance, t. I 109

R

RACES septentrionales s'élèvent au-dessus des méridionales au XVIIIᵉ siècle, t. II 222
RÉFORME (La vraie) et celle de l'homme, t. I 115
RENAUDOT, journal des nouvelles, t. I 8
RÉPARTITION DU VICE ; NAISSANCE DU CRIME, t. I 110
REPRÉSENTATION THÉATRALE chez les Bénédictins de Mariaberg, t. II. 299
RÉTRIBUTIONS des principaux chanteurs au XVIIIᵉ siècle, t. II 182
RÉVOLUTION DE 1848, jugée par un ambassadeur, t. I 119
RIEHL, cité à propos de la femme, t. I . . . , ... 204
ROMANS ET THÉATRE influent sur les familles, t. I. 199
ROUSSEAU (J.-J.). Son influence folle, t. I 311
— Mon premier maître en musique, t. II 206
RUSSE (État social), t. I. 297

Russes (Conteurs), t. I. . 277
Russes opposés aux Anglais. 232
Russie incompatible avec l'Angleterre. 225
— Sans consistance définitive, t. I. 222
Russie représente une civilisation inférieure. . . . 231
— Sa composition sociale, t. I. 297

S

Sadyk-Pacha (auteur russe), t. I. 279
Saint-Simon (Le Duc), proteste contre les rigueurs de Louis XIV, t. I. 242
Sang allemand et irlandais, son infusion en Amérique, son danger dans l'avenir, t. I. 224
Scythie (Petite), t. I. . . . 287
Semaine (La), 1er journal régulier, t. I. 7
Serve padrone. Servantes maîtresses en Italie, t. II. 236
Shakspeare (La jeunesse de), t. II. 31
Shakspeare. Appréciation de son caractère, t. II. . 33
Shakspeare. Son indifférence et sa négligence pour ses œuvres, t. II. 94
Sharp, graveur célèbre, t. I. 59
Sheridan. Son caractère, sa vie, sa mort, t. II. 84 et 88
Sheridan. Son drame, t. II. 85
Siècle (XVIIe), très-incomplet sous le rapport matériel, t. I. . . . . 79, 80.
Slaves excellent dans le Conte, t. I. 284
Slaves. Leurs haines de races, t. I. 237
Société (Ennemis actuels et naturels de la), t. I. . 84

Sollohoub (Comte), écrivain russe, t. I. 292
Sourdeac (Marquis de), premier machiniste de théâtre, t. II. 177
Sonnets de Shakspeare, t. II. 42
Sorcières (Les), de Macbeth, t. II. 109
Southampton (Lord), ami et protecteur de Shakspeare, t. II. . . . 65 et 77
Southey, t. I. 326
Spéculateur en littérature (Un marchand d'imprimés, type vénal), t. I. 140
Statistique de la classe ouvrière à Paris. 83
— Du vice, t. I. 111
Style français. Son influence sur l'esprit de Gœthe, t. II. 17
Suisse (Fractionnement naturel de la), t. I. 250
Suisse catholique. 250
— Protestante 252
— (Jeune). 251
— Conservatrice. 253
— (Caractère). 265
— (Aubergistes en). 267
— Indépendance du paysan, t. 1. 261
Swift (Diary to Stella), t. I. 122

T

Tartufe de Molière, t. II. 75
Texte de Shakspeare, ses obscurités, t. II. 69
Thackeray. Sa visite à Gœthe, t. II. 11
Théatre (Influence du) sur le peuple, t. 1. 96
Tourgueniff (Ivan), t. I. 282
Traducteurs des sonnets de Shakspeare, t. II. 60
Traductions sont impossibles, t. 1 280

TRAPASSI, poète italien connu sous le nom de « Metastasio, » qui a la même signification, t. II. 243
TRAVIATA (la), t. II..... 151
TWYN (Histoire de), t. I. 13

U

UKRAINE (Steppes de l'), t. I................... 277
UNITÉ (Principe de l')... 241
— Son pouvoir en France, t. I................... id.
UNZELMANN (acteur), dialogue avec son directeur, Gœthe, t. II.......... 8

V

VARANGUES teutoniques civilisent la Russie, t. I. 232
VENISE, ses mœurs dégradées en 1797, t. II.... 216
VÉNITIENNE (la) maîtresse de Da Ponte, t. II. 201, 203
VICE (Progrès de l'enfant du Peuple dans le). 92
— Pente fatale, t. I...... 100
VICES (Une fabrique de), à Paris, t. I............ 75
VILLES ET CAMPAGNES, leur état au XVIIe siècle, t. I................... 78
VICIEUSE (Population) de Paris, t. I............ 86
VOL (Préparation au)..... 96

— Répartition de la fraude et du... t. I........... 112
VOLEURS (armée des), t. I................... 113
VOLTAIRE, t. II......... 345
VOYAGES (Génie des), t. I. 215
VOYAGEUR (Un type de), t. I................... 211

W

WARREN, célèbre fabricant de cirage, t. I.... 63
WEBER, son génie, t. II. 274
WILKES (Ses efforts et ses succès), t. I.......... 26
WILKIE (David), peintre anglais 373
— Ses commencements... 381
— Son caractère........ 383
— Ses protecteurs....... 387
— Ses sympathies et ses antipathies 399
— Appréciation de ses œuvres................. 402
— Répartition de ses tableaux en Angleterre et en dehors, t. I..... 406
WILSON (Richard), peintre anglais 333
— Caractère de ses œuvres.................. 335
WORDSWORTH (poëte anglais), t. I............ 326

Z

ZUG (Une soirée à), t. I. 259

FIN DE LA TABLE ALPHABÉTIQUE

Coulommiers, typographie de A. MOUSSIN.